AF325759

LA VÉNÉRABLE

MARIE DE SAINTE-EUPHRASIE PELLETIER

LA R^{DE} MÈRE MARIE DE S^{TE} EUPHRASIE PELLETIER

Fondatrice et 1re Supérieure Générale
de la Congrégation de N. D. de Charité
du Bon Pasteur d'Angers
déclarée Vénérable le 11 Décembre 1897 par sa Sainteté Léon XIII

LA VÉNÉRABLE

MARIE DE Ste EUPHRASIE PELLETIER

Fondatrice de la Congrégation

BON-PASTEUR D'ANGERS

VIE POPULAIRE

Extraite avec l'autorisation de l'auteur et l'approbation de la
Révérende Mère Supérieure Générale du Bon-Pasteur

DE LA VIE DE LA RÉVÉRENDE MÈRE

MARIE DE SAINTE-EUPHRASIE PELLETIER

PAR

Mgr H. PASQUIER

Prélat de la maison de Sa Sainteté
Recteur des Facultés Catholiques d'Angers

Œuvre posthume de M. le chanoine NICQ

CURÉ-DOYEN DE RIVIÈRE

SUEUR-CHARRUEY

IMPRIMEUR - LIBRAIRE - ÉDITEUR

ARRAS	PARIS
10, rue des Balances	rue de Vaugirard, 41

1901

nement de cette lumière que la vie de la Mère Pelletier a été écrite par un prélat tout dévoué à son œuvre. Cette large biographie a placé les vertus et les enseignements de la fondatrice du Bon-Pasteur sur un beau et riche chandelier. Tous ceux qui ont lu les deux volumes de Mgr Pasquier ont pu apprécier de quelle main savante et pieuse ce chandelier a été dressé, quel rayonnement nouveau il a donné à la vie de la vénérable Mère Pelletier.

Notre dessein en publiant, avec l'autorisation bienveillante de l'auteur, cette Vie populaire extraite de l'ouvrage de Mgr Pasquier et sortie tout entière de son travail quoique la disposition en ait été modifiée en plus d'un endroit, notre dessein a été plus modeste. Nous n'avons voulu que présenter le chandelier, tout dressé par plus habile que nous, à un plus grand nombre d'âmes, le mettre en quelque sorte entre les mains de tous ceux qu'il peut éclairer. Et ils sont innombrables ceux que la lumière de cette sainte vie peut atteindre. Après les filles et les enfants de la Mère Pelletier, ce petit volume doit aller aux familles qui connaissent et aiment le Bon-Pasteur ; plus encore peut-être aux familles qui ne le connaissent pas ou qui ne l'apprécient pas comme il mérite de l'être.

Nous voudrions, et ce serait là la plus belle récompeuse de nos efforts ici-bas, nous voudrions que ce petit volume amenât au Bon-Pasteur, en grand nombre, des âmes généreuses qui continuent l'œuvre de la Mère Pelletier, et, sans nombre, des enfants qui profitent de sa charité et de son zèle. Nous voudrions en un mot que ce volume remplît toutes les intentions qu'exprimait son premier et illustre auteur, quand il disait en terminant la préface de la *Vie de la Mère Marie de Sainte-Euphrasie Pelletier :* « Je souhaite que mon récit gagne de nombreuses et pieuses bergères pour garder et sauver les brebis du Bon Dieu. »

Puisse aussi ce modeste volume aider à la glorification sur cette terre d'une grande âme, honneur de l'Eglise catholique et de la France dans le siècle qui finit. Puisse-t-il faire entendre sa voix dans le concert qui appelle pour la vénérable Mère Pelletier les honneurs incomparables de la béatification et de la canonisation. Le plus beau chandelier pour les lumières de sainteté allumées par Dieu sur la terre, ce sont les autels de l'Eglise catholique.

Rivière, le 26 novembre 1900.

PROTESTATION DE L'AUTEUR

« *Soumis au décret de la Sainte Inquisition de l'an 1625, expliqué et confirmé par Urbain VIII en 1631, et 1634, je déclare ne demander pour tout ce qui est rapporté dans ce livre qu'une foi humaine, et ne prendre les titres de* bienheureux *ou de* saint, *les termes de miracles, de* prophétie, *de* révélation, *là où ils se rencontreraient, que dans le sens où on a coutume de les prendre, pour ce qui n'est appuyé que sur une autorité humaine et non sur l'autorité de l'Église catholique romaine ou du Saint-Siège apostolique, exceptant seulement ce sur quoi le Saint-Siège a porté son jugement.* »

Cette protestation très explicite, placée par Mgr Pasquier en tête de la Vie de la Mère Marie de Sainte-Euphrasie Pelletier, *nous la faisons nôtre tout entière, et nous déclarons qu'elle exprime nos sentiments de soumission et de docilité aux enseignements de l'Église.*

LA VÉNÉRABLE

MARIE DE SAINTE-EUPHRASIE PELLETIER

FONDATRICE DU BON-PASTEUR D'ANGERS

<center>~~~~~~</center>

CHAPITRE PREMIER

NAISSANCE ET PREMIÈRE ÉDUCATION

Naissance de Rose-Virginie. — Horreurs de la guerre à Noirmou-
tier. — Baptême de Rose-Virginie. — Sa première éducation.—
Dévotion à saint Philbert. — Charité de M. et Mme Pelletier. —
Lé catéchisme. — Première Communion. — Mort de M. Pelletier.
— Rose-Virginie chez les Ursulines. — Sa piété. — Affection
pour ses parents. — Elle quitte l'île de Noirmoutier.

Rose-Virginie Pelletier, en religion sœur Marie de
Sainte-Euphrasie, fondatrice et supérieure générale de la
Congrégation du Bon-Pasteur d'Angers appartient à cette
légion de femmes fortes qui, au commencement du dix-
neuvième siècle, fondèrent ou restaurèrent les maisons
religieuses en France et rendirent à l'Eglise ces nombreux
asiles de la prière et de la charité que la Révolution semblait avoir détruits pour jamais.

Elle naquit le jour même de la fête de saint Ignace, 31
juillet 1796, dans l'île de Noirmoutier où son père et sa
mère s'étaient réfugiés au moment des guerres et des mas-
sacres de la Vendée. Sept enfants l'avaient précédée. Mal-

1

gré la rigueur des temps, Rose-Virginie fut accueillie avec
bonheur par sa famille. Son père était maître chirurgien.
Sa mère, Anne Mourain, appartenait à une famille qui avait
fourni à l'Eglise des prêtres nombreux et distingués.

Bien que réfugiée à Noirmoutier, la famille de Rose-Virginie n'en dut pas moins subir toutes les horreurs de l'occupation des armées révolutionnaires. Six mille hommes
attaquèrent Noirmoutier. Après la prise de la ville, ce fut
dans l'île tout entière une chasse aux soldats et aux simples
citoyens fidèles à leur religion. Dans l'espace de quelques
mois, plus de douze cents victimes périrent ou fusillées ou
noyées.

Tous les prêtres réfugiés dans l'île furent recherchés et
massacrés, l'église brûlée. Pendant sept ans, le culte fut
interrompu. Pour les familles catholiques, c'était une vie
intolérable. La petitesse de l'île et l'installation d'une gar-
nison révolutionnaire rendaient plus difficiles qu'ailleurs le
retour et le séjour des prêtres.

Rose-Virginie ne put recevoir le baptême d'un prêtre
catholique. Ses parents l'ondoyèrent le jour même de sa
naissance, se réservant de la présenter aussitôt qu'ils le
pourraient à un prêtre pour compléter les cérémonies du
Baptême.

L'année suivante, en 1797, un prêtre courageux qui
s'était caché à Nantes pendant la tourmente révolutionnaire, revint dans sa paroisse et dans les paroisses voisines, pour conférer les sacrements. Il bénissait les mariages
et baptisait. Il vint jusqu'à Noirmoutier. Le salon d'une
maison hospitalière fut transformée en chapelle. C'est là
que Rose-Virginie, âgée d'un an, reçut le complément des
cérémonies du Baptême.

Le calme se rétablit peu à peu durant les années de son
enfance. En grandissant, Rose-Virginie ne tarda pas à se
faire remarquer de ses compagnes par son humeur entre-
prenante, sa hardiesse à braver les dangers qu'offraient les
promenades sur les grèves et à travers les rochers au bruit

des grandes eaux, par le joyeux entrain qui la mettait à la tête de toutes les entreprises projetées comme récréations.

Cette ardeur de jeunesse annonçait déjà une nature forte, capable d'un grand travail. La présence de Dieu dans les grandes beautés de la nature faisait une impression d'autant plus durable sur son âme que son cœur était plus droit et plus chrétien.

Dans ses courses elle aimait à s'approcher du tombeau de saint Philbert, le moine apôtre de Noirmoutier ; elle en baisait les pierres avec respect, elle passait par piété sous le sarcophage. Une caverne de la côte, creusée par la mer dans les rochers. porte le nom de Grotte de Saint-Philbert. Selon la tradition, le saint s'y retirait pour méditer et pour prier. En y entrant, Rose-Virginie était saisie d'un pieux recueillement : elle sentait l'influence salutaire de ce qui a appartenu aux saints ; elle aimait à vivre dans les lieux ou ils ont vécu, comme pour participer à leurs sentiments de piété envers Dieu.

M. Pelletier qui veillait sévèrement sur l'éducation de ses enfants, leur donnait aussi les plus beaux exemples de charité. Un jour il voit gisant sur la route un homme de la campagne, il l'examine et constate qu'il a une jambe fracturée. Comme le paysan demeure trop loin, M. Pelletier le prend, le place sur ses épaules, le porte dans sa propre maison et le met sur son lit pour le soigner. Mme Pelletier, dont la charité rivalise avec celle de son mari, s'établit garde-malade et ne permet pas que ce pauvre paysan les quitte avant d'être guéri.

M. Pelletier donnait gratuitement ses soins aux pauvres, et, quand il leur manquait quelque chose, il les recommandait à sa femme pour qu'elle leur donnât de la viande, du vin, du linge et des vêtements.

— Mme Pelletier était la charité personnifiée, disait plus tard un habitant de Noirmoutier, dont la femme avait souvent été soignée par cette charitable chrétienne.

Elle ne se contentait pas de donner à ceux qui venaient

demander l'aumône : elle allait chez les pauvres malades pour les soigner elle-même.

— Que de fois je l'ai vue, disait le père d'une sœur converse du Bon-Pasteur, faire elle-même le lit de ma femme malade, mettre l'ordre dans notre maison ! Quand je voyais toutes choses rangées avec propreté, je disais à ma femme : Le bon ange est encore passé par ici.

Rose-Virginie reçut ainsi de son père et de sa mère des leçons de charité qui porteront leurs fruits. Son cœur d'enfant se formait peu à peu à l'amour de Dieu et du prochain ; il se laissait pénétrer de cette bonté, de ce dévouement qui étaient chaque jour en exercice autour de lui. Rose-Virginie aima bientôt à se dévouer parce qu'elle aimait son père et sa mère et qu'elle les voyait dévoués ; elle ne tarda pas à aimer la piété parce qu'elle voyait son père et sa mère remplis de piété et de sentiments religieux. Cette ardente charité puisée au foyer de la famille, animera toute sa vie et toutes ses grandes œuvres.

A Noirmoutier comme dans la plupart des paroisses de la Vendée, la Révolution avait bouleversé l'enseignement public. Les maîtres manquaient : les communautés avaient été ou détruites ou chassées. Mme Pelletier se fit elle-même la première éducatrice de ses enfants. Elle se faisait aider d'une personne de son pays, fort simple, mais bonne et affectueuse, chez qui la droiture des sentiments remplaçait la science. Rose-Virginie garda de cette gouvernante un souvenir très affectueux et très reconnaissant.

Quand elle fut en âge de suivre les catéchismes, Rose-Virginie, se fit remarquer par son esprit très vif et par sa facilité à comprendre les enseignements de l'Eglise. Le curé de la paroisse, un confesseur de la foi revenu de l'exil, ne pouvait plus, à cause de la maladie, enseigner ses paroissiens. Quelquefois, pour satisfaire leur pieuse affection, il se faisait porter sous le porche de l'église. Les parents et les enfants venaient se faire bénir par lui, baiser avec respect ses mains sacerdotales. Rose-Virginie prenait sa part de ces scènes touchantes. Elle gardera toute sa vie pour le prêtre, ministre de Jésus-Christ, la tendre vénération des Vendéens ses compatriotes.

Le vicaire de la paroisse remplaçait le curé pour les catéchismes. Rose-Virginie suivit son cours plusieurs années, et à onze ans elle fit sa première Communion. Elle a, à plusieurs reprises, raconté aux religieuses du Bon-Pasteur, qué le jour où elle reçut Jésus-Christ pour la première fois, elle fut ravie comme en extase par la présence de son Dieu, et qu'à partir de ce jour-là elle se sentit appelée à la vie religieuse.

L'année suivante, l'évêque de la Rochelle vint donner la Confirmation. Rose-Virginie reçut avec la plus vive piété ce sacrement qui fait descendre en nous le Saint-Esprit, la troisième personne de la très sainte Trinité. Surtout elle mit à profit pour son avancement spirituel, les dons surnaturels apportés par le divin Paraclet, et elle devint de plus en plus la consolation de sa mère.

La mort mettait des deuils fréquents dans la famille. Mme Pelletier avait perdu trois de ses filles. Mais en 1806, elle eut à subir la plus terrible épreuve : la famille perdit son chef. M. Pelletier mourut le 27 novembre, à l'âge de cinquante-quatre ans, laissant à sa femme la lourde charge de six enfants. Une pieuse parente prit l'aînée près d'elle pour l'élever. Rose-Virginie resta seule fille à la maison maternelle. Son cœur redoubla de témoignages d'affection pour adoucir le veuvage de sa mère.

Elle avait douze ans quand le P. Baudouin vint établir à Noirmoutier une maison des Ursulines qu'il avait fondées à Chavagnes-en-Pailliers dans la Vendée. Ces religieuses étaient chargées de l'école des petites filles. Rose-Virginie devint une de leurs meilleures élèves. Très pieuse, mais très vive et très gaie, elle étonnait ses maîtresses. L'une d'elles lui dit un jour :

— Vous serez un ange ou un démon.

— Moi, répondit Rose-Virginie, je serai religieuse.

— Mais, y pensez-vous, avec votre caractère ?

— Il faudra me briser, je le sais bien, mais je serai religieuse.

Elle avait un goût particulier pour l'étude de la religion. Elle apprenait par cœur l'Histoire sainte et les saints Evangiles. Dans une visite que le P. Baudouin fit à ses religieuses de Noirmoutier, Rose-Virginie remporta un prix pour avoir récité le mieux l'histoire de la Passion de Notre-Seigneur d'après les quatre Evangélistes. Le P. Baudouin lui donna les *Visites au Saint-Sacrement* de saint Liguori, petit volume qu'elle garda précieusement de longues années. Elle en fit le sacrifice plus tard, pour le donner à une sœur converse qui le lui demandait.

Rose-Virginie puisa dans les leçons des Ursulines comme dans les exemples de sa famille, une piété très ardente qui la distinguait déjà parmi ses compagnes. Sa bonne, nommée Moïse, a rapporté plusieurs traits édifiants de son enfance. Etant encore toute petite, Rose-Virginie ne se couchait jamais sans avoir récité à genoux cinq *Pater* et cinq *Ave* pour l'Eglise. Et la bonne Moïse d'ajouter :

— Elle les récitait de si bon cœur ! et c'était si long, si long !

Elle avait l'habitude, avec une de ses petites amies, d'aller décorer la crypte de l'église où se trouve le tombeau de saint Philbert. Elles portaient à ce tombeau des fleurs cueillies dans leurs jardins ou dans les bois. L'amour de l'Eglise et le culte pour les autels seront plus tard deux grandes vertus dans la Fondatrice du Bon-Pasteur.

Rose-Virginie vécut à Noirmoutier quatre ans après la mort de son père. Sa mère pourtant se regardait sans cesse comme une exilée et ne pouvait supporter les ennuis de Noirmoutier sans son mari. Elle résolut de retourner à Soullans, près de ses parents. Rose-Virginie qui avait été l'enfant préférée de son père, peut-être à cause de son esprit de décision, d'entrain et de mâle énergie, et qui le payait de retour par l'affection la plus tendre, nourrissait elle-même une tristesse inconsolable. Elle ne voulait plus quitter la maison, comme si l'indifférence du public pour son deuil lui faisait mal, ou qu'elle voulût consoler elle-même sa mère en lui témoignant chaque jour une tendresse plus attentive.

Elle semblait avoir concentré sur sa mère toute l'affection filiale qu'elle avait coutume de partager entre elle et son père. L'image de cette bonne mère resta si profondément empreinte dans son cœur, que de longues années plus tard, en 1843, son souvenir et ses vertus, rappelées devant elle par un habitant de Noirmoutier, lui arracheront des larmes et la jetteront dans la plus grande émotion. Une religieuse, témoin de ses larmes, lui demandera pourquoi elle n'avait jamais parlé de sa mère à ses religieuses :

— C'est que depuis que j'ai eu le malheur de la perdre, répondit-elle, je n'ai pu prononcer même son nom sans sentir se renouveler toute ma douleur... Je l'aimais tant !... J'ai failli mourir quand on m'annonça sa mort.

C'est à la fin de 1810 que Mme Pelletier quitta Noirmoutier pour revenir à Soullans. Rose-Virginie avait quatorze ans.

CHAPITRE II

ÉDUCATION ET VOCATION

Départ de Soullans pour Tours. — Maison de l'Association chrétienne. — Rose-Virginie et Mlle de Lignac. — Leurs traits de ressemblance. — Rose-Virginie et ses compagnes. — Mort de sa mère. — Départ de Mlle de Lignac. — Première idée du Refuge. — Portrait de Rose-Virginie. — Résistances. — Décision irrévocable. — Permission de son tuteur.

De retour à Soullans, Mme Pelletier songea à l'éducation de ses deux plus jeunes enfants. Elle mit Paul, qui n'avait pas dix ans, au Petit Séminaire. Pour Rose-Virginie, qui avait quatorze ans, elle l'envoya à Tours, chez une amie de sa famille, fondatrice et Supérieure de l'*Association chrétienne*, première maison d'éducation religieuse ouverte dans cette ville après la Révolution. En 1810, cette maison comptait quatre-vingt-dix élèves, appartenant aux familles les plus honorables de la contrée.

C'était alors un long voyage d'aller de la Vendée à Tours. Mme Pelletier et sa fille voyagèrent pendant trois jours et trois nuits.

Après le départ de sa mère, l'éloignement du foyer de la famille, qui émeut toujours les cœurs bien nés, parut tout d'abord à Rose-Viginie comme un dur exil. Le découragement allait envahir son âme, quand une jeune maîtresse, Mlle de Lignac, prit en pitié la jeune pensionnaire, s'intéressa à ses peines et les soulagea. Mlle de Lignac qui était « un ange de piété », appelait Rose-Virginie, lui parlait avec douceur et bonté, l'aidait à faire ses examens de conscience, éclairait ses doutes et l'accoutumait à la vie de communauté. La maison de l'*Association chrétienne* était alors

florissante : Rose-Virginie était très édifiée des grandes
élèves qui communiaient tous les quinze jours ou même
tous les huit jours. Sous la douce influence de la règle, et
surtout sous l'angélique protection de Mlle de Lignac qui
lui fit la classe pendant un an, elle sentit se développer les
germes de sa vocation religieuse.

Ce fut d'abord un zèle ardent pour la sanctification de
ses compagnes. Une année, s'étant aperçue avant les fêtes
de la Pentecôte que ses compagnes n'étaient pas dans de
bonnes dispositions pour célébrer cette grande fête, elle
demanda à Mlle de Lignac l'autorisation de se transformer
en prédicateur. Pendant huit jours, avec deux compagnes
des plus sages, on la vit employer ses récréations à prêcher ;
la maîtresse admirait en silence et encourageait tout bas.
La mission de nos jeunes prédicateurs eut un plein succès,
et, au dire de Mlle de Lignac, « les plus grandes jeunes
filles de la maison reçurent le dimanche de la Pentecôte
comme un complément de la Confirmation ». Leurs bonnes
dispositions durèrent même jusqu'à la fin de l'année. « Je
compris dès cette époque, écrit encore Mlle de Lignac, que
Mlle Pelletier pourrait faire des merveilles plus tard. »

Après avoir encouragé le zèle de son élève, Mlle de Lignac
la soutenait aussi dans ses peines. En octobre 1812, Rose-
Virginie perdait son frère, Constant, qui mourait à Soullans
à l'âge de vingt-quatre ans. Elle souffrait doublement et de
son deuil et de l'éloignement de sa mère qu'elle ne pouvait
consoler par sa présence. Elle allait déposer ses peines dans
le cœur de Mlle de Lignac.

Il y avait du reste entre la maîtresse et l'élève beaucoup
de traits de ressemblance. Toutes deux étaient nées de
parents qui avaient souffert pour leur religion : elles les
avaient vus poursuivis pour leur foi. Ce spectacle leur
avait donné comme une horreur instinctive du mal, de l'ir-
réligion, de ce qui avait coûté tant de larmes et tant de
souffrances à leurs familles.

Toutes deux n'avaient qu'une règle de conduite : l'obéissance à Dieu et à ses ministres. Avec un extrême bon sens elles ne croyaient pas aux vertus qui se révoltent contre l'autorité, qui veulent se soustraire à la loi commune pour suivre des voies particulières... Comme elles vivaient habituellement dans l'union avec Dieu, leurs discours reflétaient les sentiments surnaturels de leur âme. Ce sera plus tard un trait du caractère de la Mère Pelletier ; quoique vouée à la conversion des âmes, elle ne fera guère en ses discours que la peinture attrayante des vertus, elle ne parlera que des charmes du bien, elle attirera les âmes à la vertu par la contemplation de la beauté de Jésus-Christ et de ses saints.

Mlle de Lignac et son élève avaient un amour de dévotion pour le saint Evangile. Elles le savaient par cœur ; elles en goûtaient les divines paraboles ; elles en méditaient toutes les leçons pour nourrir leur piété et féconder leur enseignement. Toutes deux étaient faites pour l'enseignement qui établit Jésus-Christ dans les âmes. Du reste, dans ses catéchismes, Mlle de Lignac avait remarqué Rose-Virginie parmi *ses petits docteurs* qu'elle aimait à interroger pour leur faire résoudre les questions plus difficiles.

A force d'entrain, de dévouement et de bons procédés, Rose-Virginie avait conquis, avec l'estime de ses maîtresses, l'affection de ses compagnes, qui se plaisaient à la fêter le jour de sainte Rose de Lima. Chacune lui faisait son petit cadeau de fête et lui donnait soit une image, soit un emblème. Une d'elles, un jour, peignit de son mieux une rose qu'elle lui offrit avec cette devise : « Je l'ai toujours trouvée sans épines. »

Au zèle ardent pour le salut du prochain, qui est la meilleure marque d'une vocation religieuse, Rose-Virginie joignait déjà une grande perspicacité pour découvrir les causes de la tiédeur et de la chute des âmes. Ainsi, elle avait remarqué qu'un mauvais livre, introduit par une élève et prêté à ses compagnes, avait amené le relâchement et la dissipation dans tout le pensionnat.

Rose-Virginie avait dix-sept ans. Elle faisait des progrès sensibles dans la vertu et dans la piété. Dieu, pour la détacher du monde, mit alors son cœur à une cruelle épreuve. Elle apprit tout à coup la mort de sa mère, que les épreuves de la vie, le chagrin et la maladie venaient d'enlever à cinquante-deux ans. Le coup fut terrible : elle voyait sa mère mourante et elle n'était pas auprès d'elle pour lui donner ses soins, pour la soutenir, pour entendre ses dernières paroles, recevoir ses derniers embrassements et recueillir son dernier soupir. La dépouille mortelle de sa mère avait été transportée à Noirmoutier et placée près de la tombe de son mari : et Rose-Virginie n'avait pu se rendre aux funérailles. Elle fut prise d'un chagrin profond. Pendant de longues années, elle ne put supporter qu'on prononçât devant elle le nom de sa mère : les larmes la suffoquaient.

Rose-Virginie trouva des consolations près de son ange habituel, près de Mlle de Lignac. Mais bientôt ce soutien lui-même allait lui faire défaut. La maison de l'Association chrétienne subissait une crise qui devait amener sa ruine. Les religieuses Ursulines furent appelées à en prendre la direction. Bientôt après elles fondèrent un couvent séparé, mais Mlle de Lignac quitta l'Association pour se faire Ursuline : elle fit ses vœux le 29 juin 1814.

Après le départ de sa pieuse maîtresse, Rose-Virginie se sentit dans l'isolement. La voix de Dieu se fit entendre plus fortement pour l'appeler à la vie religieuse. D'un côté la directrice de l'Association qui sentait tout le prix d'une associée aussi bien douée et aussi vertueuse que Rose-Virginie, tâchait de la garder dans son Association si fortement ébranlée depuis le départ de Mlle de Lignac. D'un autre côté la sœur de Lignac l'attirait vers la communauté de Sainte-Ursule ; elle lui disait que sa cellule était prête. Cependant Rose-Virginie n'eut jamais d'attrait pour le couvent des Ursulines. Tout fut surnaturel dans sa vocation, en particulier le choix de la communauté où elle entra. Si son cœur pouvait l'attirer à Sainte-Ursule, l'attrait de la grâce, la voix de Dieu l'appelèrent chez les Filles de Notre-Dame de Charité.

Non loin de l'Association chrétienne s'élevaient les murs d'un couvent qui portait le nom de Refuge. Les jeunes pensionnaires passaient devant cette maison pour aller à la messe. Souvent la porte entr'ouverte laissait voir l'intérieur. Un soir de grande fête, les élèves de l'Association entrèrent dans la chapelle du couvent.

Rose-Virginie fut attirée vers cette solitude, qui pour le monde est un effroi, vers ces robes blanches des sœurs qui la faisaient penser à la pureté angélique des habitants du cloître. La vue de ces religieuses courbées par l'âge et la souffrance, et cependant si recueillies en Dieu, l'avait vivement émue. Son âme toujours si généreuse et si portée au dévouement, avait réfléchi à ce qu'il y avait de sublime dans la vocation des religieuses qui se dévouaient au salut des âmes.

Les attraits de la grâce se fortifiant dans son âme, elle conçut le dessein de se dévouer, elle aussi, au salut des pauvres jeunes filles abandonnées et prit la résolution inébranlable d'entrer dans la Communauté des Dames du Refuge.

Elle avait dix-huit ans. De taille moyenne mais élancée, d'une allure ferme, elle portait dans toute sa personne un air décidé et de grande distinction. Son visage régulier, animé par des yeux noirs très vifs, exprimait une grande bonté. Elle attirait par le charme de sa personne, par la façon gracieuse dont elle se présentait et par son air de franchise qui éclatait en toute sa physionomie. Il n'était pas jusqu'au timbre de sa voix, clair et sonore, qui ne prévînt tout d'abord en sa faveur. Sa parole était facile, souvent imagée, coulant d'un cours bien égal. Elle ne se reprenait jamais en parlant, et, malgré la chaleur naturelle de ses sentiments, elle n'était point précipitée dans ses paroles.

Depuis la mort de sa mère, elle avait pour tuteur son beau-frère. Elle lui écrivit pour lui faire part de son projet.

et lui demander l'autorisation de le réaliser. Le tuteur, soutenu par les frères de Rose-Virginie, ne voulut pas donner son autorisation. Il témoigna même un grand mécontentement: « Si elle voulait entrer au couvent, disait-il, elle pourrait aller au Sacré-Cœur ; mais jamais sa famille ne consentirait à la voir entrer au Refuge. »

Rose-Virginie, croyant trouver des encouragements, fit part de ses projets à ses maîtresses : elles traitèrent son désir d'enfantillage. Sans 'se 'décourager, elle s'attacha à la prière avec d'autant plus d'ardeur que ses projets rencontraient plus d'obstacles du côté des hommes .

Pressée par le désir de voir la maison où Dieu l'appelle et de se présenter à la Supérieure, le 20 Octobre 1814, à six heures du soir, elle se fait accompagner au Refuge par une de ses maîtresses. Pour ne pas laisser soupçonner son projet à ses compagnes, elle ne met son voile sur la tête qu'au sortir de la maison. Arrivée au Refuge, elle se présente à la Mère Marie de Saint-Joseph Leroux, prieure du couvent. Elle lui expose ses désirs, les obstacles qu'y met sa famille. La bonne Mère l'accueille avec bonne grâce et grande joie. Elle lui promet de la recevoir aussitôt que seront levées les difficultés mises à son entrée par ses parents.

Rose-Virginie rentre alors à l'Association. Mais on s'était aperçu de son absence. La directrice se montre d'une sévérité excessive. Elle lui reproche sa conduite, la met au pain sec et à l'eau pour le souper. Rose-Virginie, transie de froid, sent son cœur se gonfler. Les larmes lui montent aux yeux. Mais voilà que ses compagnes, prises de pitié pour elle, l'entourent d'attentions, reprochant à la directrice de retenir, malgré elle, « cette petite martyre qui veut se faire religieuse ».

Toutes les sœurs du Refuge qui savaient les projets de Rose-Virginie, s'intéressaient à sa vocation : elles priaient pour elle. Une religieuse lui écrivit même que la sainte Vierge, pendant l'oraison, lui avait fait connaître sa volonté sur elle : Rose-Virginie devait entrer au Refuge, si elle voulait suivre sa vocation. Cette lettre fit grande impression sur notre jeune pensionnaire, qui avait la plus tendre dévotion pour la sainte Vierge. Au sein de la famille, Rose-Virginie avait commencé à prononcer le nom de Marie sur les genoux de sa mère. Elle avait passé son enfance dans ces pays de foi où le culte de la sainte Vierge s'étend de l'église au foyer, de l'autel au modeste abri que le paysan vendéen construit pour la madone sous le chêne le plus vieux du domaine ou au carrefour des chemins les plus fréquentés. Les Pères de Montfort et Baudouin avaient encore développé dans le cœur des Vendéens, la religion envers la sainte Vierge. Rose-Virginie, qui devait plus tard donner à toutes ses filles le beau nom de Marie, avait pour cette mère du ciel l'obéissance la plus filiale.

Dès lors elle ne connut plus d'obstacles capables d'arrêter son entrée en communauté. La directrice de l'Association chrétienne, se voyant menacée de perdre cette élève sur qui elle avait compté pour sa maison, écrivit à la sœur de Rose-Virginie. Mais cette démarche fut inutile devant une vocation si irrésistible.

— Pourquoi d'un côté tant de répugnance à rester ici, disait-elle, et de l'autre tant d'attrait à entrer au Refuge, si ce n'était pas l'appel de Dieu?

Le tuteur de Rose-Virginie donna enfin son consentement. Mais il mit une condition à son autorisation : c'est que Rose-Virginie ne ferait ses vœux solennels qu'à vingt-et-un ans.

La directrice de l'Association changea alors d'attitude envers son élève. « Mon enfant, lui disait-elle quelque temps après, vous n'avez point compris ma conduite. J'ai dû agir rigoureusement envers vous, parce que vous êtes de ces âmes qui vont loin dans le mal ou dans le bien, selon l'impulsion qu'on leur donne. Vous êtes forte maintenant : allez avec confiance où la volonté de Dieu vous appèlle. »

CHAPITRE III

LE REFUGE. — NOVICIAT

Rose-Virginie postulante. — Vêture. — Son nom de religieuse. —
Le P. Eudes. — Fondation du Refuge. — Le Refuge de Tours
après la Révolution. — Noviciat de sœur Marie de Sainte-Eu-
phrasie. — Ses occupations. — Etude de l'Ecriture sainte. —
Des règles. — Des constitutions. — Amour de l'obéissance. —
Sa gaieté. — Profession. — Le quatrième vœu du Refuge. —
Prophéties.

Sans délai Rose-Virginie entra au Refuge. Toutes les
sœurs lui firent l'accueil le plus tendre. Son cœur se dilata
dans la joie de voir ses vœux accomplis. En souvenir de
son entrée, qui eut lieu le jour où l'Institut solennisait la
fête du Cœur de Jésus, on l'appela la postulante du Sacré-
Cœur.

Pour éprouver sa vocation et pour laisser tomber les difficultés qui venaient de sa famille, on la laissa postulante
pendant onze mois, malgré son zèle et sa maturité de jugement.

Elle porta donc pendant près d'un an l'habit séculier derrière les grilles du couvent. Ce temps d'épreuve, imposé
par la volonté de son tuteur fut employé à étudier les règles et les constitutions de l'Ordre. La Mère prieure, sans
attendre qu'elle eût l'habit religieux, la confia à la Mère
Sainte-Victoire, maîtresse de la classe des pénitentes, pour
que, sous la direction de cette Mère, la postulante s'initiât
aux fonctions de son saint état. Très vite la bonne Mère
apprécia les qualités de la postulante. Elle l'admit dans sa
confiance et lui apprit l'art de diriger les âmes.

Rose-Virginie était pleine de ferveur. Elle désirait, parmi

les dévouements, embrasser les plus grands et les plus méritoires. La vue des âmes excitait l'ardeur de son zèle. Elle écrivait au Carmel pour recommander sa vocation. Dans une lettre adressée à la Mère Marie de l'Incarnation, elle disait que pendant l'oraison elle s'était sentie portée à lui écrire pour demander ses prières, afin d'obtenir de Dieu la grâce de travailler un jour à la conversion des sauvages. La Mère Marie de l'Incarnation racontait plus tard qu'elle avait longtemps gardé la lettre de la jeune postulante, comme un précieux témoignage de sa ferveur et de son attrait pour l'apostolat.

Après onze mois, le 8 septembre 1815, Rose-Virginie fut admise à la vêture, cérémonie présidée par le supérieur de la Communauté. Son bonheur était grand. Elle allait enfin revêtir cet habit blanc qui avait excité ses désirs d'enfant, quand elle était encore élève de l'Association chrétienne. Elle comprenait le sens symbolique que le Père Eudes avait attaché à ce costume. La robe, la ceinture, le scapúlaire, et le manteau étaient d'étoffe blanche, pour rappeler aux religieuses qu'elles devaient toujours tendre à la pureté angélique et pour inspirer l'amour de cette vertu aux filles confiées à leurs soins. Une petite croix bleue portée sur le cœur rappelait aux sœurs la passion de Notre-Seigneur endurée pour leur propre sanctification et pour celles de leurs dirigées. Puis elle leur enseignait qu'elles aussi elles auraient bien des croix à porter dans leur saint état, mais qu'à l'exemple de Jésus-Christ, elles devaient les accepter en esprit d'expiation. La couleur bleue leur parlait du ciel où conduit la croix. Le Père Eudes leur avait donné un cœur en argent qu'elles portaient suspendu au cou. Sur ce cœur se détachait en relief l'image de la sainte Vierge portant l'Enfant Jésus. D'un côté une branche de lis, de l'autre des roses encadraient la sainte image. Par là, elles étaient averties que toujours elles devaient porter Jésus et Marie dans leur cœur, et qu'elles devaient les y retenir par la sainte vertu de pureté, figurée dans les lis, et par le zèle de la charité odorante, figurée dans les roses. Il n'était pas jusqu'aux épines de la rose qui n'eussent un sens mystique : elles rappelaient à la novice que désormais elle ne devait s'attacher qu'à Celui qu'elle choisissait pour son divin époux.

Avec son costume nouveau, la novice prenait aussi un nom de religieuse. Rose-Virginie, qui avait beaucoup lu la vie et les écrits de sainte Thérèse, qui admirait son zèle enflammé pour le salut des âmes et qui était même en relations avec une Carmélite de Tours, désirait porter en religion le nom de cette grande sainte. Elle en fit la demande. La supérieure lui fit remarquer qu'il y avait peut-être de la présomption à choisir un nom si éclatant dans l'histoire du cloître. Rose-Virginie toute confuse alla chercher un nom plus humble. Elle en trouva un bien caché dans l'histoire des Saints, le nom, comme elle disait, de « cette chère petite sainte Euphrasie », qu'elle présenta à sa supérieure et qui lui fut accordé.

Sainte Euphrasie, particulièrement honorée dans l'Eglise grecque pour son don des miracles et pour ses victoires sur le démon, s'était retirée dans le cloître, poussée par son goût pour l'oraison et son amour de l'humilité. Elle était parente par alliance de l'empereur Théodose le Jeune. Sa mère l'avait élevée dans une grande piété. L'histoire nous apprend qu'elle mourut à l'âge de trente ans.

La novice remplira plus tard tout le sens de ce nom d'Euphrasie, *celle qui parle bien,* et elle fera bien parler de sa patronne dans les cinq parties du monde, où s'étendra sa famille religieuse. Ce nom caché dans la Vie des saints sera béni et prononcé avec joie et reconnaissance partout où les filles du Bon-Pasteur établiront leurs bienfaisantes colonies.

La cérémonie de la vêture eut une solennité inaccoutumée au Refuge. L'entrée de Rose-Virginie avait intéressé à la jeune postulante certaines personnes notables de la ville, qui voulurent l'assister dans ce jour. Les religieuses choisirent un prédicateur de renom, qui prit pour texte :

« Paix avec Diéu, paix avec le prochain, paix avec vous-même. » Il montra à quel prix la future novice posséderait ces trois sortes de paix. L'auditoire, ému par l'onction du prédicateur et par le souvenir du courage qu'avait montré la postulante pour répondre à sa vocation, ne pouvait retenir ses larmes.

Les désirs de Rose-Virginie étaient remplis. Dans sa robe blanche, sous le voile des vierges, elle se consacrait pour jamais à Dieu et au salut des âmes.

Les sœurs du Refuge de Tours appartenaient à l'Ordre de Notre-Dame de Charité, fondé à Caen, au dix-septième siècle, par le vénérable Père Eudes.

Elevé dans un collège de Jésuites, Jean Eudes était entré dans la Congrégation de l'Oratoire pour se donner tout entier à Dieu. Poussé par la grâce, qui l'attirait à se consacrer plus directement à la conversion des âmes, il sortit de l'Oratoire pour fonder la Société des Prêtres de Jésus et Marie, plus connue aujourd'hui sous le nom de Congrégation des Eudistes.

Le Père Eudes, comme tous les saints dont le zèle est insatiable, songea encore à une Institution plus parfaite pour la conversion et la persévérance des jeunes filles abandonnées et malheureuses. Les missions de ses prêtres pouvaient être fructueuses ; leur parole, féconde en conversions. Mais le missionnaire qui passe, c'est comme la grâce de Dieu qui passe : il faut des cœurs préparés ; il faut, quand il est passé que le dévouement continu entretienne les âmes dans leurs bonnes dispositions... Il n'y avait que des femmes consacrées à Dieu qui fussent capables de se dévouer la vie entière à la rude vocation de Notre-Dame de Charité. Seules elles pouvaient être, comme des religieuses missionnaires, les collaboratrices du prêtre. Jean Eudes comprit surtout quel bien immense pouvait faire près des âmes abandonnées un couvent de vierges dont le but serait de ramener à Dieu les jeunes filles malheureuses ou ignorantes.

Déjà il avait réuni un certain nombre de pénitentes sous la conduite de quelques personnes pieuses ; pour avoir des religieuses qui formassent les premiers sujets du nouvel Ordre qu'il voulait fonder, il s'adressa à la Visitation. Sur la recommandation de l'évêque de Bayeux, une Visitandine, la sœur Françoise-Marguerite Patin, fut désignée pour cette mission. Elle la remplit avec le zèle le plus éclairé pendant plusieurs années. Après sa mort, une des sœurs formées par elle, devenue religieuse de Notre-Dame du Refuge, fut élue première supérieure de ce nouvel Institut.

Le Père Eudes adopta pour ses filles la règle de saint Augustin et les constitutions religieuses de la Visitation, sauf quelques changements rendus nécessaires par la fin particulière qu'il se proposait. Il ajouta aux trois vœux ordinaires celui de travailler au salut des âmes ; c'est encore aujourd'hui le quatrième vœu des religieuses de Notre-Dame de Charité.

Rien de plus profond, de plus lumineux et de plus solide en même temps que les exhortations du saint fondateur à ses religieuses. Il montre comment elles sont associées à Notre-Seigneur Jésus-Christ, à sa sainte Mère, aux Apôtres, aux plus grands saints dans l'œuvre du salut des âmes, et il les exhorte à se rendre dignes de cette faveur et à embrasser courageusement toutes les peines et les difficultés de leur vocation.

En 1666, l'Ordre fut approuvé par un décret de Sa Sainteté Alexandre VII, et en 1742, par un autre de Benoît XIV.

Au moment où éclata la Révolution de 1789, l'Ordre comptait sept maisons.

Comme toutes les autres, les religieuses de Notre-Dame de Charité furent chassées de leurs couvents, dispersées, emprisonnées ou exilées.

Après ce terrible orage, le monastère de Tours se releva un des premiers. Il fut régulièrement reconstitué en 1806. Il ne comptait qu'un petit nombre de religieuses, vieillies encore plus par les malheurs que par l'âge.

Le noviciat de sœur Marie de Sainte-Euphrasie a laissé dans la maison de Tours un souvenir de grande édification. La Mère Marie de Saint-Stanislas, sa compagne de noviciat et plus tard son fidèle soutien, rappelait souvent combien la sœur Marie de Sainte-Euphrasie était bonne et affectueuse pour tout le monde, riche en charitables industries pour consoler celles qui avaient de la peine.

La maîtresse des novices, sœur Marie de Saint-Louis de Gonzague, témoin de son ouverture d'esprit, de ses progrès dans la vie religieuse, annonçait qu'elle ferait un jour de grandes œuvres « parce qn'il y avait en elle quelque chose d'extraordinaire ».

Ses compagnes et ses maîtresses admiraient en elle une grande ingénuité, beaucoup de simplicité dans ses manières. Elle avait une façon si humble de faire ses prières, de joindre les mains, de s'accuser de ses manquements, qu'on la proposait aux autres comme modèle. Elle n'eut jamais de discussion amère ou de contrariété avec ses compagnes. Elle se distingua par une telle maturité de jugement, qu'elle fut employée, nous l'avons vu, près des pénitentes dès l'année de son postulat.

Le noviciat de sœur Marie de Sainte-Euphrasie se passa dans une grande ferveur, dans un grand besoin de s'immoler complètement pour Dieu, de dépenser au service du prochain la sève de vie religieuse qui inondait son âme. Elle passait quelquefois les nuits à pleurer devant les obstacles qui comprimaient l'élan de son zèle ; mais elle s'attachait avec ferveur aux observances religieuses, et les emplois les plus humbles lui étaient une douceur.

Après les exercices du noviciat, elle avait pour occupation d'essuyer les treize stalles du chœur des religieuses ; il lui arrivait souvent de recommencer à les essuyer plusieurs fois, se complaisant dans ce modeste travail, qui était une satisfaction pour son humilité et un apaisement pour son besoin d'agir.

Elle ne portait pas moins d'ardeur dans les exercices

iutellectuels. Sa supérieure lui avait donné à lire l'Ecriture-Sainte, dont elle faisait ses délices, et les Annales du Carmel qui stimulaient son zèle pour le salut des. âmes. Elle était autorisée à prolonger ces lectures au delà du temps fixé par la règle.

« Etant novice, dit la Mère Sainte-Euphrasie dans ses *Entretiens*, j'avais peu d'aptitude pour les travaux manuels. Je disais ma peine à notre Mère. Elle me répondait toujours d'employer mes loisirs à lire la Vie des Saints et la Sainte Ecriture, parce qu'il viendrait un temps où je serais accablée de travaux et que cela me serait très utile. En effet, plus j'ai lu l'Ecriture Sainte, plus j'en ai aimé les beautés. »

Elle s'appropria si bien les enseignements de la Bible, que ses instructions en seront toutes remplies. Les histoires de l'Ancien Testament lui sont familières ; elles lui serviront d'exemples et de commentaire pour expliquer ses pensées à ses religieuses... Peu de femmes ont fait de la Bible un usage plus fréquent et surtout plus fécond.

La sœur Sainte-Euphrasie ne portait pas moins de zèle dans l'étude des Règles et des Constitutions du Refuge, pour se pénétrer de l'esprit du saint fondateur et faire porter tous ses fruits à son ministère. Dans un entretien à ses religieuses, elle leur dira : « Je puis dire que dès mon entrée en religion, j'ai été avide de connaître les commencements de l'Ordre et tout ce qui le concernait, qu'étant novice à Tours, je recherchais toujours la société des anciennes religieuses pour m'entretenir avec elles. Mon plaisir était, après la lecture des livres saints, de lire la vie manuscrite de quelques-unes des premières Mères, les lettres de notre Père Eudes, l'abrégé de l'histoire de sa vie, qui, à cette époque, n'était pas encore imprimée. Quand il arrivait une lettre de communauté des maisons du Refuge, je n'en dormais pas la nuit, tout me paraissait si beau ! »

En novice parfaite, c'était la règle vivante et appliquée

qu'elle contemplait dans l'histoire de son Ordre. Son âme vive, douée d'une belle imagination, voyait se mouvant devant elle, conduites par leurs Constitutions, toute une légion de saintes religieuses, dans lesquelles était passé l'esprit du Père Eudes. Elle s'excitait à les imiter. « Ces sentiments de famille, dira-t-elle plus tard, servent d'encouragement et de point d'honneur pour se tenir dans la voie du bien. Les enfants ont à cœur de ne point ternir la réputation de leurs pères. »

L'amour de sœur Sainte-Euphrasie pour l'obéissance était tel, qu'elle obtint de sa supérieure de faire en secret son vœu d'obéissance avant le temps de profession et de porter le cœur d'argent sous ses vêtements. Un jour, on lisait au réfectoire la vie de saint Dosithée : il y était rapporté qu'après sa mort, un des religieux du monastère eut une vision dans laquelle il contempla ce saint élevé bien haut dans la gloire du ciel. Ce religieux se dit en lui-même :

— Comment se fait-il que frère Dosithée, qui ne pratiquait aucune austérité particulière, mais qui au contraire prenait tous les adoucissements permis par la règle, soit élevé si haut ?

Il entendit une voix qui lui dit :

— Dosithée n'est parvenu à ce degré de gloire que par l'obéissance. Il est vrai qu'il ne faisait pas les austérités pratiquées par les autres ; mais s'il prenait des soulagements, c'était avec une grande pureté d'intention et pour obéir à ses supérieurs.

Pendant tout le repas sœur Sainte-Euphrasie, touchée de cette lecture, ne put retenir ses larmes. Au sortir du réfectoire, les sœurs lui demandaient la cause d'une si grande émotion. La beauté de l'obéissance religieuse s'était manifestée dans tout son éclat à sœur Sainte-Euphrasie : voir Dieu dans ses supérieurs, l'entendre dans leurs ordres, lire sa volonté dans la règle, à chaque instant de sa vie faire ce qu'il aime le mieux et de la façon qui lui plaît davantage, quel bel idéal pour une obéissante ! L'*Imitation* dit que pour avoir la paix il faut chercher à obéir en tout à la volonté de Dieu. En effet, il ne peut être moyen plus efficace de s'élever au-dessus du trouble et de l'agitation qui nous viennent de nous-mêmes et des autres que de se sentir à chaque instant dans l'état et dans l'occupation que Dieu veut et qu'il nous commande par la règle et par nos supérieurs.

C'est à la suite de cette lecture de la vie de saint Dosithée que sœur Sainte-Euphrasie alla trouver la maîtresse des novices et s'ouvrit à elle des lumières que Dieu lui avait données sur les beautés de l'obéissance, et de son désir de la pratiquer dans toute la perfection possible. La maîtresse du noviciat fit connaître à la supérieure l'entretien de la novice ; il fut alors décidé qu'on lui accorderait la faveur d'anticiper son vœu d'obéissance.

Sœur Sainte-Euphrasie reçut avec une grande joie cette faveur ; elle sentait toute la beauté que donne à nos actions le caractère surnaturel du vœu religieux. Quand elles sont animées, vivifiées par la grâce, inspirées par l'obéissance religieuse à un vœu, nos bonnes actions prennent en effet une valeur et un éclat surnaturels que Dieu et ses anges seuls peuvent apprécier, mais que recherchent avec une sainte ardeur les âmes chrétiennes qui ont le sens des choses divines. Les actions grand'ssent avec la sainteté des personnes. Il y a, aux regards de Dieu, comme une échelle mystérieuse depuis l'âme humaine la plus pauvre des dons de la nature, jusqu'à l'âme de Notre-Seigneur qui a la plénitude des dons naturels et surnaturels. Les bonnes actions des personnes consacrées à Dieu par la religion sont plus semblables à celles de Jésus-Christ, et prennent aux yeux de Dieu plus de beauté et plus de valeur surnaturelle,

La piété de sœur Sainte-Euphrasie n'était point triste : la joie d'une âme en paix avec Dieu et avec les hommes, sûre d'être dans la voie où Dieu la veut, et sans crainte pour l'avenir, sur lequel veille la Providence, se manifestait au dehors dans toutes ses actions, mais surtout dans l'entrain et l'enjouement de ses conversations pendant les récréations. Aussi il arrivait que, lorsqu'elle revenait de la classe des pénitentes, les bonnes Mères âgées lui avaient préparé une place au milieu d'elles pour la récréation et lui disaient :

— Venez, venez ici, petite Sainte-Euphrasie.

Et elles la faisaient causer pour passer plus joyeusement la récréation.

Elle se prêtait avec d'autant plus de joie à leur demande, qu'elle vénérait dans ces bonnes Mères, qui avaient tant souffert pendant la Révolution, comme des confesseurs de la foi échappés au martyre. Elles étaient pour leur jeune sœur les témoins d'un autre âge et les gardiennes des traditions saintes, qu'elles avaient religieusement sauvées à travers des orages terribles.

A la fin de son noviciat, sœur Marie de Sainte-Euphrasie subit l'examen établi par la Règle pour la profession. Quand le supérieur du Refuge lui demanda si elle était contente, elle lui répondit : Oui, avec un cœur plein de joie qui voyait enfin s'accomplir tous ses vœux. Elle fit profession le 9 septembre 1817.

Les autres communautés font les trois vœux d'obéissance, de chasteté et de pauvreté. Le Refuge, nous l'avons dit, y ajoute un quatrième vœu : celui de se dévouer à la conversion des pénitentes. Ce vœu, qui oblige la religieuse au ministère spirituel, lui donne des fonctions d'apôtre. Ce n'est plus sa propre sanctification qui fait l'objet de ses engagements solennels, c'est le salut des autres, le salut des personnes les plus abandonnées.

La beauté de ce quatrième vœu, qui a fait du Bon-Pasteur d'Angers un Séminaire de missionnaires, apparaissait à la jeune professe comme l'idéal de la vie religieuse. Le Carmel lui semblait bien digne d'envie, parce qu'au Carmel on prie, on fait pénitence pour le salut des pécheurs. Mais le Refuge lui était encore plus cher, parce que c'était directement qu'on y travaillait à la conversion des âmes, parce

que la Religieuse telle que la voulait le quatrième vœu du
P. Eudes, avait elle-même entre les mains l'âme de la pénitente pour la purifier, pour la réformer, pour la rendre
agréable à Jésus-Christ et digne de la vie éternelle.

Dans ses entretiens spirituels au noviciat d'Angers, la
Mère Pelletier parlera souvent des vœux religieux. Ce sera
toujours avec un cœur enflammé d'amour pour la sublimité de sa vocation. Ses paroles reflètent les sentiments
profonds qu'elle avait entretenus depuis qu'elle avait elle-
même fait profession.

— Que nous sommes heureuses, disait-elle souvent,
d'être unies à notre Dieu et de lui être vouées irrévocable-
ment !...

Au moment où elle prononça ses vœux, une des religieuses s'approcha d'elle et lui dit tout bas, comme si elle
eût prévu l'avenir :

— Vous serez obligée de changer un jour la formule des
vœux.

Quelques années plus tard, elle entendra d'une autre religieuse comme une nouvelle prédiction de ce qui devait
avoir lieu dans l'Institut. Il y avait dans la maison du Refuge
une bonne sœur converse, âgée de quatre-vingts ans, venue
à Tours après la Révolution, qui dit à sœur Marie de Sainte-
Euphrasie :

— Un jour viendra où vous aurez tant d'ouvrage, tant
d'ouvrage !

Il semblait que le ciel laissât entrevoir aux âmes pures
que tant d'entrain pour le progrès des âmes, devait plus
tard faire des choses extraordinaires.

Il n'est pas étonnant que ceux sur qui Dieu a de grands
desseins, portent en eux les marques sensibles de leur vocation. Il y avait, dès la jeunesse religieuse de sœur Marie
de Sainte-Euphrasie, tant de décision dans ses desseins, tant
de prudence dans sa conduite et tant de sagesse dans ses
relations avec le prochain, que plusieurs serviteurs de Dieu
présageaient son glorieux mais laborieux avenir. Mgr No-

gret, évêque de Saint-Claude, qui l'avait connue à Tours, disait plus tard :

— Si la Mère Sainte-Euphrasie eût été un homme, elle aurait été Pape.

C'est une variante de ces autres paroles bien des fois répétées à Angers :

— La meilleure tête d'homme d'Angers, *c'est la Supérieure* du Bon-Pasteur.

CHAPITRE IV

LA MÈRE PELLETIER PROFESSE ET SUPÉRIEURE DU REFUGE

Sœur Sainte-Euphrasie, seconde maîtresse. — Première maîtresse
de la classe des pénitentes. — Sa connaissance des enfants. —
Ses procédés avec elles. — Traits de conversions. — Son confesseur. — En 1825, elle est élue supérieure. — Fondation des
Madeleines.

Pendant son noviciat sœur Sainte-Euphrasie avait été
adjointe à la Mère Sainte-Victoire pour la direction de la
classe des pénitentes. Elle avait appris à l'école de cette
bonne Mère, l'art si difficile de conduire les âmes, d'adoucir
et de former les caractères, de tourner peu à peu au bien
les natures les plus difficiles.

Comme seconde maîtresse, la sœur Sainte-Euphrasie
comprenait que son rôle était subordonné à celui de la première maîtresse, et que son zèle, pour être selon la règle
et par conséquent béni de Dieu, devait être soumis au contrôle d'une autre, qu'elle devait travailler avec et non à
côté de sa compagne. Elle a laissé dans ses *Entretiens* un
tableau de la seconde maîtresse parfaite.

Comme seconde maîtresse elle avait une autorité réelle
sur la classe, surtout quand elle remplaçait la première qui,
à toute occasion, la traitait comme une aide et lui conservait
son autorité aux yeux des enfants. Mais aussi elle faisait
tout son possible pour porter vers la première la confiance
des enfants, elle reconnaissait en toute occasion ses qualités, soutenait son gouvernement, ne disait jamais : « Si
j'étais votre première maîtresse, je ne ferais pas ainsi ; »
non seulement de peur d'affaiblir près des enfants, l'estime
qu'elles avaient pour la première maîtresse, mais aussi de

crainte de diminuer sa propre autorité, si elle était apparue aux enfants comme manquant de modestie et d'esprit religieux.

La sœur Sainte-Euphrasie gardait son très beau rôle, celui d'ange de paix, dont les conseils et l'intervention étaient souvent du plus grand prix pour la première maîtresse. Jamais elle ne punissait, jamais elle ne faisait de réprimande ; elle savait que la première maîtresse connaissait mieux chacune des enfants et les meilleurs moyens de les gouverner. Elle ne recevait point les confidences des mécontentes.

Elle racontait plus tard que pendant qu'elle était seconde maîtresse au Refuge de Tours, elle fut elle-même trompée par une enfant, pour s'être trop facilement prêtée à recevoir ses confidences. — « Une pénitente vint me trouver et me dit : Ma Mère, je n'ai pas le courage de dire à la première maîtresse une chose qui me tourmente, voulez-vous avoir la bonté de m'écouter un moment pour me donner vos conseils ? — J'y consentis par compassion et je lui dis ce que je crus convenable. Mais elle m'avait trompée. »

La Mère Pelletier avait remarqué qu'une enfant trouverait des prétextes à l'infini pour avoir des choses secrètes à dire à une seconde maîtresse, si elle remarquait que cette religieuse aime qu'on lui parle confidentiellement... Elle craignait même qu'il y en eût qui fussent capables d'inventer des péchés qu'elles n'auraient pas commis, sous prétexte de s'éclairer et de demander conseil.

Quand la Mère Sainte-Victoire fut nommée infirmière, sœur Sainte-Euphrasie, bien que très jeune professe, fut chargée, comme première maîtresse, de la classe des pénitentes. Elle se trouvait par là dans l'exercice complet de sa vocation religieuse, dans l'accomplissement de son quatrième vœu. Elle était entourée d'enfants dont le salut était confié à son zèle.

Il est difficile de rendre un compte exact de la façon dont une âme agit sur une autre pour la transformer et l'embellir. Il se mêle à ce travail comme principal agent une grâce de Dieu, dont l'efficacité nous échappe.

Cependant sœur Sainte-Euphrasie nous a donné quelques notes sur le travail salutaire de la maîtresse des pénitentes. A travers ses confidences nous voyons quelle idée elle avait de ses fonctions et comment elle les remplissait.

Elle se regardait comme une ennemie du péché, qu'elle avait pour mission de détruire. Le péché, c'est le grand mal du monde, c'est l'adversaire de Dieu, c'est le meurtrier de Jésus-Christ, c'est le seul fléau des âmes. Sans le péché l'humanité serait un paradis. Avec le péché elle devient un enfer. Aussi détruire le péché, même un seul péché, comblait de joie sœur Sainte-Euphrasie. Elle aimait à citer ces paroles de saint Ignace : « Quand je n'aurais fait qu'empêcher un seul péché mortel, je me trouverais assez heureux.»

Elle se regardait comme le missionnaire de Dieu voué a la conversion de ses enfants. Aussi commençait-elle par la prière, quand elle voulait l'amendement d'une jeune fille ou une faveur spirituelle pour la classe qu'elle dirigeait.

Un jour que les enfants étaient difficiles, qu'elles s'entretenaient à voix basse en murmurant comme pour faire des complots, « j'allai, dit la Mère Sainte-Euphrasie, me prosterner devant le Saint-Sacrement et je priai avec ferveur le Sacré-Cœur de Jésus. Après une heure d'adoration, je revins à la classe pour remplacer la seconde maîtresse. Quel ne fut pas mon étonnement lorsque je vis toutes les pénitentes fondre en larmes, se précipiter devant moi et me promettre que leur conduite à l'avenir serait ma consolation !. »

Souvent pour adoucir et tourner plus sûrement à Dieu les enfants, elle leur faisait faire de petites retraites, pendant lesquelles était observé le silence le plus parfait. On faisait des amendes honorables au Sacré-Cœur de Jésus ; les journées entières se passaient ainsi dans la classe sans qu'une autre maîtresse remplaçât sœur Sainte-Euphrasie.

La jeune maîtresse était puissante dans sa classe parce qu'elle était toujours animée de l'esprit du P. Eudes : elle se regardait comme « coopératrice de Jésus-Christ Notre-Seigneur, en l'ouvrage du salut des âmes, qu'il a rachetées au prix de son sang ».

Voilà l'idéal qu'elle avait sans cesse devant les yeux, et qu'elle s'efforçait de réaliser dans sa classe. Elle n'épargnait rien pour bien connaître les enfants, elle était maîtresse dans l'art d'assouplir et de façonner les volontés les plus rebelles et de les amener au bien.

Elle évitait à la jeune fille nouvellement arrivée tout ce qui pouvait exciter sa sensibilité, elle s'attachait à lui procurer le calme et la solitude. Un poète allemand disait que dans les rues des grandes villes habitent tous les démons qui excitent au mal et qui rendent l'âme méchante. La classe de Mère Sainte-Euphrasie était un refuge et une protection contre tous ces ennemis.

La mère Pelletier plaignait les couvents qui étaient au centre des villes. Le calme du dehors nous établit nous-mêmes dans le calme. L'âme dans le silence s'observe elle-même ; en se voyant, elle reconnaît ses fautes et conçoit le désir de les réparer. Dans le calme, le cœur est comme un lac tranquille qu'aucun vent n'agite et où les choses du ciel se reflètent dans toute leur beauté. C'est alors le temps des comparaisons fructueuses entre la vertu, ses charmes solides et les vanités étourdissantes du monde. C'est le moment où la bonne volonté, sous l'influence de la grâce, peut s'habituer peu à peu à la vie chrétienne. Il n'est pas jusqu'au spectacle des champs et de la belle nature qui ne mette du calme dans l'âme et ne la dispose par son harmonie, par son ordre providentiel, et aussi par le sentiment religieux qui s'en dégage, à se conformer, elle aussi, au plan divin et à se faire, comme elle le doit, l'interprète du monde matériel pour louer et remercier Dieu.

La Mère Sainte-Euphrasie isolait du monde autant qu'elle le pouvait les enfants du Bon-Pasteur. Elle aimait à les établir dans des couvents jouissant de la paix de grands enclos ou du charme de beaux horizons.

Elle avait remarqué que les enfants à leur arrivée ont souvent l'esprit prévenu contre la maison et contre les religieuses, qu'elles entretiennent une irritation intérieure contre leur vie nouvelle, qu'elles sont disposées à trouver tout mal autour d'elles : il leur semble qu'il ne peut y avoir de compensation aux sacrifices qu'elles ont faits en quittant le monde. Aussi la servante de Dieu voulait que tout sourît à la nouvelle arrivée, qu'elle trouvât des visages affables, des attentions pleines de charité ; qu'elle fût la préférée dans le dévouement des religieuses et dans les procédés de ses compagnes.

Jamais elle ne se départit de la plus exquise délicatesse à l'égard des enfants, et elle recommandait de ne leur témoigner jamais que la plus parfaite bienveillance.

Il arrive que les caractères, qui n'ont pas été adoucis et formés par une longue habitude de vertu, ont des moments d'irascibilité passagère, pendant lesquels toute observation est mal acceptée. La Mère Sainte-Euphrasie savait alors user d'industrie et de patience, elle ne réprimandait point en particulier, elle s'adressait aux compagnes mieux disposées et bientôt l'amertume tombait sous la douce influence de la bonté et de la joie qu'elle faisait renaître.

Elle ne cherchait point à parler longuement à la classe, elle préférait exhorter avec affection dans les moments opportuns. Jamais elle ne parlait d'elle-même, de sa famille, de son passé, de ses souffrances, de ses difficultés. Elle était toute donnée à Dieu, les préoccupations du monde étaient mortes pour elle. Ses exemples, ses paroles étaient une édification constante, elle écartait toute confidence trop personnelle pour ne penser et n'agir qu'en missionnaire toute céleste.

La gaieté est nécessaire dans une classe du Refuge ou du Bon-Pasteur. Elle est à la fois cause et effet de l'avancement spirituel. Un esprit triste ou maussade ne se laissera pas toucher et guider par la grâce, il agira même en mal sur son entourage, pour rendre le bien impossible.

La Mère Pelletier savait ramener la gaieté dans les moments de découragement. Un jour elle sentait toutes ses enfants tristes et malheureuses. Elle prie Dieu intérieurement de l'assister. Un rien suffisait pour ramener la joie. Elle aperçoit une sauterelle. Elle la prend, et d'un air mystérieux :

— Venez voir, venez voir ! s'écrie-t-elle.

Une enfant vient, puis une autre, mais les fronts ne se dérident pas.

— C'était bien la peine de venir voir, murmuraient-elles.

La Mère n'entend rien, elle poursuit son dessein. D'autres enfants viennent et à la fin la plaisanterie est acceptée : on rit, on s'intéresse à la bestiole, on entre dans toutes sortes de projets pour faire une cage et pour garder la sauterelle. La joie était revenue et avec elle la paix régnait au milieu de la récréation.

Les chants servaient aussi à entretenir la gaieté. Le chant quand il est bon, repose, calme l'âme et la met dans une sérénité bienfaisante.

Tout ce que voulait la Mère Sainte-Euphrasie, c'était la conversion des âmes, non pas seulement la première conversion, qui est faite de sentiment, après les saintes émotions qui accompagnent l'entrée au couvent, émotions produites par les bontés sans bornes des religieuses, les bons exemples des compagnes, par le bonheur d'une vie calme et tranquille. Cette conversion ne dure guère plus d'une saison. Après quelques mois passés, le découragement, la tiédeur s'emparent de l'âme. C'est alors que l'action de la Mère Sainte-Euphrasie devenait plus nécessaire et plus difficile.

Ce qu'elle voulait, c'était la seconde conversion, appuyée davantage sur la raison, sur l'enseignement solide de la religion, sur les grandes vérités de l'immortalité de l'âme, du paradis et de l'enfer. « Les plus grandes tentations des pénitentes, disait-elle, sont ordinairement contre la foi et contre l'espérance. » L'enseignement du catéchisme était, selon elle, le moyen le plus sûr de combattre ces tentations.

Cette bonne Mère avait toujours peur qu'on livrât au désespoir les âmes vacillantes de ses enfants, plus portées à se défier d'elles-mêmes qu'à se confier en Dieu. La confiance lui paraissait une des premières conditions pour commencer la conversion : elle évitait tout ce qui aurait pu porter au découragement. Que de motifs d'ailleurs n'avons-nous pas d'avoir confiance ! Jésus, notre divin Sauveur, est-il mort pour nous porter au découragement et nous faire craindre pour notre salut ? Dès que nous lui apportons notre bonne volonté, ne devons-nous pas tout attendre de son amour infini pour nous ?

La Mère Pelletier a raconté la mort d'une pauvre pénitente agitée par les angoisses du désespoir, pour montrer combien il était nécessaire d'exciter la confiance en Dieu.

« J'ai vu une enfant, disait-elle, qui avait le visage défait, tant elle avait versé de larmes. Lorsqu'on lui disait quelque chose pour la consoler, elle s'étonnait et répondait :

— Comment peut-il se faire que l'on pense à moi, pauvre pécheresse !

« Dans la maladie qui la conduisit au tombeau, elle supporta ses souffrances avec une patience admirable. Souvent elle s'écriait :

— O mon Dieu ! sera-ce vrai que vous me pardonnerez ? J'ai tant péché !!! Mais j'ai tant pleuré ! mes larmes me sauveront-elles !

« Les derniers jours de sa vie, elle eut d'extrêmes angoisses. Il lui semblait voir le démon, ayant en main un grand livre ouvert, où tous les péchés étaient écrits avec une effrayante exactitude. Quelques heures avant d'expirer, comme elle paraissait entrer dans un calme parfait, la maîtresse à qui elle avait parlé de ses peines, lui demanda si elle n'avait plus les mêmes inquiétudes.

— Non, non, ma Mère ! Je meurs en paix. Je me suis cachée dans les plaies de Notre-Seigneur Jésus-Christ. Je me suis reposée sur son infinie miséricorde, de laquelle j'espère tout. »

Mère Sainte-Euphrasie a toujours travaillé pour que ses enfants arrivassent devant la mort comme devant l'aurore d'un beau jour, d'un jour éternellement heureux. Elle nous a laissé le récit des nombreux miracles de conversion auxquels elle a coopéré.

« Nous avons eu une enfant qui était contre le bon Dieu depuis le jour de sa première Communion qu'elle avait faite indignement. Cette malheureuse commettait le plus de péchés mortels qu'elle pouvait, communiait presque tous les jours après avoir mangé, même dans l'église, par plus de mépris. Quand elle voyait des agneaux, elle prenait des pierres avec fureur et les leur jetait, ne pouvant supporter leur vue, parce qu'ils représentaient l'Agneau divin, Notre-Seigneur Jésus-Christ. Quand elle le pouvait, elle mettait le feu aux champs de blé pour gâter l'œuvre de Dieu. — Mais enfin épouvantée d'elle-même, touchée par la grâce, elle demanda à entrer dans notre bercail, se convertit et obtint une si grande contrition qu'elle n'osait plus lever les yeux vers le ciel. Pendant trois ans elle fut d'une exactitude parfaite au règlement. Ensuite elle tomba malade, se prépara avec édification à la mort, et expira dans de tendres sentiments de piété. La veille de sa mort elle me donna une image, me disant en souriant qu'elle représentait sainte Euphrasie occupée à bâtir des églises. »

La sœur Sainte-Euphrasie, on le voit, dans les fonctions si délicates de maîtresse des pénitentes, porta cette activité, ce zèle que l'on avait déjà admirés pendant son noviciat. Accueillir avec bonté les pénitentes, leur parler avec douceur le langage qui va au cœur, ouvrir leur âme à force de tendresse, leur donner confiance en elles-mêmes, leur montrer, avec les bons désirs qui restaient encore chez elles, les moyens que Dieu leur fournissait de revenir à lui, mêler l'encouragement aux reproches pour les plus endur-cies, attirer les unes par les beautés de la religion, éloigner les autres du mal par le tableau de la justice de Dieu : tel était l'art habituel de sœur Sainte-Euphrasie. Elle n'avait qu'un regret, comme les âmes généreuses, celui de ne pas avoir un plus nombreux troupeau. Elle souffrait de ce désir ; c'était comme le martyre de son âme.

— Oh ! disait-elle, si nous avions un jour soixante péni- tentes !

— Imagination de jeunesse. répondaient les sœurs âgées.

La jeune maîtresse se taisait alors ; mais elle sentait grandir dans son âme son zèle pour le salut des âmes.

Ce zèle cependant n'était point indiscret. Loin de choquer les Mères plus anciennes qui s'étaient habituées à se con- tenter d'un petit troupeau, elle les charmait par son entrain et s'en faisait aimer et estimer. Pour ces sœurs âgées, Sainte-Euphrasie. avec tous les attraits naturels et surna- turels de sa jeunesse, c'était la vie, c'était l'avenir de leur communauté.

Les élections de 1819 donnèrent au Refuge une nouvelle Supérieure. Appréciant les qualités de la sœur Sainte-Euphrasie, la Mère Saint-Hippolyte l'introduisit dans son intimité et lui confia les fonctions d'économe.

Dieu voulut alors conduire sa servante par des voies d'épreuves extraordinaires. Des peines intérieures, comme en ont éprouvé la plupart des saints, la tenaient sur le Chemin de la Croix. Heureusement la direction de son con- fesseur, un prêtre très pieux et très zélé, d'un jugement sûr, d'un sens profond, qui se défiait pour lui comme pour les autres des voies extraordinaires, adoucissait ses peines, éclairait ses doutes, la maintenait dans la lumière et par là dans la constante fidélité à sa sublime vocation. Sous une direction aussi sage, sœur Sainte-Euphrasie changeait ses épreuves en gains spirituels et s'avançait rapidement à la perfection.

Du reste, elle donna elle-même la raison de ses peines intérieures : « Je suis restée plusieurs années dans cet état, disait-elle plus tard. Cette vie de combats s'explique facilement. Elle a sa raison dans la nature même de notre vocation. Si vous enlevez au démon ses victoires, il ne faut pas s'étonner qu'il devienne furieux et qu'il se déchaîne contre vous. Vous pourrez même mesurer l'étendue de vos conquêtes par la force et la rage qu'il déploiera contre vous. »

En 1825, le triennat de la Mère Saint-Hippolyte prenait fin. Cette bonne Mère était cassée par l'âge et les fatigues. Puis les règles du Refuge ne permettaient pas une troisième élection. Les religieuses ne trouvaient pas parmi elles une sœur qui pût la remplacer. D'après les règles, on ne pouvait pas choisir une supérieure qui n'eût pas quarante ans et huit ans de profession au moins. Le Concile de Trente exige qu'une Supérieure ait au moins trente ans d'âge, et cinq ans de profession.

La sœur Sainte-Euphrasie n'avait que vingt-neuf ans. Mais ses vertus, ses qualités de gouvernement, tant à l'économatque dans la classe des pénitentes, avaient donné d'elle une si bonne opinion, que l'on songea à demander les dispenses nécessaires et à la nommer Supérieure. Le Supérieur de la maison demanda et obtint ces dispenses ; aussi le 21 mai 1825, déclara-t-il canonique l'élection que firent les religieuses. A l'unanimité elles avaient élu la Mère Sainte-Euphrasie Pelletier.

La jeune Supérieure fut effrayée, dans son humilité, de se voir à la tête d'une communauté dans des circonstances difficiles. Pour se donner de l'assurance et aussi pour mettre son âme tout entière sous la dépendance de Dieu, elle demanda à son confesseur de faire vœu d'obéissance à ses directions sur sept points importants : Les communions, les dispenses de la règle, les austérités volontaires, les lectures, les correspondances personnelles, les entreprises extraordinaires, les décisions du confesseur.

Forte non seulement de son autorité. mais de la confiance que lui témoignaient les sœurs du Refuge, elle ne mit plus de bornes à son zèle. Comme elle l'avait toujours désiré, elle parvint en peu de temps à augmenter le nombre des pénitentes et elle commença la Communauté des Madeleines.

La fondation des Madeleines était un des projets longuement entretenus de la Mère Marie de Sainte-Euphrasie. Parmi les pénitentes ramenées à Dieu par ses soins, elle avait trouvé des âmes d'élite, qui, une fois qu'elles avaient goûté les joies saintes de la vie surnaturelle, n'aspiraient qu'à la perfection, à l'austérité de la vie religieuse. La Mère Sainte-Euphrasie, dont l'esprit s'était nourri de l'Ecriture Sainte et surtout de l'Evangile, avait obtenu de Dieu quelque chose de l'amour de Notre-Seigneur pour les âmes pénitentes. Elle se rappelait toutes les attentions, toutes les tendresses du divin Maître pour elles. Elle voyait Marie-Madeleine aux pieds de Jésus et ne le quittant plus jusqu'à la croix, une fois qu'il lui avait pardonné ses péchés.

Sainte Madeleine établie patronne d'un nouvel Ordre recruté parmi les pénitentes désireuses de se consacrer à Dieu, c'était un projet capable de faire faire des prodiges de travail à la nouvelle Supérieure. Aussi, à peine élue, elle réunit le Conseil de la maison et lui annonce qu'elle va fonder les Madeleines.

Il fallait que Dieu l'eût destinée à cette Œuvre et lui eût accordé pour cela des grâces particulières : car, du côté du monde, tout sembla contrarier ses desseins. Elle avait écrit à la Mère Supérieure du Refuge de Paris : Cette bonne Mère s'était attachée à lui montrer cette fondation comme une croix pour l'avenir. Mais, avec cette sûreté de jugement qui la distinguait, la Mère Sainte-Euphrasie avait conçu un plan réalisable pour sa fondation. Elle pensa qu'en prenant la règle d'une communauté fondée par des saints et éprouvée par le temps, elle ne pouvait faire fausse route. Elle s'adressa au Carmel. Le Supérieur du Refuge qui dirigeait en même temps le Carmel, la mit en relations suivies avec les Carmélites, qui lui prêtèrent leurs livres, leur règle, leur costume. Elles lui fournirent même l'étoffe pour la prise d'habit des quatre premières Madeleines. Le 9 novembre, un vicaire général approuva le cérémonial de la vêture et de la profession des Madeleines.

Cette création, qui a déjà donné au cloître bien des âmes d'élite et au ciel de grandes saintes, fut marquée par des faveurs signalées de la part de Dieu. Que de fois les prières des Madeleines ont été demandées pour obtenir du Ciel des grâces particulières, qui ont été accordées ! Elles-mêmes ont souvent été l'objet de grandes faveurs spirituelles et temporelles. L'esprit de foi et la droiture de cœur qui distinguent ces religieuses, offrent aux grâces de Dieu un terrain bien préparé.

Dieu voulait la fondation des Madeleines, telles que les a établies la Mère Marie de Sainte-Euphrasie. Celles mêmes qui ont quitté pour d'autres communautés, ont dû y revenir. Une Madeleine voulut entrer dans une communauté de Carmélites. Après avoir été un ange de vertu, elle devint comme un démon au Carmel. Elle fut alors renvoyée à Tours.

— Que voulez-vous ? répondit-elle aux reproches que lui faisait la Mère Marie de Sainte-Euphrasie, je n'avais pas la grâce de cette vocation.

Elle reprit, aux Madeleines, une vie très régulière et très édifiante.

Malgré sa jeunesse, la Supérieure du Refuge agrandit très vite sa maison ; elle fit construire un monastère pour abriter les nouvelles brebis de son troupeau. Elle étendait en même temps au dehors du cloître son action salutaire. Ses relations avec les personnes de la plus haute piété, favorisaient son zèle.

La Supérieure de la maison des Ursulines, Mᵐᵉ de Lignac, sa première maîtresse, suivait avec un pieux intérêt les progrès religieux de son élève, les succès de ses Œuvres. Depuis surtout qu'elle était Supérieure, c'est-à-dire depuis 1825, la Mère Sainte-Euphrasie était en relations plus suivies avec Mme de Lignac, qui l'encourageait et l'aidait volontiers de ses pieux conseils. Leur zèle commun pour les âmes fortifiait encore leur amitié naturelle.

La Prieure du Carmel, la Mère Marie de l'Incarnation, peu près du même âge et du même pays que la Mère Marie de Sainte-Euphrasie, suivait avec d'autant plus d'intérêt les œuvres du Refuge et de sa Supérieure qu'elle connaissait mieux l'admiration de celle-ci pour sainte Thérèse et pour son Ordre. Les deux Supérieures s'écrivaient, se confiaient leurs pieux projets. La Prieure du Carmel avait pour le bien les ardeurs de la Mère Sainte-Euphrasie. Elle a laissé comme ouvrage le *Trésor du Carmel ;* elle a bâti un nouveau couvent. Quand elle parlait à ses sœurs de la Mère Sainte-Euphrasie, c'était avec l'admiration d'une âme faite pour comprendre un zèle semblable au sien.

Les prêtres les plus distingués par la piété et par les fonctions dans le clergé de Tours, rendaient témoignage, peut-être même à leur insu, à la grandeur de caractère de la Mère Pelletier, par la façon dont ils secondaient son zèle et par l'affection dévouée qu'ils portaient à ses œuvres.

La Mère Sainte-Euphrasie, derrière la grille de son couvent, ne laissait pas d'exercer son action bienfaisante au dehors. Les jeunes filles qu'on lui amenait la mettaient en relations avec nombre de personnes. Son zèle et sa grande charité ne pouvaient manquer d'attirer la confiance. Dans ses entretiens à ses filles sur la reconnaissance, elle raconte un trait touchant qui se rapporte au temps de son supériorat à Tours. « En vous parlant de la reconnaissance, dit-elle, je vous citerai un trait d'un homme du monde. Il était venu un jour au parloir me confier un embarras dans lequel il se trouvait. Je pris part à sa peine et je tâchai de lui rendre service comme je pus. Devenu un des premiers fonctionnaires de la ville après la Révolution de 1830, il vint aussitôt nous trouver et me dit qu'il serait heureux de nous rendre service à son tour, que nous ne craignissions rien en cas d'émeute, qu'il aurait soin de nous défendre et de mettre, au besoin, des gendarmes à la porte de notre maison. Quand nous partîmes pour Angers, cet homme reconnaissant, s'étant informé de l'heure du départ, vint à notre voiture et dit à deux militaires qui étaient en voyage avec nous : Je vous recommande ces religieuses ; elles méritent vos égards et votre respect. Je tiendrai comme fait à moi-même tout ce que vous ferez pour elles. »

C'est par son extrème attention à répandre autour d'elle les bienfaits de sa charité, que la Mère Pelletier gagna au Bon-Pasteur les sympathies de nombreux bienfaiteurs.

CHAPITRE V

ANGERS. — FONDATION DU BON-PASTEUR. — DÉBUTS (1829).

Mme d'Andigné. —- Mgr Montault et la pénitente de Caen. — M. Breton. — M. de Neuville. — Premier désir d'un Refuge. — Premier voyage de la Mère Sainte-Euphrasie à Angers. — Tournemine. — Le Refuge de Tours accepte la fondation d'Angers. — Retour à Angers. — Accueil charitable. — Pauvreté et épreuves. — Calomnies. — Bon-Pasteur. — Marguerite Deshaies et l'ancien Bon-Pasteur. — La maison s'organise.

Dieu qui préparait la Mère Sainte-Euphrasie à des Œuvres encore plus grandes, disposait toutes choses avec cette admirable sagesse dont les âmes les plus saintes elles-mêmes ne découvrent jamais qu'une faible partie. Si tout est bien ordonné dans la nature, à plus forte raison tout est prévu et ordonné dans la vie des grands serviteurs de l'Eglise, qui sont appelés à étendre le royaume de Dieu. La Mère Sainte-Euphrasie, qui allait fonder le Bon-Pasteur d'Angers, et avec l'aide des Angevins les plus éminents par la sainteté ou par la naissance, fut mise en relation à Tours avec une noble veuve, Mme d'Andigné de Villequier, dont la famille est appelée par un historien du seizième siècle « La grande race des d'Andigné ».

Mme d'Andigné était liée depuis longtemps d'une pieuse amitié avec la Mère Saint-Hippolyte, la digne Supérieure du Refuge de Tours, à qui succéda la Mère Pelletier. C'est dans ses visites au Refuge de Tours, où elle passait quelques semaines en se rendant de Paris en Anjou, qu'elle fit la connaissance de sœur Marie de Sainte-Euphrasie. Très vite elle apprécia les richesses spirituelles de cette religieuse, ardente pour la gloire de Dieu et le salut des âmes.

Aussi fut-elle la première à attirer l'attention du Refuge sur la sœur Sainte-Euphrasie, pour en faire une Supérieure. Elle se laissera elle-même gagner par ce zèle qui consumait la sœur Sainte-Euphrasie et elle sera comptée parmi les plus puissants auxiliaires du Bon-Pasteur, dans les grandes œuvres de l'avenir.

Quand Dieu est l'inspirateur d'une Œuvre, il conduit avec douceur, mais d'une manière sûre, les événements qui amènent cette Œuvre. Comme il a tous les cœurs dans sa main, il dispose l'économie de ses plans de la façon la plus aisée et cependant la plus étonnante pour nous. C'est ainsi qu'il mit tout d'abord l'idée d'une fondation de Refuge à Angers dans l'esprit d'une pauvre pénitente de la Trinité d'Angers, qui avait été envoyée au Refuge de Caen. — Cette jeune fille, revenue à Dieu, ne voulut plus quitter la maison qui l'avait reçue et convertie. Etant tombée malade et sur le point de mourir, elle fit demander une dame, sa compatriote, qui se trouvait alors dans la maison. Elle la pria d'écrire à Mgr l'Evêque d'Angers, pour le supplier de fonder dans sa ville épiscopale une maison de Refuge pour les âmes qui, comme elle, voudraient revenir à Dieu. Cette dame regardant comme sacré ce désir de la jeune mourante, écrivit à Mgr Montault qui, touché de cette demande et de la façon dont Dieu la lui faisait adresser, conçut dès ce moment l'idée de fonder une maison de pénitentes. Sa bonté et sa grande piété, qui font encore l'édification de ceux qui l'ont connu en Anjou, lui firent accueillir cette parole d'une humble pénitente à son lit de mort, comme un message de Dieu.

Les désirs de l'évêque furent admirablement secondés par les prêtres les plus hauts placés de son diocèse.

Le curé de la cathédrale, M. Breton, cherchait les moyens de fonder à Angers une maison de pénitentes. Ce prêtre avait été exilé en Espagne pour sa foi pendant la Révolution. Caractère brusque, esprit vif mais original, prédicateur populaire très goûté, il cachait sous des dehors un peu rudes un cœur très chaud et très dévoué pour son ministère. Il aimait les pauvres, il aimait le culte des églises. Il lui est arrivé plusieurs fois de porter un calice à un confrère pauvre qui en manquait. Les indigents de la ville d'Angers étaient toujours accueillis à sa cure. Un tel prêtre devait apprécier la Mère Sainte-Euphrasie et son Œuvre.

Une fois averti par la lettre de la pénitente de Caen, Mgr Montault vit les événements se disposer d'eux-mêmes pour la fondation d'un Refuge. Dieu inspirait les fondateurs et les fondateurs obéissaient sans résistance. Mme la comtesse de la Potherie de Neuville, qui avait passé en exil avec son mari le temps de la Révolution, avait, elle aussi, conçu le noble projet de fonder à Angers une maison de pénitentes. Après les rigueurs de l'exil, où souvent elle et son mari avaient manqué du nécessaire, ils avaient retrouvé leur fortune presque intacte. Ils voulurent en faire jouir les pauvres. Mais M. de Neuville mourut peu de temps après leur retour. Demeurée seule avec son fils Augustin, Mme de Neuville passa sa vie dans les bonnes œuvres. Comme la mort la surprit, le 6 novembre 1827, avant qu'elle eût réalisé son rêve favori, la fondation d'une maison de Refuge, elle laissa par testament trente mille francs pour cette Œuvre. Son fils, le comte Augustin de Neuville, le digne héritier d'une telle mère, alla porter cette somme à Mgr Montault. Mais l'évêque, craignant une révolution, crut prudent de différer la fondation.

Cependant le moment fixé par Dieu approchait. Le clergé de la ville d'Angers sentait le besoin de plus en plus pressant d'une maison de pénitentes. En 1829, cinq des principaux curés de la ville, ayant à leur tête M. Breton, se concertèrent sur les moyens à prendre pour cette fondation. Ils firent une collecte et jetèrent les yeux sur une pieuse et charitable dame de la paroisse de Notre-Dame, pour la prier de recueillir dans une maison particulière les pénitentes qu'ils lui enverraient. Celle-ci, malgré son zèle admirable, ne crut pas pouvoir accepter une tâche « que des religieuses seules, disait-elle, sont capables de bien accomplir, parce qu'elles sont exercées à ce genre de ministère ».

Alors MM. les Curés portèrent leurs vues d'un autre côté. M. Breton, qui connaissait Mme d'Andigné, lui écrivit pour lui faire part de leur projet et lui demander de chercher une communauté à qui ils pussent confier cette Œuvre. Mme d'Andigné répondit qu'elle connaissait des religieuses qui rempliraient parfaitement leurs intentions, et elle lui indiqua le Refuge de Tours.

Sur ce renseignement, M. Breton, après s'être entendu avec ses confrères, écrivit à Mgr de Montblanc, archevêque de Tours, qui autorisa la fondation, à condition que les religieuses de Tours voulussent bien y consentir. Aussitôt M. Breton, accompagné d'un de ses vicaires, partit pour Tours et se rendit au Refuge, où il visita toutes les classes de la communauté. Très touché de ce qu'il voyait, il exposa ses projets à la Mère Sainte-Euphrasie. La joie de la bonne Mère fut sans bornes : elle ne rêvait que l'extension de son Ordre, pour l'extension du bien. « Quand Mgr Montault, dit-elle dans ses Entretiens, nous envoya à Tours un délégué pour nous proposer la fondation d'une maison à Angers, ma joie était si vive que je croyais presque être au ciel. »

Mais les sœurs plus âgées du Conseil, qui avaient les tristes souvenirs de la Révolution, et croyaient à une crise prochaine dans la société, s'opposaient à toute fondation nouvelle. La Mère Sainte-Euphrasie dut donc d'abord refuser les offres de M. Breton. Mais celui-ci alla trouver Mgr de Montblanc, qu'il mit dans ses intérêts. La Mère Pelletier, de son côté, insista fortement près du Conseil. Les choses s'arrangèrent ; et la Mère Sainte-Euphrasie partit avec une de ses religieuses, la Mère Sainte-Victoire, pour visiter la maison qu'on leur destinait. M. Breton loua une voiture pour lui et pour les deux sœurs, et, fier de sa victoire, il reprit le chemin d'Angers. Il s'arrêta à Chinon, où il avait une sœur religieuse, et à Bourgueil, où était sa famille. Partout les Mères du Refuge furent accueillies avec une grande cordialité. La Mère Sainte-Euphrasie aimait plus tard à rappeler la bonne hospitalité qu'ils reçurent aux *Rosiers* où ils arrivèrent à onze heures du soir, de la part du curé, qui leur donna à souper et leur fit préparer des chambres pour la nuit.

Le lendemain matin ils reprirent leur route pour se trouver le samedi, vers la fin de la journée, en vue de la ville d'Angers.

Avant d'entrer dans la ville, M. Breton, dont le zèle ne manquait pas d'une certaine originalité, descendit de voiture et fit descendre les religieuses en leur disant :

— Comment, mesdames, vous voulez imiter les apôtres, et vous entreriez à Angers en voiture !

Et les bonnes religieuses firent à pied le reste de la route, à la suite de M. le Curé, qui marchait en avant, s'appuyant sur son parapluie comme sur une canne. La chaleur était excessive. Mais M. Breton, qui savait combien le peuple est facile aux bonnes impressions et comme il les garde long-temps, voulait montrer aux habitants d'Angers ces nou-velles missionnaires dans la sainte pauvreté de l'Evangile.

En arrivant, il les conduisit à Mgr Montault pour lui demander sa bénédiction et les reçut ensuite à la cure de Saint-Maurice.

Le lendemain, dimanche, les deux religieuses assistèrent à six heures à la messe de M. le curé. A l'évangile, M. Breton se tourne tout à coup vers les fidèles, et, leur montrant les deux sœurs du Refuge, dont le costume blanc attire les yeux de la pieuse assemblée:

— Mes frères, dit-il, nous avons ici des religieuses qui sont pour toutes les infirmités de l'âme et du corps. Que les aveugles, les boiteux, les paralytiques, aillent se pré-senter à elles.

Les assistants prennent à la lettre les paroles du bon curé, et, après la messe, les gens viennent en foule à la sacristie présenter des malades aux sœurs. Celles-ci répondent qu'elles ne soignent que les infirmités de l'âme. Mais ces braves gens objectent que M. le Curé a parlé de toutes les maladies, et quelques-uns se fâchent. Les bonnes sœurs ont quelque peine à se débarrasser de tous ces solliciteurs.

M. Breton et M. de Neuville conduisirent les religieuses aux maisons qu'ils avaient en vue pour leur installation. C'était une manufacture de cotonnades, nommée *Tournemine*, avec des bâtiments assez vastes, dont MM. les Curés d'Angers voulaient faire l'acquisition. Ils avaient bien songé à l'ancien Bon-Pasteur d'avant la Révolution, mais le propriétaire ne voulut pas s'en dessaisir. Ce couvent était un immense hôtel du xvɪɪᵉ siècle où, jusqu'à la Révolution, des religieuses non cloîtrées reçurent les jeunes filles, comme on le faisait au Refuge. Resserrée dans l'intérieur des murailles de la ville, découpée en plusieurs locations, cette maison aurait été très vite trop étroite pour le zèle de la Mère Sainte-Euphrasie. L'avenir a fait voir, en effet, qu'elle n'aurait pu convenir aux desseins providentiels du nouvel Institut, qui ne s'y serait jamais développé.

Tournemine était situé près des grandes prairies de la Maine, en aval d'Angers, sur la dernière pente de la rive droite, à l'ombre de l'église Saint-Jacques. D'un côté, les prairies, de l'autre, le faubourg.

Quand les sœurs les visitèrent avec M. Breton, les bâtiments étaient encore occupés par des métiers : une partie se composait de hangars. Les porteries et la grande salle de la Communauté sont encore dans un des bâtiments alors existants, le noviciat est dans le second.

Malgré le désordre de cette manufacture, la Mère Sainte-Euphrasie vit qu'il était possible d'y installer le Refuge, en faisant de nombreuses réparations. Le bon Dieu ne lui laissa même aucune hésitation : on eût dit qu'elle pressentait le bien qui allait sortir de la fondation d'Angers. Elle repartit aussitôt pour Tours, où les encouragements de son confesseur soutinrent son zèle et sa confiance.

En l'absence de Mgr de Montblanc, qui était parti pour

Rome, deux vicaires généraux provoquèrent une réunion du Conseil du Refuge pour examiner la proposition de l'évêque et des curés d'Angers. Le 29 mai, le Chapitre prit la délibération suivante :

« La Mère Supérieure a proposé à la Communauté de la
« part de Monseigneur l'illustrissime et révérendissime
« Évêque d'Angers et de MM. les Curés de la même ville,
« la fondation d'un établissement de sa Congrégation dans
« ladite ville, aux mêmes fins et pour y remplir les mêmes
« fonctions, conformément au but de leur Institut : qui est
« de ramener à la religion et aux bonnes mœurs les filles
« et les femmes qui se rangeront volontairement sous leur
« conduite, de leur apprendre à travailler en tous genres
« d'ouvrages selon leurs talents et capacités, et d'admettre
« aussi dans une classe séparée les jeunes personnes de
« caractère difficile et dont les inclinations morales donne-
« raient de justes craintes, afin de redresser par l'ins-
« truction, par les soins et une vie appliquée, ces jeunes
« plantes, qui, prises à temps, font ordinairement d'excel-
« lents sujets.

« MM. les Curés offrent à cet effet une maison spacieuse
« et un vaste enclos, les meubles nécessaires et une pen-
« sion alimentaire pour les sujets, au nombre de six deman-
« dées pour cet établissement. Sur quoi ledit Chapitre est
« unanimement d'avis d'accepter. »

Le 1er juin, un nouveau Chapitre du Refuge nomma les religieuses qui devaient aller à Angers. Sœur Marie de Saint-Paul était nommée Supérieure (1). Il fut décidé cependant que la Mère Sainte-Euphrasie irait elle-même organiser le nouveau monastère. Les vicaires généraux, le jour

(1) Avec sœur Marie de Saint-Paul Bodin, supérieure, étaient nommées, sœur Marie de Saint-Stanislas Bedouet, assistante : sœur Marie de Saint-Dominique Bigot ; sœur Marie de Sainte-Geneviève Fournier ; sœur Marie de Sainte-Chantal Moreau ; sœur Marie de Sainte-Gertrude David, novice appelée plus tard sœur Marie de Saint-Jean de la Croix.

même du Chapitre, le 1ᵉʳ juin, signèrent pour elle l'*obédience* ou la permission du départ. Ils lui enjoignirent, toutefois, de « revenir elle-même à la maison de Tours qui ne consent à se priver de sa présence que pendant ce court espace de temps » et lui recommandèrent « d'abréger la durée de son absence autant qu'il !ui serait raisonnable et possible ».

La Mère Sainte-Euphrasie n'était de retour d'Angers que depuis quatre jours, quand, le mercredi 3 juin, elle reprit le chemin de cette ville avec sa petite colonie religieuse. Mᵐᵉ d'Andigné les accompagnait. Comme la chaleur était excessive, elles eurent beaucoup à souffrir du voyage. La Mère Sainte-Euphrasie fut prise de vomissements qui changèrent le retour en un long martyre. Pour comble d'ennui, le cocher, en état d'ivresse, faillit les jeter dans la Loire. A un endroit où la route n'est séparée du fleuve que par un talus de gazon, les chevaux s'engagèrent en dehors de la voie ; à un moment les voyageuses se virent suspendues sur l'abîme, et elles regardèrent toujours comme une protection de la Providence de n'avoir pas été, ce soir là, tuées contre les pierres ou noyées dans le fleuve.

Il était près de minuit quand elles arrivèrent aux portes d'Angers. Mᵐᵉ d'Andigné voulut éviter aux religieuses les ennuis d'une arrivée à pareille heure dans une maison inoccupée, vide de tout mobilier. Près de la route où elles se trouvaient était établi l'Asile des Sourds-Muets dont la directrice était très connue de Mᵐᵉ d'Andigné. On se décida à aller lui demander l'hospitalité.

L'accueil fut des plus charitables. La Mère Sainte-Euphrasie n'oublia jamais la chrétienne hospitalité de la directrice, les bontés dont elle les combla, elle et ses filles, et toutes les attentions pieuses qu'elle leur prodigua.

Le lendemain, les religieuses se rendirent à l'évêché, où elles furent reçues d'abord par l'un des vicaires généraux, puis par Mgr Montault. Le prélat leur rapporta le trait de cette pénitente du Refuge de Caen, qui lui avait fait demander avant de mourir la fondation d'une Maison de Pénitentes à Angers. Les religieuses étaient toujours accompagnées de Mme d'Andigné, de sa femme de chambre et d'une pénitente qu'elles avaient amenée de Tours.

La Mère Sainte-Euphrasie alla encore cette fois avec ses religieuses loger à la cure de Saint-Maurice. M. Breton les conduisit lui-même, le samedi 6 juin, veille de la Pentecôte, à leur nouvelle maison. Pour frapper l'imagination du peuple, et attirer l'attention sur le nouveau couvent que l'on allait fonder, M. Breton les conduisit par les rues les plus fréquentées de la ville.

Le lendemain les religieuses vont dès quatre heures du matin à la messe à l'église Saint-Jacques. Rentrées dans leur manufacture en désordre, elles ne trouvent pour déjeuner que les restes de leurs petites provisions de voyage. Mais plus rien pour le dîner. La Providence leur adresse dans la matinée le vénérable curé de Saint-Jacques qui s'informe de leurs ressources, et qui, voyant leur complet dénuement, leur envoie son dîner déjà préparé et servi sur sa table. Cet acte de touchante charité au premier jour de la fondation du Bon-Pasteur fut béni de Dieu : il commença des relations de dévouement et de bons offices, qui ne cessèrent jamais entre la cure et le monastère.

Depuis que MM. les Curés de la ville d'Angers avaient jeté les yeux sur la manufacture de Tournemine pour en faire une Maison de Refuge, ils avaient quêté pour réunir les fonds nécessaires ; ils avaient trouvé bien des bourses ouvertes pour cette Œuvre. Mgr Montault donnait l'exemple de la générosité. M. Breton fit des prodiges de dévouement pour l'Œuvre qu'il avait tant à cœur. Il quêta dans toute sa paroisse, où il reçut plus qu'il n'avait osé espérer. Un jour il rencontre M. de Neuville.

— Monsieur le Curé, dit celui-ci, je croyais que vous me regardiez comme un de vos bons paroissiens. Qu'ai-je fait pour qu'il n'en soit pas ainsi ? J'apprends que vous quêtez de toutes parts pour l'érection d'une Maison de Pénitentes, et vous me laissez de côté !

— Non pas, répondit M. Breton ; mais c'est qu'au contraire je suis sûr de vous ; je vous garde pour la *bonne bouche*.

— A la bonne heure ! reprit M. de Neuville ; je tiens d'autant plus à entrer pour ma part dans l'érection d'une Maison du Bon-Pasteur, que c'était vers cette Œuvre que se portaient le plus ardemment les pensées et les désirs de ma vénérée mère. C'est pour cela qu'elle a réuni les réserves qu'elle m'a laissées. Son âme eût été consolée si elle avait pu voir réaliser ce projet avant de mourir.

M. de Neuville versa *trente-huit mille francs* pour le premier établissement du Bon-Pasteur, dont il devint comme le fondateur et à qui il donna dans la suite presque toute sa fortune. Il demeura jusqu'à sa mort l'ami et l'appui de cette maison.

M. le Curé Breton, encouragé par tant de générosité, ne reculait devant aucune hardiesse pour être utile à son Œuvre. Ayant appris que les officiers du 17e léger avaient un grand dîner en l'honneur de leur général, il demanda à être introduit près d'eux, pendant le repas, pour les quêter. Les officiers abandonnèrent au bon curé leur solde d'un jour.

La quête des curés d'Angers leur permit d'acquérir en leur nom la maison de Tournemine et de promettre aux sœurs une petite pension. Mais bientôt ils transmirent la propriété aux religieuses, qui achevèrent de payer l'achat et commencèrent à réparer et organiser la maison.

Elles se mirent à l'œuvre avec cet esprit d'ordre, de propreté et d'économie qui est particulier aux communautés et qui fait l'étonnement des gens du monde. Les abeilles n'organisent pas leur ruche avec une industrie plus admirable.

La Mère Sainte-Euphrasie présidait à tout ce travail. Elle se préoccupa tout d'abord d'établir une chapelle pour recevoir au milieu d'elles Jésus-Christ, la source de leur zèle et la consolation de leurs sacrifices. Elle choisit pour cela une chambre modeste, plus propre que les autres, y mit un autel, et fit dire la première messe le jour de la fête du Saint-Sacrement. Chacun des amis de la maison avait tenu à honneur de fournir quelque chose à la chapelle : Mme d'Andigné donna un ostensoir et un encensoir ; Mgr Montault, des burettes en argent ; M. Breton et M. de Neuville fournirent le reste de ce qui était nécessaire à la sacristie.

M. de Neuville eut la consolation d'assister à cette première messe. qui était comme la prise de possession par Notre-Seigneur de la maison du Bon-Pasteur. La Mère Sainte-Euphrasie voyait le commencement de ses vœux réalisé : avec Notre-Seigneur pour gardien que pouvait-elle craindre désormais dans son couvent d'Angers ?

Après l'installation de la chapelle, la maison était à réparer. Tout était dans un tel délabrement que quelque temps après leur entrée, les religieuses trouvèrent dans le foin des greniers un homme ivre qui avait pu s'introduire par les brèches des murs.

Elles manquaient de tout ; elles n'avaient pour s'éclairer le soir, qu'une chandelle de suif, avec un verre cassé pour chandelier. Pour vivre, elles travaillaient à la couture. La Mère Sainte-Euphrasie, qui se disait peu habile à ce travail, faisait des paquets de carottes, cultivées dans le jardin, que la jeune pénitente amenée de Tours allait vendre au marché. Cette jeune fille était très dévouée aux religieuses (1). Elle travaillait beaucoup, et il arrivait quelquefois que la petite communauté était obligée d'attendre le soir que son ouvrage fût terminé, pour avoir de quoi acheter des vivres pour le lendemain. Souvent les religieuses manquèrent de pain. C'était la sainte pauvreté de Bethléem qui se reflétait dans les commencements de cette maison. On n'avait souvent à manger que des herbes cuites et du pain noir.

(1) Elle entra plus tard aux Madeleines et prit le nom de Madeleine du Calvaire.

La pauvreté n'était pas pour effrayer la Mère Pelletier. Elle était venue à Angers sans argent, elle fonda son monastère sans argent. Elle enverra plus tard ses filles sans argent fonder des Refuges pour les âmes rappelées à Dieu par la charité.

Cependant sa Communauté naissante n'échappa point à la calomnie qui représentait les couvents comme des maisons riches à millions, et comme des dangers pour la fortune publique. L'impiété aime à exploiter la crédulité du public contre la religion dans ce qu'elle a de plus saint et de plus pur. Pendant que la Mère Pelletier et ses religieuses vivant maigrement, nourrissaient les pauvres filles que la Providence leur envoyait, les journaux ennemis de la religion parlaient de la richesse de leur couvent. Plus d'un naïf propageait les calomnies, ridiculement persuadé que l' « abbesse crossée et mitrée du Bon-Pasteur » n'était rien moins que millionnaire. A ces calomnies aussi absurdes qu'impies la Mère Pelletier ne répondit que par la prière, le silence, le dévouement, et ne recula jamais d'un pas dans ses œuvres de charité.

Mgr Maupoint, évêque de l'Ile de la Réunion, de passage dans un couvent du Bon-Pasteur à l'étranger, en 1870, rappelait aux religieuses la pauvreté et les difficultés des commencements de la maison d'Angers. Mais il leur peignait en même temps la grande énergie de la Mère Sainte-Euphrasie, son courage au-dessus de toute épreuve, sa confiance inaltérable dans la Providence. Le souvenir des vertus héroïques de la Mère Pelletier inspirait encore de l'enthousiasme à cet évêque missionnaire, qui avait assisté, quarante ans auparavant, à l'établissement de la clôture du Bon-Pasteur, qui avait fait le premier catéchisme aux pénitentes d'Angers, et qui avait vu de près toutes les marques de bienveillance de la Providence pour cette maison naissante.

Dès le premier jour, la maison du Refuge d'Angers prit le nom de Bon-Pasteur. Ce nom était populaire en Anjou : il rappelait une Communauté qui avait été fondée au dix-septième siècle pour recevoir les jeunes pénitentes et qui fut renversée par la Révolution.

Une sainte religieuse du dix-septième siècle, Marguerite Deshaies, connue sous le nom de sœur Thérèse, qui, pendant trente-quatre ans, dirigea l'ancien Bon-Pasteur, semble avoir vu par avance et prédit les fondations de la Mère Pelletier. Cette simple fille d'un couvreur d'ardoises d'Angers, lingère, puis domestique avant son entrée au couvent du Bon-Pasteur, appelé alors la maison de Sainte-Madeleine, avait obtenu de Dieu, par ses vertus éminentes, des grâces spéciales et extraordinaires pour le discernement des esprits et même pour la connaissance de certains événements à venir qui touchaient l'Œuvre des pénitentes. C'est ainsi que dans l'un de ces billets qu'elle écrivait, sur l'ordre de son directeur, pour rendre compte des faveurs que Dieu lui faisait, elle prédit la fondation éloignée des couvents que la Mère Pelletier a établis. « Ç'a toujours été depuis mon sujet de joie, dit-elle, à me présenter devant Dieu, de ce qu'il sera adoré en vérité, en esprit et dans les hommages d'une vraie pénitence. Cette vue, dimanche dernier, m'a été rendue plus claire dans la sainte communion, et, dans une joie vive, il m'a été montré que dans l'ordre de Dieu cette seconde Communauté ne sera pas si tôt établie. » Ne voyait-elle pas d'avance l'établissement du monastère et la Congrégation de Notre-Dame de Charité du Bon-Pasteur ?

. Aussi la Mère Sainte-Euphrasie conçut-elle une grande admiration et une pieuse vénération pour cette ancienne bienfaitrice des pénitentes d'Angers. Elle la considérait comme un modèle. Elle fit faire des recherches pour découvrir son tombeau, mais en vain.

Un jour qu'elle devait aller à Saint-Florent de Saumur, elle partit dès quatre heures du matin, fit arrêter sa voiture devant l'ancien Bon-Pasteur, alors maison particulière, et, sans descendre de voiture, pria longtemps devant ce toit qui avait abrité sœur Thérèse. La prédiction de cette religieuse la touchait beaucoup. La voix des saints lui donnait confiance dans l'avenir, parce qu'elle la regardait comme une manifestation des desseins de Dieu. Ainsi elle aimait à rapporter à ses sœurs la vision d'une autre religieuse nommée sœur Claire, à qui Dieu avait montré l'avenir du Bon-Pasteur sous une forme symbolique : « Elle avait vu un champ immense tout couvert de pâquerettes, et dans ce champ une multitude de religieuses vêtues de blanc, et au milieu d'elles la sainte Vierge. Cette bonne mère lui dit que cet Ordre serait consacré au salut des âmes, qu'il ferait beaucoup de fondations. Puis, joignant les mains, elle ajouta : Oh ! elles seront à l'infini »

La Mère Sainte-Euphrasie puisait dans les prédictions de ces saintes âmes une ardeur inexprimable pour son OEuvre, qu'elle regardait comme l'héritière de sœur Thérèse et de toutes ces religieuses qui, dans l'ancien Bon-Pasteur, avaient dépensé leur vie au service des âmes.

Les premières semaines que la Mère Sainte-Euphrasie passa dans la maison d'Angers, furent les plus pénibles pour son zèle, non pas tant à cause des privations et de la pauvreté, qu'à cause du manque de pénitentes. Son ardent désir d'instruire et de se dévouer aux âmes la dévorait. Aussi quelle joie quand arrivèrent les premières jeunes filles ! Elles sortaient presque toutes d'une fabrique d'allumettes, qui était à Angers. Elles étaient fort indisciplinées. Les religieuses partageaient avec elles le morceau de pain que leur envoyait la Providence. Un jour elles reçurent de Mme de Boylesve, sœur de Mme d'Andigné, un matelas qui leur sembla d'un poids extraordinaire. Ayant ouvert un des coins, elles trouvèrent trois cents francs, que cette charitable dame y avait déposés pour elles.

Cependant le second triennat de la Mère Sainte-Euphrasie, comme Supérieure du Refuge de Tours, n'était pas achevé : elle avait été réélue au mois de mai 1828. Aussi fut-elle rappelée par le Conseil de cette maison. Trois de MM. les Curés d'Angers, allèrent à Tours pour obtenir de la garder. Mais leurs démarches près de M. Fustier, vicaire général, et près du Conseil du Refuge, furent inutiles. Le Refuge de Caen, consulté, s'était prononcé pour Tours. La Mère Sainte-Euphrasie dut quitter Angers. Son âme était déchirée, parce qu'elle avait le pressentiment des grandes choses qui s'accompliraient dans cette nouvelle maison. Depuis la première heure elle se sentait sous l'action de la grâce divine, qui conduisait les hommes et les événements et se manifestait en chacun des épisodes de cette fondation. Elle voyait la main de Dieu agissant avec elle et la soutenant.

Avant de retourner à Tours, elle fit établir la clôture. Ce fut le 31 juillet 1829, fête de saint Ignace et anniversaire de la naissance de la Mère Pelletier, que le vicaire général délégué par Mgr Montault, vint bénir les bâtiments du nouveau Bon-Pasteur. Les bienfaiteurs de l'Œuvre l'assistaient. Mais tout se fit sans éclat, et la Mère Sainte-Euphrasie rappelait plus tard que, durant le sermon, les religieuses étaient à genoux dans le jardin sous la pluie et dans la boue.

CHAPITRE VI

Retour de la Mère Marie de Sainte-Euphrasie à Tours. — Épreuves
de la maison d'Angers. — Demande des pénitentes à M. Dufêtre.
— La Mère Sainte-Euphrasie nommée Supérieure d'Angers. —
Elle rend la vie à cette maison. — M. de Neuville revient au
Bon-Pasteur. — Les enfants de la Providence. — Fondation
des Madeleines. — Travaux d'appropriation du couvent. — Les
Pénitentes. — Le premier aumônier. — Piété de M. de Neuville.
— Mme de la Roche. — Le second aumônier. — La première
pierre de l'église. — Charités de M. de Neuville. — La Mère
Marie de Sainte-Euphrasie et les novices.

La Mère Sainte-Euphrasie partit pour Tours le lendemain
de la bénédiction du couvent. Elle fut remplacée par la
Mère Marie de Saint-Paul qui était arrivée à Angers le
30 juillet avec une sœur tourière. La bonne Supérieure fut
reçue avec grande joie au Refuge de Tours : pour la fêter,
les plus jeunes sœurs firent de petites poésies.

Mais Dieu qui la voulait à Angers, dans ce monastère
dont elle avait jeté les premiers fondements, permit que
les choses et les hommes exigeassent son retour pour consolider cette maison et la préparer à ses grandes destinées.
A peine était-elle partie, en effet, que la vie sembla s'y
arrêter : tant il est vrai qu'une âme choisie de Dieu peut à
elle seule animer toute une Communauté dont elle est le
chef et le guide. Les restaurations sont entravées, les ardeurs
s'éteignent; les rapports des pénitentes et des religieuses
se tendent ; les bienfaiteurs se refroidissent et oublient un
peu leur Œuvre. M. de Neuville lui-même s'éloigne. Il
avait voulu, sous l'impression qu'avait su lui communiquer
la Mère Sainte-Euphrasie, étendre le nouveau monastère,

lui faire bâtir une chapelle. Mais, depuis le départ de la fondatrice, on ne répondait à ses beaux projets que par des paroles de crainte et de défiance. Par frayeur de l'avenir, on s'immobilisait dans le présent. L'ardeur pleine de hardiesse de la Mère Sainte-Euphrasie avait été plus heureuse que tant de prudence, qui refroidissait les bienfaiteurs. Bientôt la petite Communauté ressentit plus vivement encore les effets de la pauvreté et le dénuement devint absolu. L'hiver de 1829 à 1830 fut d'une rigueur extraordinaire : le froid et la disette, qui se faisaient sentir à toutes les familles pauvres, éprouvèrent particulièrement celle du Bon-Pasteur. On manqua même du pain nécessaire.

Ces temps d'épreuve réveillèrent et agrandirent dans le cœur des pénitentes qui avaient connu la Mère Sainte-Euphrasie, les regrets de son départ. Elles en parlaient entre elles ; elles dépeignaient aux autres son entrain, ses industries merveilleuses pour sortir de toutes les difficultés et pour semer la joie et la paix autour d'elle.

Sur ces entrefaites, M. Dufêtre, vicaire général et Supérieur du Refuge de Tours, vint à Angers, où il prêcha le Carême ; il visita les pénitentes, leur parla, et, pour les récompenser de leurs pieuses dispositions présentes, promit de leur accorder ce qu'elles lui demanderaient. Sans hésiter, les pénitentes lui demandèrent le retour de la Mère Sainte-Euphrasie. M. Dufêtre était loin de soupçonner à quel point elle était toujours vivante dans le souvenir de ces jeunes filles.

De son côté la Mère Sainte-Euphrasie sentait son cœur attiré vers Angers par une force invincible. C'était la volonté de Dieu se manifestant chez elle par un attrait qui allait toujours croissant. Les lettres qu'elle écrivait à sœur Saint-Stanislas, assistante au Bon-Pasteur, sont pleines de ses désirs, de son amour de la maison d'Angers. Si elle console sa fille bien-aimée, qui lui expose les croix et les difficultés de la nouvelle fondation, plus souvent elle lui parle de ses espérances pour l'avenir, de ce que Dieu lui inspire pour son monastère. « Jamais je ne varierai, écrit-elle ; je ne le puis ; je ne crois pas que la volonté de Dieu soit que j'aille ailleurs qu'à Angers. » Et elle demande à sœur Saint-Stanislas, « son cher Kostka », comme elle dit, qu'elle l'aide de ses prières ; elle craint, ajoute-t-elle, que ses péchés n'empêchent les desseins de Dieu. Puis c'est son directeur qui la confirme dans la volonté de Dieu sur elle ; c'est un autre pieux ecclésiastique qui lui annonce les grandes choses que Dieu veut faire par ses mains dans la maison du Bon-Pasteur.

Le 8 mars 1831, M. Dufêtre, visitant le Bon-Pasteur, écrit à la Mère Sainte-Euphrasie : « L'établissement d'Angers aurait grand besoin de votre zèle et de votre habitude du gouvernement ; il serait capable de prendre de grands accroissements. »

Ces vœux du Supérieur du Refuge ne devaient pas tarder à se réaliser. Le jour de l'Ascension, les sœurs du Refuge de Tours, appelées à faire l'élection après le triennat de la Mère Sainte-Euphrasie, élurent la Mère Marie de Saint-Paul. La Mère Marie de Sainte-Euphrasie fut désignée pour être Supérieure de la maison d'Angers.

C'était le commencement d'un supériorat qui ne devait finir qu'avec la vie de la titulaire et qui devait étendre son action jusqu'aux extrémités du monde.

Mgr de Montblanc, archevêque de Tours, signa l'obédience pour le Bon-Pasteur d'Angers, sans y mettre aucune restriction ni délimitation de temps.

Quand il fallut quitter ses sœurs, qu'elle avait vénérées et aimées depuis son entrée au Refuge, la Mère Sainte-Euphrasie sentit les douleurs de la séparation. Elle n'eut pas le courage d'affronter les adieux : elle se rendit secrètement chez les Dames de Sainte-Ursule, chez son amie et ancienne maîtresse de pension, Mme de Lignac, pour qui elle avait conservé un amour filial et une extrême confiance. Mais, quand elle fut seule dans sa cellule, à neuf heures du soir, elle sentit son courage défaillir ; elle avait un pressentiment qu'elle quittait ses sœurs pour toujours, et elle était tentée de retourner vers elles.

Alors Dieu lui envoya un saint prêtre, chanoine de Tours, en grande vénération près des fidèles et des ecclésiastiques. Il la demande au parloir et, inspiré par l'esprit de Dieu, lui dit :

— Gardez-vous bien, ma Mère, de retourner dans votre maison de Tours. Ce que vous éprouvez est une tentation ; Dieu vient de me le faire connaître. La moindre pensée que vous auriez de retourner, l'offenserait ; il m'a chargé de vous manifester sa volonté et ses desseins sur vous. Partez pour Angers : Dieu veut y faire par vous de grandes œuvres à sa gloire.

Cette parole sacerdotale calma la Mère Sainte-Euphrasie et lui donna un courage indomptable avec la ferme espérance du succès. Le lendemain matin elle partait pour Angers, avec ses deux compagnes, dont l'une était sœur Saint-Philippe Mercier. Comme la France était alors en pleine révolution, elles voyagèrent en voiture publique avec des hommes exaltés, coiffés de bonnets rouges et proférant des cris de guerre. Mais que ne peut pas la douce simplicité d'une religieuse dont le costume ne rappelle que le dévouement et la charité ? Bientôt ces hommes en délire se montrèrent pleins de prévenances pour nos trois voyageuses et les prirent sous leur protection.

Les sœurs arrivèrent à Angers le 21 mai 1831. Après avoir reçu la bénédiction de Mgr Montault, elles se rendirent au Bon-Pasteur, où les attendaient bien des cœurs impatients. Aussitôt qu'on entendit la voiture qui les amenait, l'unique cloche de la maison se mit en branle pour célébrer leur arrivée. On ne peut comparer la joie de cette Communauté à la vue de la Mère Sainte-Euphrasie qu'à celle d'une famille qui reçoit son père après de longs mois d'absence.

Après le retour de la Mère Sainte-Euphrasie, la vie la plus active reparaît dans la Communauté, comme au premier jour et avec cette ferveur qui est particulière aux débuts d'une Œuvre.

La première fois que la Mère alla voir la classe des pénitentes, elle y trouva un esprit d'insubordination ; mais très vite, sous l'effet de sa parole ardente, de ses exhortations persuasives, pleines de l'esprit de l'Evangile, cette fougue d'orage fit place à l'ordre, à l'obéissance et à la piété. Le 25 octobre de la même année, trois pénitentes prenaient l'habit des Madeleines pour se consacrer à la vie religieuse.

Dès le troisième jour après son arrivée, la Mère Sainte-Euphrasie se remit en relation avec M. de Neuville, qui devait s'associer à toutes ses œuvres et devenir le digne confident de ses projets. Pendant l'absence de la Mère Sainte-Euphrasie, on avait essayé de prévenir M. de Neuville contre elle, en lui représentant la hardiesse de son esprit, son insatiable besoin de nouveautés. Mais M. de Neuville qui avait la science des saints et le discernement des esprits conduits par Dieu, ne put s'entretenir avec la Mère Sainte-Euphrasie sans constater de plus en plus que son zèle pour la gloire de Dieu était tout surnaturel, que sa reconnaissance était sans retour sur elle-même ; que sa simplicité et sa droiture égalaient son dévouement. Aussi lui voua-t-il, ainsi qu'à sa Communauté, un respectueux attachement, qui lui inspirera pendant toute sa vie des actions de charité héroïque. A partir de ce moment il devint réellement, non seulement le fondateur temporel. mais encore comme le second fondateur spirituel du Bon-Pasteur. Presque toujours son action demeura cachée aux yeux du monde, parce que son humilité égalait sa générosité.

La première extension que la Mère Sainte-Euphrasie donna à son Œuvre, fut la réception des enfants de la Providence. Une association de dames charitables avait confié ces enfants à une pieuse demoiselle qui, pendant seize ans, s'en était chargée avec un grand dévouement. Comme cette demoiselle ne pouvait plus continuer sa mission, Mme de

Villebois, présidente de l'association, vint offrir l'Œuvre à la Mère Sainte-Euphrasie, dont le premier mouvement fut d'accepter. La pension de chaque enfant fut fixée à une petite somme.

Dès le 10 juin 1832, la Mère Sainte-Euphrasie recevait les vingt premières enfants de la Providence, pour qui son zèle industrieux avait su ménager des salles complètement séparées des pénitentes et de la communauté des religieuses : c'était une nouvelle division du Bon-Pasteur. Mgr Montault vint quelques jours après remercier la Mère Sainte-Euphrasie et lui témoigna sa joie de voir ces enfants sous sa direction. La charité de la digne Mère devait être récompensée dans l'avenir.

M. de Neuville, dont l'âme comprenait si bien celle de la Mère Sainte-Euphrasie et qui voyait tout le bien que Dieu pouvait tirer pour sa gloire de tant de zèle et de tant de dévouement, s'entretint avec la digne fondatrice d'un couvent de Madeleines à Angers. Ce qu'il avait entendu dire de celles de Tours, œuvre de la Mère Sainte-Euphrasie ; ce qu'il voyait chez les pénitentes qui étaient revenues à Dieu et ne voulaient plus retourner dans le monde, avait excité son désir de doter le Bon-Pasteur de cette Communauté. Il acheta, au nom du Bon-Pasteur, une maison avec jardin près de Tournemine.

Cet établissement prit naissance le 28 août, jour de la fête de saint Augustin, patron de M. de Neuville.

La Mère Sainte-Euphrasie donna aux Madeleines d'Angers un règlement emprunté, comme celui des Madeleines de Tours, en bien des points, à la règle du Carmel, et un costume dont la couleur rappelle celui des Carmélites. Le règlement fut approuvé en 1833 par Mgr Montault. Les vœux et les prédictions de la sœur Thérèse de l'ancien Bon-Pasteur étaient accomplis.

La Mère Sainte-Euphrasie composa, sous le titre de : *Règle et Observances pour les sœurs Madeleines d'Angers,* un petit livre qui contient ses vues surnaturelles sur la nouvelle Communauté. Elle commence ainsi :

« Le but principal des sœurs de Sainte-Madeleine et la
« fin de leur Institut est de tendre dans toutes leurs actions
« à un grand esprit de pénitence, d'abnégation et de morti-
« fication, pour expier leurs propres péchés et aussi pour
« la conversion des pénitentes. Qu'elles s'attachent à un
« véritable esprit d'oraison, et surtout à une profonde hu-
« milité et à une entière solitude, se remettant souvent de-
« vant les yeux l'exemple des saints Pères, qui aimaient à
« vivre inconnus et méprisés, passant les jours et les nuits
« dans les veilles et les travaux d'une vie vraiment pé-
« nitente. »

Les vues de la Mère Sainte-Euphrasie rappelaient en plus d'un point celles de sainte Thérèse. Aussi, bien des âmes pures, qui ont traversé le monde dans une innocence exemplaire, sont attirées vers le couvent des Madeleines· de préférence à des Communautés plus connues et plus capables de jeter quelque éclat de réputation. Elles viennent, poussées par la soif surnaturelle de la pénitence chrétienne. Or, comme la règle exige que les Madeleines se recrutent dans la classe des pénitentes, ces femmes généreuses se soumettent à cette exigence et entrent ainsi par une porte d'humilité dans la solitude de la Sainte-Baume (1). Aussi bien des serviteurs de Dieu ont pensé que le couvent des Madeleines, établi dans les Communautés du Bon-Pasteur, était une source de mérites et de bénédictions pour tout l'Institut.

« Heureuse mort, heureuse vie, où l'on a cessé d'être au monde et à soi-même pour ne vivre qu'en Dieu ! » disait la Mère Pelletier du couvent des Madeleines.

L'établissement des Madeleines, c'est vraiment le désert de la pénitence où doivent fleurir les vertus de la Sainte-

(1) On sait que l'on appelle ainsi la grotte où sainte Madeleine a vécu solitaire pendant de longues années après son arrivée dans la Provence.

Baume. Leur maison, quoique dans l'enclos du Bon-Pasteur, est complètement isolée des religieuses, des pénitentes et des enfants. Cependant les Madeleines sont toujours gouvernées par la Supérieure du Bon-Pasteur, qui leur donne plusieurs de ses religieuses pour maîtresses. Elles vivent du travail de leurs mains, et, comme elles n'apportent aucune dot, elles ont à travailler beaucoup. Elles s'occupent en général de couture. Au chœur, où elles font oraison dès le matin à quatre heures et demie et le soir à cinq heures, elles récitent l'office de la sainte Vierge. Elles sont en commun à la chapelle et au réfectoire, mais elles ont chacune leur cellule. En dehors de la récréation, un silence extraordinaire plane sur leur solitude : c'est le silence du désert, silence si profitable à l'oraison et à l'union à Dieu.

La Communauté des Madeleines, dans le Bon-Pasteur, c'était pour la Mère Sainte-Euphrasie et c'est encore pour ses religieuses le fruit céleste de leur travail près des âmes ; avoir arraché au monde et au démon des âmes rachetées par le sang de Jésus-Christ ; les avoir redressées, formées à la vertu ; leur avoir ouvert les voies de la perfection, quelle joie pour des cœurs amis de Dieu, avides de sa gloire et du salut des hommes ! Une enfant qui entrait aux Madeleines, c'était pour la Mère Sainte-Euphrasie une brebis qui était admise dans le bercail privilégié du Bon Pasteur.

La première année du supériorat de la Mère Sainte-Euphrasie fut féconde en œuvres de toutes sortes : l'organisation de la maison, le défrichement même des terrains couverts de broussailles qui entouraient la maison, marchèrent de pair avec la fondation des Madeleines et l'acceptation des enfants de la Providence. Le couvent des Madeleines en particulier demanda de grands soins et même de grands travaux manuels. La lettre circulaire que les religieuses d'Angers envoyèrent à la fin de l'année à toutes les maisons du Refuge pour leur exposer l'état de leur fondation, leur parlait de l'activité étonnante de leur nouvelle Supérieure, qui aux soins donnés aux âmes savait allier les travaux manuels les plus durs.

On voulut avoir un réservoir d'eau dans l'enclos : les religieuses et les novices se mettent à l'œuvre, elles prennent la pioche et la bêche. Mais on s'aperçoit vite que l'on travaille sur un rocher, qui, bien qu'assez dur, ne garde pas l'eau. Les courages ne tombent pas. La pioche devient plus active, jusqu'à ce qu'elle ait rencontré des sources assez abondantes. La Mère Marie de Sainte-Euphrasie soutient et anime les travailleurs ; d'un mot, d'une allusion bien choisie elle réjouit et égaie ses jeunes pionniers, en même temps qu'elle les édifie. Son esprit nourri d'Ecriture sainte n'a qu'à se laisser aller à sa pente naturelle, pour appliquer aux travaux, à tous les détails de la vie du Bon Pasteur, les traits les plus émouvants des saintes Ecritures.

Du reste, elle aura l'habitude de commencer ses lettres par quelques pensées et quelques paroles de la Bible. Habituée à voir la main de Dieu en tout ce qui lui arrivait, elle aimait à chercher dans la Bible l'explication de la vie chrétienne : Dieu conduisant les événements et les hommes. Aussi, en dehors du péché, rien n'était capable de l'ébranler, d'altérer même son humeur pleine d'entrain et de sainte joie. Elle communiquait autour d'elle cette gaieté précieuse dans les ennuis de la vie. Les novices étaient animées de son esprit : si quelque postulante arrivait, elles aimaient à lui céder leur place, pour aller s'établir provisoirement dans les chambres les plus médiocres de la maison.

Il y avait dans ces débuts du Bon-Pasteur, à côté ou plutôt au-dessus de la pauvreté et des difficultés, une vie spirituelle extraordinaire : c'était la grâce des premiers moments. Quand Dieu inspire une âme pour une grande œuvre, il lui donne au premier jour une abondance de grâces surnaturelles qui se répandent sur toutes choses, qui pénètrent les cœurs et aplanissent les difficultés. Aussi les hommes de Dieu aiment à se reporter à ces premiers moments, à ces origines des Œuvres pour goûter leur véritable esprit. La première année du supériorat de la Mère Sainte-Euphrasie forme comme l'idéal du Bon-Pasteur, idéal qu'elle regardera toute sa vie, auquel elle reviendra toujours.

La classe des pénitentes se recrutait lentement et difficilement tout d'abord. C'était une des croix de la Mère Sainte-Euphrasie, dont le zèle demandait à s'exercer de plus en plus. Les premières pénitentes, qui n'avaient point pour se former cette tradition de bon esprit et de bons exemples qui s'établira dans la suite, étaient si dissipées, si insoumises à la règle, qu'elles donnaient ample matière à la patience et aux saintes industries de la Mère. Mais il était comme impossible de résister à son ascendant, aux charmes de sa parole persuasive, imagée, toujours chaude de l'amour de Dieu, quand elle faisait ses exhortations. Il y avait chez la Mère Sainte-Euphrasie de grandes qualités oratoires : la chaleur du sentiment, l'image de l'idée, le feu du regard. Aussi ses exhortations sont demeurées vivantes dans la mémoire de celles qui ont entendu ses entretiens spirituels, dont quelques-uns ont été publiés pour perpétuer son esprit dans son Institut.

Dès la première année, Mgr Montault, pour répondre aux désirs de la Mère Sainte-Euphrasie et de M. de Neuville, donna au Bon-Pasteur un aumônier. Ce fut M. l'abbé Perché, le futur archevêque de la Nouvelle-Orléans, qui, trente ans plus tard, devait retrouver les religieuses du Bon-Pasteur dans sa ville épiscopale d'Amérique. Quelques-unes d'entre elles se rappelaient alors que leur premier aumônier leur avait donné rendez-vous dans les missions du Nouveau Monde. Sa prédiction devait s'accomplir à la lettre. L'abbé Perché devint un des missionnaires les plus actifs des États-Unis, et il vit le Bon-Pasteur semer dans toute l'Amérique de nombreuses colonies de son saint Institut. C'était lui qui avait donné les premières leçons de plain-chant aux novices ; il avait formé le chœur modeste qui le premier chanta l'office au Bon-Pasteur.

Tout était dans un grand dénûment, mais les cœurs étaient à la joie et à l'espérance. Aussi les pieux personnages qui visitaient ces débuts, ne pouvaient s'empêcher de concevoir de grandes espérances. Un Père de la Compagnie de Jésus étant venu célébrer la sainte Messe au Couvent, prêcha les religieuses et leur dit avec un accent prophétique : « Et toi, petite tribù de Juda, de ton sein sortiront de nombreux rameaux qui couvriront la terre. Petite tribu du Bon-Pasteur, aujourd'hui si pauvre, si humiliée, si anéantie, tu seras un jour la gloire de l'Eglise ! Puissent mes paroles s'accomplir ! »

Les débuts du Bon-Pasteur furent favorisés par la piété de ses fondateurs. M. de Neuville ne savait comment faire pour aider les beaux desseins de la Mère Sainte-Euphrasie. Sa piété tendre envers la sainte Vierge le portait à la prendre comme patronne de toutes leurs entreprises. Dans cet esprit il fonde quatre messes par mois aux intentions suivantes : le 2, pour honorer l'humilité de la sainte Vierge ; le 15, en action de grâces de son couronnement ; un jour à volonté pour les Madeleines, en l'honneur de Marie cherchant Jésus ; le 21, pour les orphelines, en l'honneur de l'enfance de Marie. Non content de faire prier, M. de Neuville priait beaucoup lui-même. Chaque nuit, à l'heure de minuit, après avoir médité sur les abaissements du Verbe, il récitait l'office de l'Immaculée-Conception ; les fatigues de la vieillesse ne le dispensaient point de cette sainte pratique. Le nom de la sainte Vierge était sans cesse sur ses lèvres ; il aimait à l'appeler sa Dame, sa Reine, la Mère admirable. Quand les religieuses le remerciaient de ses bienfaits :

— Ne me remerciez pas, disait-il : ce n'est pas à vous que je donne, c'est à la sainte Vierge.

Il était impossible qu'une œuvre entourée de bénédictions spirituelles et commencée dans des intentions si pures ne produisît pas ses fruits surnaturels. C'est le propre de la dévotion à la sainte Vierge de rendre aimables et faciles

les œuvres entreprises pour sa gloire et sous sa maternelle protection.

Une des grandes joies de la Mère Sainte-Euphrasie, à la fin de la première année de son supériorat, fut l'entrée au Bon-Pasteur d'une veuve de grande vertu, dont les qualités, les relations et la fortune favorisèrent les débuts de la petite Communauté. Mme Cesbron de la Roche, née Milscent, veuve depuis 1802, vint, le 19 décembre 1831, frapper à la porte du Bon-Pasteur. Depuis longtemps elle aspirait à la vie religieuse. Elle avait visité plusieurs fois des sœurs hospitalières. Mais Dieu, qui la voulait au Bon-Pasteur, lui suscita des embarras de famille, des procès, qui tombèrent comme d'eux-mêmes quand elle connut le Bon-Pasteur, pour lequel elle se sentit aussitôt un attrait invincible. La Mère Marie de Sainte-Euphrasie donna à la nouvelle novice le nom de sœur Marie Chantal de Jésus ; et, dès le lendemain de sa vêture, elle la nomma économe de la maison, tant ses qualités d'ordre étaient éminentes. Soumise comme un enfant à l'autorité, la Mère Marie Chantal de Jésus aida de sa fortune et de son expérience à organiser le monastère du Bon-Pasteur.

Tout y était encore dans un grand abandon, les murs des jardins mal fermés, si bien que pendant plusieurs mois les religieuses eurent à souffrir d'incursions nocturnes, de vols et d'injures d'une bande de vauriens excités et payés par les ennemis de la religion. Souvent la Mère Sainte-Euphrasie fut obligée de rassurer son petit troupeau effrayé, qui ajoutait encore aux faits trop réels ses craintes imaginaires. Tantôt c'était une sœur qui avait vu des hommes cachés le soir sous les arbres ; tantôt c'était une Madeleine qui du poste d'observation qu'elle avait pris, avait entendu des bruits de pas et des menaces. La Mère Marie de Sainte-Euphrasie avait un courage au-dessus de la peur. Elle en eut assez pour dominer la crainte des autres. Elle fit prévenir le procureur du roi, et rétablit la sécurité et la confiance dans la Communauté.

Son courage savait faire face à des épreuves bien plus grandes : la maladie la priva pendant quelque temps de maîtresses pour ses divers établissements. Elle alla elle-même, malgré son état de souffrance, en demander au Refuge de Nantes, qui ne put lui en fournir, à cause de sa pénurie de sujets ; elle en demanda à Tours, mais en vain. Alors elle prit, parmi les novices, les plus capables et les établit à la tête des classes. Le zèle et le dévouement firent de ces jeunes sœurs, de bonnes auxiliaires de la fondation du Bon-Pasteur.

Une épreuve ressentie de toute la Communauté fut le départ de l'aumônier, M. l'abbé Perché, nommé curé avant son entrée dans les Missions. La Mère Marie de Sainte-Euphrasie ressentit une grande peine de ce départ. Plus d'une fois dans la suite elle aura recours à son zèle pour l'affermissement de son œuvre. M. Perché sera un de ses meilleurs appuis, et il restera très attaché à cette grande œuvre du Bon-Pasteur, dont il prévoyait la salutaire action pour les missions lointaines. Etant curé, il dit à une de ses paroissiennes qui se distinguait par sa piété, qu'elle entrerait au Bon-Pasteur ; qu'un jour cette Communauté fonderait des maisons en Amérique, qu'elle-même y serait envoyée et qu'elle l'y retrouverait. La prédiction s'accomplit. Cette personne, entra au Bon-Pasteur, devint sœur Marie des Anges, et alla fonder la maison de Louisville.

La Mère Marie de Sainte-Euphrasie, toute affligée du départ de M. l'abbé Perché, confia sa peine à Mme d'Andigné qui demanda à Mgr Montault, pour sa chère Communauté, un saint ecclésiastique de sa connaissance, M. l'abbé Mainguy. Ce prêtre zélé devait, au contact de ces âmes si dévouées à Dieu, concevoir et mettre à exécution le désir d'une vie plus parfaite. Il entra plus tard dans la Compagnie de Jésus, et alla consacrer lui aussi, sa vie sacerdotale aux missions d'Amérique. Il eut le bonheur, comme l'abbé Perché, de retrouver les sœurs du Bon-Pasteur établies dans le Canada, à Montréal.

En 1832, la Mère Marie de Sainte-Euphrasie vit mettre le comble à ses vœux par la générosité de M. de Neuville. Ce saint homme, depuis le premier jour du Bon-Pasteur, nourrissait le pieux dessein de faire construire une église digne de la Communauté et appropriée à ses différentes classes. Quand il eut recueilli sur ses épargnes une somme suffisante, il la porta à la Mère Marie de Sainte-Euphrasie, qui, dans sa joie, se mit aussitôt à l'œuvre avec ses religieuses et ses novices pour extraire elles-mêmes les pierres nécessaires à la construction. Le zèle de la maison de Dieu les excitait et les soutenait : qui les eût vues dans leur joyeux entrain, la bêche et la pioche à la main, au fond de leur carrière, aurait admiré tant de joie unie à tant de travail. La pensée de Dieu et le désir de lui construire une église doublaient leur force.

La bénédiction de la première pierre fut une grande fête pour la Communauté. Mgr Montault vint la présider. M. de Neuville posa lui-même cette première pierre et Mgr Montault la bénit.

Le Bon-Pasteur, comme un nouveau Nazareth, avait trouvé dans M. de Neuville son père temporel. Outre les vingt-six mille cinq cents francs qu'il donna pour l'église, il s'ingéniait de toutes façons à venir en aide à sa chère Communauté. Chaque jour il envoyait des provisions pour les repas. Il aimait à constituer comme de petites rentes qu'il payait chaque semaine aux Madeleines, aux Pénitentes. Il appelait ses dons hebdomadaires la petite rente de la sainte Vierge. Tous les jeudis il venait voir sa Communauté, qui lui donnait le nom de bon Père ; il s'informait du nombre des postulantes et des pénitentes qui étaient entrées. Il était rare qu'il vînt sans apporter soit des objets de piété, soit des livres qui devinrent le commencement de la bibliothèque. Chaque jour, il envoyait Louis, son fidèle domestique, s'informer des besoins de la Communauté. Ce bon serviteur, qui entrait toujours si bien dans les vues de son maître, s'acquittait avec la charité et la discrétion les plus touchantes de ces commissions. Apprenait-il l'arrivée de postulantes, le bon Père envoyait des lits et des couvertures. Lui disait-on que quelques sœurs étaient souffrantes, il apportait des remèdes ou des mets plus fortifiants. Connaissait-il quelque récréation extraordinaire, il savait la rendre plus agréable en donnant quelque présent nouveau. Toutes ces libéralités, toutes ces attentions délicates de M. de Neuville étaient reçues par la Mère Marie de Sainte-Euphrasie avec une reconnaissance si franche, si cordiale et si chrétienne, que les deux fondateurs semblaient s'exciter l'un l'autre dans la fondation de leur grande œuvre. La reconnaissance de l'un excitait la générosité de l'autre. M. de Neuville, qui était l'ami de dom Augustin de Lestrange, abbé de la Trappe, faisait de larges aumônes aux Trappistines des Gardes ; mais nulle part sa charité ne se dilatait comme au Bon-Pasteur. Dieu avait choisi M. de Neuville et la Mère Marie de Sainte-Euphrasie pour être à eux deux les vrais fondateurs d'une même œuvre. Aussi la fête de M. de Neuville était celle de toute la Communauté. Le Bon-Pasteur conserve une cantate pieuse, pleine des sentiments de la reconnaissance la plus vive, composée par la Mère Marie de Sainte-Euphrasie elle-même, pour la fête de saint Augustin, patron de M. de Neuville.

Dans ces premières années de fondation, la Mère Marie de Sainte-Euphrasie portait ses soins les plus attentifs au noviciat, dont devait dépendre l'avenir de sa Communauté. D'abord elle le voulut aussi nombreux que possible, en accueillant les postulantes qui, après l'épreuve sérieuse de leur vocation, n'avaient point de dot à offrir, mais seulement une grande bonne volonté. Pour elle l'or et l'argent n'étaient rien, le zèle des âmes était tout. Aussi ses filles aimeront à répéter plus tard que sans science et sans argent elles ont fait la conquête spirituelle de l'univers.

L'esprit qu'elle s'efforçait de faire régner dans le noviciat, était l'esprit d'humilité ; elle prêchait toujours l'amour de la vie cachée. « Notre unique ambition, disait-elle à ses novices, est de n'être connues que de Dieu ; cachez-vous aux yeux des créatures, car une religieuse qui aime à paraître n'est digne que de mépris. » Remarquant un jour qu'une novice à qui elle avait fait une observation en conservait de l'humeur, elle lui écrivit le billet suivant : « A « notre chère sœur Marie de ...., novice de Notre-Dame de « Charité : — Vous êtes faible et très légère, ma chère « sœur, encore ne pouvez-vous souffrir une humiliation « méritée. Votre amour-propre se trahit et se révolte, vous « l'écoutez. O Dieu ! mon enfant, jusqu'à quand voulez-vous « résister au Seigneur ? Pensez et réfléchissez dans le secret « de sa présence. » La novice reconnut ses torts, demanda pardon et recouvra sa sérénité.

La Mère Marie de Sainte-Euphrasie attachait le plus grand prix au silence religieux du noviciat ; elle avait imposé certaines petites mortifications pour les novices qui y manquaient, estimant que le calme et la paix du côté du monde favorisaient les entretiens avec Dieu. Chaque jour elle faisait réciter à chaque novice une page du *Directoire* ou *des Exercices*. Elle ne voulait pas cependant que le silence, le recueillement se changeassent en tristesse. Comme sainte Thérèse, dont elle aimait à suivre en tout les exemples et les doctrines, elle n'aimait pas à voir chez ses filles un esprit sombre et chagrin : aussi pendant les récréations, elle savait égayer ses novices en leur racontant des traits d'édification. Elle était contente quand elle voyait la joie sur tous les visages. Lorsqu'elle était au milieu des novices, toutes étaient heureuses. C'était la famille avec ses échanges d'affection filiale et de joies maternelles. On ne savait qui était le plus heureux, de la mère ou des filles.

CHAPITRE VII

LES PREMIÈRES FONDATIONS

L'église du Bon-Pasteur. — Classe de la Préservation. — Pressentiments sur l'avenir du Bon-Pasteur, première idée du généralat. — Ses premières constitutions. — Fondation du Mans. — Mme d'Andigné au Bon-Pasteur. — M. de Neuville continue ses largesses. — Fondation de Poitiers — de Grenoble. — Ses difficultés. — Fondation de Metz. Le P. Barthès. — Joies et peines. — Orage dissipé.

L'église du Bon-Pasteur ne tarda pas à s'élever grâce à l'activité des religieuses : tout le monde s'était fait une place de travailleur dans la construction de la maison de Dieu, où l'on devait faire ses vœux, prendre ses engagements pour la vie. Les ouvriers, excités par le zèle de la Communauté, montrèrent une grande activité ; ils n'eurent aucun accident à déplorer ; on les entendait quelquefois répéter au milieu de leurs travaux les cantiques qui étaient chantés par les enfants du Bon-Pasteur. La voix de l'ouvrier s'adoucissait et se purifiait au son de ces pieuses voix d'enfants élevées par les religieuses.

La Mère Sainte-Euphrasie avait voulu tout d'abord un chœur capable de contenir au plus quarante personnes.

— Madame, lui dit M. de Neuville, sachez que votre œuvre n'est point une œuvre ordinaire ; elle croîtra, et vous aurez ici plus de trois cents religieuses.

Ces paroles se vérifieront à la lettre.

L'avis de M. de Neuville fut suivi. Le chœur des religieuses eut soixante-seize pieds de long sur vingt-huit de large, et forme la tête de la croix que figure l'église. Le bras droit fut donné au chœur des Madeleines, le bras gauche à la chapelle des Pénitentes. Le bas de la croix fut réservé au public. De larges tribunes furent construites pour les orphelines. Un bel autel en marbre fut placé dans le sanctuaire, de telle façon que le prêtre pût être vu des différents groupes de la Communauté.

Le 11 avril 1833, la Mère Marie de Sainte-Euphrasie fit baptiser dans la nouvelle chapelle, par M. l'abbé Mainguy, la cloche, qui eut pour marraine sœur Marie Chantal de Jésus et pour parrain l'architecte, M. Desnoyers. Cette cloche s'appelle des noms de Sainte-Euphrasie et de Marie Chantal de Jésus.

Le 14 mai suivant, Mgr Montault, entouré d'un nombreux clergé, vint faire la bénédiction du nouveau temple, qui fut placé sous le vocable de l'Assomption. La Mère Sainte-Euphrasie pour témoigner la joie commune de voir Notre-Seigneur maître de la nouvelle église qu'elle lui avait fait édifier, composa un cantique tout plein de la piété la plus tendre et la plus reconnaissante.

M. de Neuville et Mme d'Andigné rivalisèrent avec la Mère Sainte-Euphrasie pour enrichir l'église et l'autel. Le premier donna un ostensoir en argent, un beau missel et des canons d'autel richement encadrés. Quelques mois plus tard, la veille de sa fête, il envoyait un ciboire et un voile pour le Saint-Sacrement. Mme d'Andigné donnait des chandeliers, un crucifix, un tapis pour le sanctuaire et une lampe pour l'autel. La Mère Chantal de Jésus offrit deux dalmatiques de grand prix. M. Desnoyers abandonna ses honoraires d'architecte.

Les travaux de construction n'arrêtaient en rien le zèle de la Mère Sainte-Euphrasie pour le développement de ses différentes classes. Pendant cette même année 1833 elle établit, avec l'agrément de son Chapitre et l'autorisation du vicaire général Supérieur de la Maison, une troisième classe appelée la Préservation. Cette classe renfermait les agneaux de ses bergeries. On venait présenter des enfants innocentes, que la pauvreté et la misère laissaient à l'abandon. La Mère Pelletier pensa qu'il n'était pas bon de les mêler à des enfants plus âgées. Elle leur créa un asile particulier dans sa Communauté, et organisa si bien leurs exercices et leur genre de vie, qu'elles n'avaient jamais de contact avec la grande classe. A la chapelle elles ont leur tribune particulière ; dans l'enclos elles ont leur maison séparée, où elles vivent sous la direction de sœurs qui ne s'occupent que d'elles. Le parloir même où elles reçoivent leurs parents, est séparé des autres parloirs. La division des classes fait en grande partie leur sécurité.

En même temps qu'elle développait sa maison, la Mère Sainte-Euphrasie pensait à la conquête du monde par sa congrégation naissante. Poussée par son zèle d'apôtre, elle n'allait à rien moins qu'à désirer étendre les bienfaits de son Ordre jusqu'aux extrémités de la terre. Notre-Seigneur lui inspira le projet de dilater sa maison, d'en faire une pépinière de religieuses missionnaires pour tous les pays, pour ceux qui sont les plus déshérités des bienfaits de la religion. Pour cela, il lui suggéra la pensée de fonder une congrégation avec Supérieure générale reconnue de Rome, Cette congrégation, ayant un noviciat nombreux, enverrait des essaims de religieuses dans toutes les parties du monde C'était pour son Ordre la bienfaisante constitution des Jésuites, des Dominicains, des Sœurs de Saint-Vincent de Paul, en un mot de tous ces grands Ordres qui ont puisé dans l'harmonieuse unité de leur corps la féconde et merveilleuse puissance de leur glorieux passé.

La Mère Sainte-Euphrasie était poussée par Dieu à rechercher cet honneur pour sa maison ; bien des fois dans l'oraison elle avait pressenti tout le bien qui en sortirait pour la gloire de Dieu. Elle voyait clairement que c'était le seul moyen d'atteindre son but: l'extension du Bon-Pasteur dans le monde entier. Une congrégation avec noviciat unique et Supérieure générale est seule capable, en effet, de subvenir à des fondations nombreuses, de les maintenir dans la ferveur par les visites de la Mère générale, de les soutenir au milieu des difficultés et des épreuves. Mais c'est surtout dans la distribution des sujets que se montrent les avantages d'un généralat. Une grande Communauté mère, qui commande à de nombreuses maisons, place facilement ses religieuses suivant leurs goûts, leur attraits, leurs dispositions particulières. Les unes aspirent aux missions, la Supérieure générale peut les y envoyer. Les autres ont le goût de la retraite ; elles seront placées dans des maisons retirées. La Mère générale peut choisir plus facilement dans sa congrégation, les plus dignes pour en faire les supérieures des différentes maisons.

Toutes ces réflexions étaient de nature à soutenir le courage de la Mère Sainte-Euphrasie dans la poursuite de son grand dessein.

Elle fit les premières ouvertures de ce généreux projet à M. l'abbé Perché, qui l'approuva et le communiqua à Mgr Montault. Ce saint évêque, dont l'esprit était si sage et en même temps si épris du désir de la gloire de Dieu, voyant les merveilleux accroissements du Bon-Pasteur et l'inaltérable générosité de ses bienfaiteurs, crut qu'un géralat augmenterait à l'infini le bien de cette maison et qu'il ne serait pas au-dessus de ses forces et de ses ressources providentielles. Il promit d'écrire à Rome.

Les autres maisons du Refuge ne comprirent pas d'abord les desseins surnaturels et grandioses de la Mère Marie de Sainte-Euphrasie : mais qui pourrait arrêter ce que Dieu inspire, ce que l'Eglise approuve ?

La Mère Marie de Sainte-Euphrasie, toujours ouverte et confiante envers ses sœurs, fit connaître à la Communauté le grand projet que Dieu lui avait inspiré, et communiqua à ses filles l'ardeur qui la consumait pour le salut des âmes. Bientôt ce fut dans la maison un enthousiasme sans bornes. A la récréation les jeunes professes et les novices venaient s'asseoir autour de la Mère Supérieure pour s'entretenir de l'extension de l'Institut. Que de projets ! On parlait déjà de fondations en Amérique, sans se douter que l'avenir réaliserait si promptement ces rêves.

La Mère Marie de Sainte-Euphrasie s'adressa à Dieu pour obtenir ses lumières sur l'érection de son Institut en congrégation générale. Elle fit faire des prières dans sa Communauté : 1° pour savoir si la pensée d'un généralat venait de Dieu ; 2° pour obtenir de bons sujets qui soutiennent la maison. A ces fins, la Communauté promit de chanter l'*Inviolata* chaque jour pendant deux ans et de faire la sainte Communion quinze samedis consécutifs. Plusieurs professes et novices demandèrent l'autorisation de faire aux mêmes intentions des austérités corporelles.

Pour seconder ces grands desseins, Mgr Montault, en attendant que le Saint-Siège eût approuvé le généralat, permit au Bon-Pasteur de faire toutes les fondations qui seraient demandées et ajouta aux constitutions les articles suivants, que nécessitait l'accroissement de la Communauté.

1° Comme l'union fait la force, afin de travailler avec plus d'ardeur et de succès à étendre la gloire de Dieu, toutes les maisons que fondera la maison d'Angers en dépendront toujours et se soutiendront mutuellement.

2° Les novices seront élevées dans cette maison, afin d'en prendre l'esprit.

3° Si quelque sujet étant en fondation désirait, pour cause raisonnable, revenir dans la Maison-Mère, il en serait toujours libre.

La Mère Marie de Sainte-Euphrasie remerciait Dieu de lui donner dans Mgr Montault, si sage et si pieux, l'appui et l'autorité dont elle avait besoin pour les fondations à faire dans les autres diocèses.

Sur les six religieuses qui étaient venues de Tours à Angers, trois ne purent admettre l'idée du généralat. elles y voyaient une dérogation aux constitutions du Refuge. Elles reprirent la route de Tours, mais la Communauté n'en persista pas moins dans ses généreux desseins.

Le Bon-Pasteur allait commencer ses colonies. Dieu l'appelait au dehors. L'Évêque du Mans et un directeur du Grand Séminaire écrivirent à la Mère Marie de Sainte-Euphrasie pour obtenir une fondation.

Autorisée par Mgr Montault, la Bonne Mère partait le 9 février 1833 pour le Mans, afin de visiter la maison proposée et de s'entendre avec l'évêque. A cette époque, un voyage d'Angers au Mans était long et pénible ; mais la Mère Sainte-Euphrasie n'hésitait jamais à entreprendre un long voyage,quand il s'agissait du bien de sa Communauté.

Les choses étant réglées, dès le 18 avril, la Mère Marie de Saint-Stanislas, assistante à Angers, allait avec deux religieuses de chœur et une sœur converse, préparer la maison, et, le 29 du même mois, la Mère Marie de Sainte-Euphrasie partait de nouveau pour installer la Supérieure et ses compagnes. A son retour elle ramena une postulante qui fut peu de temps après suivie de plusieurs autres jeunes filles du diocèse du Mans.

La maison du Mans était d'autant plus chère au cœur de la Mère Sainte-Euphrasie qu'elle était sa première fille. Aussi avec quelle sollicitude elle demande et reçoit des nouvelles de l'installation, de la bénédiction du chœur, de l'établissement de la clôture, des attentions charitables de ses bienfaiteurs !

Mais au bout de quelques mois, on voulut détacher les religieuses de ce couvent de la maison d'Angers. Ce fut pour Mère Sainte-Euphrasie, pendant longtemps, une source de poignantes inquiétudes.

Dieu cependant la dédommageait de ses peines,en lui ménageant une des plus douces consolations que l'amitié pût lui fournir. Mme d'Andigné demanda à être admise dans la Communauté comme grande pensionnaire. Rien ne pouvait être plus doux à la Mère Sainte-Euphrasie et à ses sœurs que d'avoir sous leur toit une personne si dévouée, d'une si grande expérience, dont les conseils seraient une lumière.

M. de Neuville continuait ses largeses et faisait construire les cloîtres intérieurs qui desservent les différents services de la Communauté. Il faisait exhausser les murs de la maison où étaient les enfants de la Providence, et payait lui-même les mémoires des ouvriers qui étaient en souffrance. Le Bon-Pasteur devenait de plus en plus le couvent de ses prédilections. Aussi il aimait à en faire une maison de prière et à l'orner de statues de saints. A chaque angle des cloîtres il avait fait ériger de petits autels surmontés de ces statues. Quand il passait devant l'autel de la sainte Vierge, il ne manquait jamais de se découvrir pour saluer celle qu'il appelait sa Dame et sa Reine.

En même temps Mgr Montault faisait demander à Rome la reconnaissance du généralat. Pendant que la Supérieure travaillait avec ardeur à la mission que Dieu lui avait confiée, son Evêque sollicitait du Saint-Père les moyens de l'accomplir dans sa plénitude.

Le Bon-Pasteur commençait à se faire connaître dans les diocèses voisins. Celui de Poitiers, qui était la patrie de Mgr Montault, désirait une maison fondée par la Communauté d'Angers. L'évêque de Poitiers écrivit à la Mère Marie de Sainte-Euphrasie. Sans perdre de temps, elle réunit son Chapitre et fit la nomination des sœurs fondatrices de la nouvelle maison.

Les religieuses furent reçues à Poitiers par les Dames du Sacré-Cœur, qui leur donnèrent l'hospitalité durant trois semaines. Pendant ce temps, la Mère Marie de Sainte-Euphrasie était inquiète, toute occupée de sa colonie des sœurs de Poitiers, de leurs difficultés et aussi de leurs consolations. Elle attendait avec impatience leur première lettre.

« Ah ! que j'étais inquiète de vous toutes, mes bien-ai-
« mées sœurs ! leur écrit-elle : le jour, la nuit, j'étais près
« de vous ; sans cesse je vous remets dans le sein de la
« divine Providence. Nos vœux et nos prières sont sans
« interruption. »

En se rendant à Poitiers, les sœurs avaient rencontré

des gens armés, qui les avaient effrayées. La Mère Sainte-Euphrasie en est alarmée dans sa tendresse ; elle recommande à la sœur économe de revenir par un autre chemin, mais le plus court possible.

L'installation du couvent de Poitiers se fit péniblement, dans la pauvreté. D'abord il fallait trouver une maison convenable : ce n'était pas chose facile. Aussi quelques esprits se décourageaient. De son couvent d'Angers la Mère Pelletier soutenait ses filles ; elle excitait leur courage de ses lettres toutes débordantes de zèle et de tendresse.

Quelques jours après elle apprenait que l'on avait enfin une maison où l'œuvre allait commencer. — « Dieu, ma « chère fille, écrivait-elle à la Supérieure, vous a grande- « ment aidée et inspirée, quand vous avez pris la maison dé- « signée. Vous lui avez obéi en nous obéissant. Vous avez « fait sa sainte volonté. Allez demeurer là avec votre petite « colonie. Quelle joie quand nous vous saurons dans « votre monastère tant pauvre et petit soit-il ! » Elle ajoutait un peu plus tard : — « Il s'opère tant de prodiges que « nous ne pouvons les méconnaître. Nos âmes en sont dans « l'admiration ; nous nous écrions : Le doigt de Dieu est là ! « Nous venons de recevoir des nouvelles de Grenoble. Je « vous assure que je n'ai rien vu de pareil. C'est un prodige « d'amour. »

Poitiers était à peine fondé, en effet, que la Mère Sainte-Euphrasie envoyait ses filles à Grenoble.

En 1833, il existait à Grenoble un établissement destiné à recueillir les pauvres pénitentes, lequel était tombé dans une très grande misère. L'évêque, Mgr de Bruillard, pour le relever, écrivit à la Mère Marie de Sainte-Euphrasie, la priant de lui envoyer quelques sujets capables de prendre le gouvernement de la maison. L'âme ardente de la Mère Sainte-Euphrasie accueillit sa demande avec empressement. Mais Mgr Montault voulut des renseignements précis avant de signer les obédiences des cinq sœurs nommées pour ce poste. Quand ces renseignements furent obtenus, l'acte de fondation fut rédigé dans les mêmes termes que celui de Poitiers. Les sœurs demeuraient toujours soumises à la Supérieure d'Angers.

Mgr Montault voulut assister au départ pour adoucir par des paroles de consolation ce qu'avait de pénible la séparation : car les sœurs du Mans et de Poitiers étaient aux portes du diocèse, mais celles-ci commençaient les fondations lointaines. Ce n'était pourtant que le début : le Bon-Pasteur était près de voir ses filles, converties en apôtres, partir au loin à la conquête des âmes. On aurait pu difficilement s'imaginer alors combien souvent devaient se répéter sous le gouvernement de la Mère Marie de Sainte-Euphrasie, ces séparations et ces départs pour les différents pays du monde.

Les religieuses arrivèrent à Grenoble deux jours avant Noël. Elles furent reçues par les Ursulines, qui les firent reposer trois jours dans leur Communauté. Le 26 décembre, elles se rendirent à la maison de Saint-Robert, qui leur avait été destinée par Mgr de Bruillard.

Les commencements de cette fondation ne furent qu'un tissu de souffrances et d'humiliations. C'était une extrême pauvreté : pas de lits, pas de couvertures, pas de bois. Les sœurs travaillaient jusqu'à onze heures du soir pour s'acheter du pain ; il leur arriva même de rester vingt-quatre heures sans manger. Cette disette dura six mois. Le cœur de la Mère Marie de Sainte-Euphrasie souffrait beaucoup de cet état. Elle écrivait à la Supérieure de Poitiers : « Vous avez vu « nos douleurs au sujet de la fondation de Grenoble : elles « ont été grandes comme la mer. Chaque poste nous appor- « tait un journal de maux et de tristesse. Nous répondions de « tous côtés. Nous frappions au cœur de Marie nuit et jour, « entendant nos sœurs, priant sans cesse, voyant de loin « Dieu offensé, l'œuvre sapée dans ses fondements. Ah ! quelle « vue ! »

La Mère Pelletier eût rappelé ses sœurs d'Angers, si Mgr Montault ne s'y fût opposé.

— L'orage se dissipera, disait-il, et il sera suivi d'une grande sérénité.

Mais du moins la Mère s'ingénia à économiser quelques petites sommes d'argent qu'elle envoyait à ses filles pour alléger leur détresse.

Enfin Dieu se laissa toucher par les prières de la Mère Sainte-Euphrasie et de ses sœurs. La maison de Grenoble vit commencer des jours de prospérité. Mgr de Bruillard fit de larges aumônes. Les charités des fidèles abondèrent. L'opinion de Mgr de Bruillard et de ses vicaires généraux se montra toute favorable au généralat d'Angers et aux desseins de Mgr Montault. L'aisance et la joie entrèrent dans la maison de Saint-Robert et l'effet s'en fit sentir immédiatement à Angers. Malgré la pauvreté de leurs commencements et même les craintes de disgrâces, les sœurs reçurent des pénitentes. L'une d'elles était protestante. Elle fit son abjuration et commença ainsi l'œuvre d'apostolat du Bon-Pasteur. La classe de Préservation fut établie comme à Angers, et très vite elle compta un grand nombre d'orphelines. Toute colonie du Bon-Pasteur a hâte aussitôt qu'elle est établie, de reproduire l'image de la maison d'Angers, dans toutes les dispositions établies par la fondatrice, avec les mêmes classes, les mêmes exercices. Les maisons du Bon-Pasteur croient, avec raison, que c'est sous l'influence de l'esprit de Dieu que leur Mère fondatrice a conçu et organisé les divers groupes de son Institut, et que les grâces de Dieu demeurent attachées à la conservation de cette organisation. Puis c'est une consolation et une joie pour les filles de reproduire, chez elles, l'image aussi fidèle que possible, de ce qu'elles ont admiré près de leur mère, de ce qui souvent les a attirées elles-mêmes au cloître. Quand le modèle a été fait par une personne sainte, inspirée de l'amour de Dieu et des âmes, on le copie en sûreté. Les plans des saints ne sont pas seulement pour l'admiration, mais pour l'imitation.

La Mère Marie de Sainte-Euphrasie avait eu le pressentiment de ce que deviendrait la maison de Grenoble, en se dépensant avec tant d'ardeur pour sa fondation et son maintien. Les difficultés du début avaient affermi ses espérances. Quand elle vit l'évêque la soutenir avec tant d'ardeur : « C'est l'OEuvre assurée dans tout le Midi » écrit-elle. Cette fondation se développa si vite que, dès 1836, Saint-Robert ne pouvait plus contenir les jeunes filles qui venaient demander asile aux religieuses. La Communauté se transporta à Seyssinet. Quatre ans après, la maison de Seyssinet devint encore trop étroite. C'est alors qu'on acheta tout près de Grenoble la maison qu'on appelait le château de la Plaine. C'est là dans un site admirable, entre la montagne de la Chartreuse et celle de la Salette, que le Bon-Pasteur se trouve encore aujourd'hui.

En même temps que le Midi, le Nord s'ouvrait aux religieuses d'Angers. Dans une visite qu'elle fit à la maison de Poitiers, six mois après sa fondation, la Mère Sainte-Euphrasie fit la connaissance d'un religieux plein de zèle, très apte à comprendre ses grands desseins pour le salut des âmes et assez généreux pour les seconder de tout son pouvoir. Le P. Barthès, de la Compagnie de Jésus, était un de ces apôtres qui ne sont que charité ardente. Tout jeune prêtre, au diocèse de Montpellier, il s'était rendu célèbre par la conversion d'une sorte de maison de mendicité, qui auparavant était abandonnée et privée de secours religieux. Entré dans la Compagnie de Jésus, il devint un missionnaire accompli. Il a ramené à Dieu un grand nombre de pécheurs et d'apostats.

Le P. Barthès n'était pas moins remarquable par son discernement à connaître les vocations que par son zèle de missionnaire. La divine familiarité que l'oraison lui donnait avec Dieu, le mettait à même de distinguer les appels d'en haut, quand il s'agissait d'une âme qui aspirait à la vie parfaite. Aussi fut-il appelé de Dieu à fonder à Marseille la congrégation des religieuses de Notre-Dame de la Compassion.

L'œuvre de la Mère Sainte-Euphrasie lui parut admirable :
c'était celle qui lui rappelait le plus vivement son propre
ministère de missionnaire. Aussi en devint-il tout d'abord
un zélé protecteur. Il essaya de faire admettre le Bon-Pasteur dans les villes du Nord où il prêchait. Sans cesse il
écrit à la Mère Sainte-Euphrasie pour lui adresser une postulante, une Madeleine, ou pour lui recommander quelques
brebis qui ont besoin des soins particuliers de son bercail.

La Mère Sainte-Euphrasie, qui portait partout et en
toutes choses les préoccupations de sa Communauté naissante, ne négligeait jamais de tirer parti des sentiments de
bienveillance qu'elle remarquait dans les âmes, surtout
dans celles qui s'étaient données à Dieu. Comme dans son
voyage de Poitiers, où elle avait rencontré chez les Dames
du Sacré-Cœur le P. Barthès, elle avait remarqué que ce
Père était entré dans ses desseins et avait compris tous les
avantages que l'Institut pouvait apporter à la gloire de Dieu,
de retour à Angers, elle écrivit au Père recteur de la maison des Jésuites de Laval, dont dépendait le P. Barthès,
pour obtenir que ce Père vînt prêcher une retraite à sa
Communauté. Sa demande fut accordée.

Le P. Barthès fut édifié de ce qu'il vit dans cette maison
en fondation, où la grâce semblait faire germer chaque jour
une œuvre nouvelle. Il lui sembla que le Bon-Pasteur était
destiné à un grand accroissement. Il fut surtout très touché de la sainte gaieté avec laquelle la Mère Sainte-Euphrasie traversait toutes les épreuves des commencements.

Ayant été appelé à Metz, il parla à l'évêque, Mgr Besson,
de ce qu'il avait vu à Angers. Ce digne prélat, plein de zèle
pour le bien de son troupeau, conçut le dessein de fonder
une maison du Bon-Pasteur dans sa ville épiscopale. Sa
demande fut accueillie par la Mère Sainte-Euphrasie, bien
que les sujets fussent encore peu nombreux pour ces fondations si rapprochées. Le jour de l'Assomption, après
vêpres, les portes du monastère s'ouvrirent une troisième
fois pour laisser partir une nouvelle colonie, mais bien

petite : on était encore si pauvre ! Deux sœurs de chœur, et une religieuse converse, c'était toute la Communauté envoyée à Metz.

Elles mirent quatre jours à se rendre à leur fondation. Comme à Poitiers, elles furent reçues par les Dames du Sacré-Cœur, chez qui elles restèrent huit jours. Pendant ce temps, M. l'abbé Chalandon, vicaire général, réunissait et intéressait à la nouvelle fondation plusieurs dames charitables. On loua une maison rue des Récollets, une chambre servit de chapelle. Un prêtre, précepteur dans une famille, alla y dire la messe pendant quatre ou cinq mois. Puis les directeurs du Grand Séminaire, Messieurs de Saint-Sulpice, voulurent bien se charger de cet office et servir d'aumôniers à la petite Communauté. Quinze jeunes filles déjà réunies par quelques dames formèrent une classe de préservées, sous le nom d'ouvroir Sainte-Anne.

Le Mère Sainte-Euphrasie concevait de grandes espérances de la maison de Metz. Le P. Barthès lui avait fait espérer que de la Lorraine lui viendraient beaucoup de novices à l'esprit solide et au dévouement sérieux, et que de ce couvent ses filles pénétreraient en Allemagne pour y porter les bienfaits de leur sublime vocation.

Aussi la servante de Dieu entretint-elle, dès le début, un commerce de lettres très actif avec ses filles de Metz. Elle les dirigeait de loin avec une prudente sollicitude ; elle voulait que le Bon-Pasteur fût agréé des Messins et que son avenir fût assuré parmi eux.

Les sœurs de Metz furent en effet accueillies avec la plus grande faveur. Elles regrettaient seulement qu'on voulût leur confier plutôt des orphelines que des pénitentes. Elles souffraient de ces dispositions. Le but de leur Institut n'était pas atteint. Tant qu'elles n'eurent pas dans leur bercail leurs chères brebis, elles ne se tinrent pas pour satisfaites.

La Mère Pelletier partageait leur tristesse : elle voulait son œuvre à Metz comme à Angers dans toute la beauté de sa mission. Aussi ne cessait-elle de demander aux bienfaiteurs de cette maison qu'ils donnassent à ses religieuses les moyens de remplir leur sublime vocation.

En 1835, ses vœux furent exaucés. La petite Communauté s'établit rue du Paradis, où elle put s'agrandir, créer une classe de pénitentes, un pensionnat, et jeter les fondements d'une maison florissante.

La servante de Dieu, qui avait soutenu ses filles avec tant de zèle, ne pouvait contenir sa joie quand elle apprenait les merveilles de charité que faisaient éclore autour d'elles les religieuses de Metz. A voir les vertus admirables mises au service de la plus sublime des causes, de la conversion des pécheurs, les jeunes filles généreuses et amies de Dieu se sentaient attirées. Elles se présentaient aux filles du Bon-Pasteur, qui les adressaient à leur Mère. Les succès des fondations communiquées aux novices d'Angers, excitaient leur zèle : tous les cœurs étaient ainsi en communauté de sentiments pour se porter mutuellement au bien.

Pendant cette année, nous voyons les sentiments de la Mère Sainte-Euphrasie, ses joies et ses peines, sa reconnaissance et ses craintes se refléter, comme dans un miroir, dans les lettres qu'elle écrit particulièrement à la Supérieure de Poitiers, la Mère Saint-Stanislas.

Elle se réjouit de l'affectueux dévouement que leur témoigne l'évêque de Poitiers ; elle expose avec complaisance les merveilles de charité qu'opèrent à Angers M. de Neuville et Mᵐᵉ d'Andigné ; elle décrit les bâtiments qui s'élèvent comme par enchantement pour les maîtresses et pour leur troupeau. « Notre fondateur est toujours incomparable ; il « nous comble de biens. Vous savez ce que vient de faire « la chère Mère d'Andigné : elle donne partout, veille à « tout. Quel joli monastère que celui que fondent ces âmes « généreuses ! Statues, livres de piété, tout s'embellit : « c'est le temple du Seigneur, et le lieu de l'habitation de « sa gloire. Les emplois et l'ordre sont aussi parfaits. « Enfin, mes bien-aimées sœurs, tout est à Dieu, tout est à

« vous : je vous l'assure, avec grande joie nous partageons
« avec vous. »

Elle parle des peines qu'elle éprouve, des difficultés des
nouvelles fondations. Elle voudrait voir toutes ses filles
heureuses. Elle ressent vivement les peines de chacune.
Elle songe toujours au généralat ; elle le demande à Dieu,
et se réjouit de voir que des amis dévoués s'intéressent à
cette grande affaire. Puis, les consolations lui viennent de
ses chères Madeleines, dont la piété l'excite à l'espérance
pour l'avenir de son Institut. Elle jouit de l'union d'Angers
avec Poitiers et les quatre fondations, des échanges de lettres et de petits présents qu'on fait entre les sœurs de ces
monastères. Elles s'envoient des vœux pour leur fête : c'est
une union édifiante de tous les cœurs. Toutes les sœurs
vivent et prient pour le succès des maisons fondées. Quand
les difficultés s'aplanissent tous les cœurs sont soulagés.

Lorsque Mgr Montault vient au Bon-Pasteur, la Mère
Sainte-Euphrasie rapporte à sœur Saint-Stanislas les bonnes
paroles qu'il leur a adressées sur le généralat. Les encouragements de son évêque la soutiennent.

Pour mériter le généralat, tout le monde travaille au
Bon-Pasteur d'Angers. Les novices sont instruites et préparées à leur mission. Malgré son désir de voir leur nombre s'accroître, la servante de Dieu est discrète et prudente
dans l'admission des postulantes. Elle refuse une religieuse
du Refuge de Caen, qui lui demande de venir à Angers. Elle
ne veut point s'étendre aux dépens des autres maisons.
Mais les recrues qui lui viennent du monde, la comblent
de joie : elle parle avec reconnaissance, dans une de ses
lettres de trois postulantes de chœur, trois jeunes ven-
déennes, qui sont humbles et vertueuses : « Ce sont là nos
vrais trésors. » La Vendée fut d'abord pour le Bon-Pasteur,
comme pour d'autres Communautés, une pépinière de vocations solides.

De Tours cependant, l'ancien directeur de la Mère Sainte-
Euphrasie lui écrivait qu'un orage s'amoncelait sur sa tête. On

interprétait mal ses démarches pour le généralat. On croyait voir dans les projets du Bon-Pasteur d'Angers, un changement dans l'Institut, un désir de dominer les autres maisons du Refuge. L'archevêque de Tours et son vicaire général, M. Dufêtre, prévenus contre Angers, crurent que le Bon-Pasteur était tombé dans des erreurs graves. Ils projetèrent de rappeler à Tours la Mère Marie de Sainte-Euphrasie, pour arrêter les maux qu'ils craignaient.

A l'annonce de ces desseins, le Bon-Pasteur fut dans une frayeur facile à concevoir : c'était son créateur, son soutien nécessaire qu'on voulait lui enlever. On ne se rassura qu'en relisant l'acte d'obédience donné à la Mère Marie de Sainte-Euphrasie par l'archevêque pour un temps illimité.

Cependant, au mois de juillet, arrive Mgr l'archevêque pour faire ses réclamations. Il est reçu par Mgr Montault, et tous deux se rendent au Bon-Pasteur. L'archevêque reproche à la Mère Marie de Sainte-Euphrasie tout ce dont la calomnie l'a accusée. Elle écoute sans mot dire. Puis, demandant la permission de répondre, elle expose avec simplicité, avec une humble douceur, les faits qui la justifiaient par eux-mêmes.

Comme l'archevêque insistait toujours pour obtenir son retour au Refuge, Mgr Montault lui montra l'acte d'obédience qu'il avait signé lui-même et qui mettait la Mère Sainte-Euphrasie sous la juridiction de l'évêque d'Angers. Pour mettre fin à ce débat pénible, Mgr Montault n'écoutant que sa piété et son humilité, se jeta aux pieds de l'archevêque. Celui-ci, très ému, se hâta de le relever. Ils s'embrassèrent et l'orage fut dissipé.

CHAPITRE VIII

ÉTABLISSEMENT DU GÉNÉRALAT. 1834-1835.

Réélection de la Mère Pelletier. — Lettre au cardinal Odescalchi.
Réponse du cardinal. — Prières pour le généralat. — Généro-
sités de M. de Neuville. — Sainte Philomène. — Le généralat.
bien accueilli à Rome. — Joies et peines. — Décret du généralat.

Le supériorat de la Mère Marie de Sainte-Euphrasie
s'acheva en 1834. Les religieuses du Bon-Pasteur profitè-
rent de son voyage à Poitiers pour préparer l'élection. La
vénérée fondatrice fut renommée à l'unanimité des voix
réunies des quatre maisons d'Angers, du Mans, de Grenoble
de Poitiers. Elle fut élue la semaine avant la Pentecôte,
pour six ans, selon la constitution nouvelle de l'Ordre. La
joie de la Communauté se manifesta par des actions de
grâces à Dieu. La Mère, par une pensée touchante de dévotion, remit le supériorat et le gouvernement de la maison
entre les mains de la sainte Vierge.

La réélection de la Mère Marie de Sainte-Euphrasie lui
donna un nouveau zèle pour son œuvre, et lui parut une
marque de la volonté de Dieu pour l'érection du généralat.
L'idée du bienfait qui en naîtrait pour tant d'âmes ne quittait plus son esprit. Tout semblait la pousser vers ces
grands desseins, même la beauté et la grandeur de la
maison d'Angers, que ses bienfaiteurs avaient entourée de
vastes jardins, comme un couvent destiné à devenir maison-mère. Un jour elle était au chœur, lorsque, pendant le
Magnificat, la pensée du généralat s'empara de son esprit.
avec une telle force, qu'elle ne put maîtriser son émotion
et retenir ses larmes. Elle pria sœur Marie de Sainte-

Chantal de Jésus de présider l'office et sortit précipitam-
ment. S'enfermant dans une cellule, elle se mit à écrire au
cardinal vicaire, le cardinal Odescalchi, pour lui exposer ses
désirs, ceux de son vénéré Supérieur et de sa Communauté.
Elle avait appris de M. l'abbé Jules Morel (1) le nom et les
fonctions de ce cardinal.

La lettre de la Mère Marie de Sainte-Euphrasie était
pleine d'humilité. Elle commençait par ces paroles, placées
en tête : « Voici la servante du Seigneur, qu'il me soit fait
selon votre parole. »

Elle se terminait par cette profession de soumission :
« Je ne désire que la plus grande gloire de Dieu ; si le
« Souverain Pontife et votre Éminence trouvent des obsta-
« cles à l'érection d'un généralat, je me soumets très
« humblement. »

La Mère Marie de Sainte-Euphrasie, dans un entretien
du 23 janvier 1858 sur l'érection du généralat, rapporte les
faits suivants : « Quelque temps après avoir écrit au car-
« dinal vicaire, il m'arriva une chose fort extraordinaire.
« Une nuit, comme je venais de m'endormir d'un sommeil
« bien plus calme que de coutume, il me sembla voir un
« prélat, que je ne connaissais pas ; il portait l'habit de
« cardinal ; sa figure respirait la douceur, la sainteté ; toute
« sa personne inspirait le respect. Il me dit :
« — Ne craignez rien, ma fille ! votre œuvre sera ap-
« prouvée ; Dieu m'a choisi pour en être le protecteur.
« Après ces mots il disparut, et me laissa pleine de con-
« fiance et de consolation. Quelle ne fut pas ma surprise
« lorsque, quelques années plus tard, étant allée à Rome,
« je reconnus dans Son Éminence le cardinal Odescalchi,
« notre vénérable protecteur, le prélat qui m'était apparu.

(1) Elle ne pouvait trouver un introducteur plus instruit et plus
autorisé près de la Cour de Rome. M. l'abbé Jules Morel passa
toute sa vie à défendre et à faire aimer les doctrines Romaines, et
mérita par sa science et son dévouement au Pape, les fonctions de
consulteur de l'Index.

« Je lui racontai naïvement mon songe. Il prit un air pro-
« fondément réfléchi et me dit :

« — Il y a quelque chose d'extraordinaire : Je vais vous
« rapporter à mon tour ce qui m'est arrivé à votre sujet.
« Depuis quelque temps j'étais préoccupé du désir de con-
« naître un Ordre de femmes qui fût consacré au salut des
« pauvres pécheurs. Parmi les Congrégations d'hommes,
« plusieurs sont vouées à cette œuvre, mais je n'en con-
« naissais point pour les jeunes filles. Je demandais sans
« cesse à Dieu qu'il lui plût d'exaucer mon désir. Or, un
« jour que je célébrais la messe à Saint-Pierre, je deman-
« dais instamment, par l'intercession de la sainte Vierge, la
« grâce de connaître cet Ordre que j'avais dans la pensée.
« Or, voilà que ce même jour m'arrive votre lettre. »

Le cardinal Odescalchi, dont la grande intelligence et la
puissante autorité à Rome avaient été mises au service de
l'Église alors qu'il était simple prêtre, tout dévoué au salut
du peuple, accueillit avec empressement les desseins de la
Mère Marie de Sainte-Euphrasie.

Il y avait plus de deux mois que la lettre de la Mère fondatrice au cardinal Odescalchi était partie. Un soir que la
Communauté se rendait en procession à une chapelle de la
sainte Vierge pour demander le succès du généralat, une
jeune professe crut entendre la sainte Vierge lui promettre
la réalisation de leurs vœux, et lui annoncer comme gage,
que, le lendemain, la Supérieure recevrait une lettre de
Rome. En effet, le lendemain, la Mère Marie de Sainte-
Euphrasie reçut du cardinal Odescalchi une lettre pleine
d'encouragements et de consolations, indiquant la marche
à suivre pour arriver sûrement au but. Il promettait son
concours pour présenter la demande à la Congrégation et
au Pape, aussitôt que Mgr Montault aurait écrit lui-même
au Saint-Père.

Mgr Montault à la vue de cette lettre, s'empressa de ré-
diger une supplique, qui devait être déposée aux pieds du
pape Grégoire XVI.

En même temps la Mère écrivit au P. Vaures, le pénitencier français de la basilique de Saint-Pierre, qui, au moment de sa visite au Bon-Pasteur, avait offert ses bons offices à la Communauté. Le bon Père se constitua le postulateur du généralat, pour suivre la marche de cette affaire et en assurer le succès.

Pendant que le cardinal Odescalchi et le P. Vaures poursuivaient à Rome la cause du généralat, la Mère établissait au Bon-Pasteur d'Angers des prières publiques et des pratiques pieuses en l'honneur de la sainte Vierge, pour la réussite de ses desseins. Ayant appris qu'après une révolte à Lyon, on avait suspendu le service divin à Fourvières, dont l'église avait été menacée de ruine par les insurgés, elle résolut d'ériger, en esprit de réparation, une chapelle et un autel sous le vocable de Notre-Dame de Fourvières. On vit alors la Communauté partager les sentiments de tendre dévotion de sa Supérieure pour la sainte Vierge, des processions s'organiser au chant du *Stabat*. Les rigueurs de l'hiver ne purent arrêter le zèle des religieuses et même des pénitentes : on allait pieds nus, au milieu de la neige, récitant les psaumes de la pénitence, à la chapelle de Notre-Dame de Fourvières.

M. de Neuville ne restait pas en arrière de la Mère Marie de Sainte-Euphrasie pour établir et agrandir son cher Institut. En 1833 et 1834, il faisait construire un bâtiment à deux étages contenant soixante cellules, sous lequel règne un vaste cloître bien aéré. Il acheta un jardin pour les Madeleines, paya la pension de plusieurs pénitentes. Il était de plus en plus la providence du Bon-Pasteur dans ses différents établissements. C'est toujours à la sainte Vierge, son auguste souveraine, qu'il offrait ses présents. Il célébrait les sept allégresses et les sept douleurs de Marie, en donnant sept cœurs d'argent pour les professions. Ayant habitué son âme à voir, selon l'Evangile, le ciel derrière ce monde, Jésus-Christ dans les pauvres, les apôtres dans les religieuses, il prenait ses meilleures joies à faire ainsi le bien. La charité était à elle seule sa récompense, parce qu'elle le faisait participer à l'apostolat du Bon-Pasteur.

« Mon cœur est réellement reconnaissant, écrivait-il à la « Supérieure de la maison de Poitiers, et profondément « touché de la grâce magnifique que Dieu m'a faite, de « coopérer à vos saintes œuvres, j'en suis humilié, car j'en « étais indigne ; mais la sainte Vierge a prié pour moi le « bon Pasteur. Je vous en remercie humblement, Mes-« dames, car c'est à votre ardent amour pour cette Mère de « miséricorde que je dois cette grâce précieuse, qui sera « peut-être la cause de mon salut. Veuillez l'en remercier « pour moi. »

Pendant que le Bon-Pasteur était en instance près du Pape pour obtenir l'érection du généralat, on demandait à Rome le corps de sainte Philomène. La Mère qui avait recommandé sa cause à cette sainte, voulait pour cela l'honorer d'un culte spécial, en lui faisant ériger une statue dans sa Communauté, en propageant ses images et sa dévotion dans ses différentes maisons. Aussi, à l'érection du généralat, la Mère Sainte-Euphrasie et toute sa Communauté vouèrent à leur protectrice un culte tout particulier, qui est toujours bien vivant dans l'Institut. Il semble que cette sainte a voulu témoigner sa protection spéciale pour l'Ordre qui se constitua le premier son client, et qui, l'un des premiers, l'honora sur les autels.

Sainte Philomène est une martyre dont la tombe fut découverte en 1802. Grégoire XVI, après les nombreux miracles qu'elle opéra, en autorisa la fête dans l'Eglise. La Mère Sainte-Euphrasie contribua beaucoup à propager son culte dans l'univers par la fondation des couvents du Bon-Pasteur, car chacune de ces maisons a confié à sainte Philomène le patronage d'une de ses classes, et la jeune martyre a payé ce culte par de nombreuses faveurs.

Quelques oppositions cependant élevaient la voix jusqu'à Rome pour mettre obstacle au généralat. Mgr Montault, malgré ses quatre-vingts ans se sentit animé d'une ardeur généreuse pour le défendre contre toutes les attaques. Avec un ordre, une clarté, une précision étonnante, il composa un mémoire qu'il envoya au Souverain Pontife. Ce travail dans lequel pas un mot ne témoignait d'un affaiblissement dans les facultés intellectuelles de l'évêque d'Angers, leva tous les obstacles près de la Cour de Rome.

Sur les conseils des amis du Bon-Pasteur la Mère Sainte-Euphrasie, qui avait d'abord voulu demeurer dans le silence et dans l'abandon de sa cause à la protection de la sainte Vierge, se résigna enfin à écrire elle-même à la Sacrée Congrégation des Evêques et Réguliers pour exposer ses intentions, le but et les avantages de ses desseins. Elle se taisait sur ses opposants. Quand les consulteurs se réunirent pour leur dernière séance, le R. P. Kolmann, consulteur de la Congrégation, prit connaissance de cette lettre, la remit sur la table, et, après quelques instants de recueillement, posant la main sur elle :

— La vérité est là, dit-il.

Son opinion fut unanimement adoptée, quand l'affaire fut portée devant l'Assemblée des Cardinaux. Les articles du décret pour le généralat, arrêtés le 8 janvier 1835, furent approuvés par Grégoire XVI le 16 du même mois. Mais le décret ne fut pas encore expédié.

Le P. Kolmann écrivait à Mgr Montault que non seulement les sœurs du Bon-Pasteur auraient leur bref, mais qu'elles seraient probablement appelées à Rome pour y prendre la direction d'une maison de charité, tant elles étaient estimées du cardinal vicaire, Mgr Odescalchi, et du Saint-Père lui-même. Ce religieux, qui avait su communiquer ses sentiments au Préfet de la Congrégation des Evêques et Réguliers, écrivait à la Mère assistante du Bon-Pasteur : « Je ne peux vous dire combien je suis épris de « cette grande idée, que Dieu tout bon a inspirée à votre « belle âme, d'étendre autant qu'il dépend de vous, cette « grande Œuvre à toutes les parties du monde... Réjouissez-

« vous dans le Seigneur et regardez votre approbation « comme certaine. » Dans cette lettre, le P. Kolmann faisait remarquer qu'il serait bon d'ajouter d'*Angers* au titre officiel des sœurs du Bon-Pasteur, pour bien indiquer à toutes les maisons fondées quelle est leur origine, leur maison-mère, et quelles doivent être leur soumission et leur dépendance envers cette maison. Ainsi le titre serait : *Les Filles de Notre-Dame de Charité du Bon-Pasteur d'Angers*. Il ajoutait aussi que la Supérieure générale, assistée de ses conseillères, devait être parfaitement libre dans le gouvernement de l'Ordre et dans la distribution des religieuses aux divers monastères.

La Congrégation aurait le Pape comme Supérieur, et pour protecteur auprès du Souverain Pontife un cardinal. « Pour « les Ordres religieux qui veulent s'étendre, il n'y a pas, « disait le P. Kolmann, de meilleur Supérieur général que le « Souverain Pontife, et c'est sous l'immédiate juridiction « et protection du Saint-Siège qu'ils prospèrent le plus. »

Ces conseils pleins de sagesse devaient être confirmés par l'avenir, et la Mère Sainte-Euphrasie dut se féliciter souvent de les avoir fidèlement suivis. Il semble que Dieu qui voulait l'extension presque miraculeuse du Bon-Pasteur, ait pris soin à ses débuts d'écarter toutes les entraves qui pourraient un jour l'arrêter dans ses progrès.

La beauté des desseins de la Mère Sainte-Euphrasie, finit par gagner à Rome tous les cardinaux, prélats ou religieux qui eurent à s'en occuper. La Sacrée Congrégation des Evêques et Réguliers, fut unanime à approuver le généralat. Quand on lut le décret au Saint-Père, et qu'on fut arrivé au passage où il est dit que la Supérieure d'Angers pourra fonder des maisons, le P. Kolmann se leva et demanda la permission de parler :

— Cette phrase, dit-il, me paraît incomplète ; il faudrait ajouter qu'il lui sera permis de fonder *dans tout l'univers.*

Le cardinal Odescalchi lui dit en souriant :

— Père Kolmann, vous voulez donc faire de cette Congrégation une seconde Compagnie de Jésus ?

— Vous l'avez dit, répondit le P. Kolmann, et il se remit
à sa place.

A Angers les religieuses, tenues au courant des différentes circonstances de l'affaire par le P., Vaures et le
P. Kolmann, redoublaient leurs prières et leurs dévotions
particulières. Elles s'adressaient surtout à leur nouvelle
patronne sainte Philomène. A partir de ce moment, la Mère
Sainte-Euphrasie porta toujours sur elle, dans le cœur
d'argent qu'impose la règle, une relique de cette sainte, et
elle ne se couchait jamais sans lui adresser une prière particulière. Elle qui vivait habituellement dans la pensée de
la communion des saints, dans cette foi efficace que les
saints l'assistaient pour son œuvre d'apostolat, elle aimait
à demander une grâce particulière à un saint particulier ;
la faveur obtenue, elle entretenait avec ce saint une dévotion spéciale : ce saint devenait le patron de la faveur
obtenue.

Les joies que faisait naître l'espoir du bien procuré par
le généralat étaient mêlées des tristesses du présent. La
santé de la Mère Sainte-Euphrasie, ne pouvait soutenir
tant de travaux de toutes sortes sans en être ébranlée. La
maison était visitée par la maladie, par la mort et par des
ennuis de tout genre. « Il y a des temps où tout est réuni,
« écrit la bonne Mère : pas un moment de repos ; à chaque
« heure une mauvaise nouvelle. C'était tout à la fois : ou-
« vrages suspendus, dépenses énormes, dérangement dans
« les classes, lettres amères... circonstances douloureuses,
« médecin, confesseurs, tentations dans les âmes, petite
« échappée et rattrapée, dégoût de vocation, la fièvre à la
« pauvre Supérieure. Dieu, quels nuages ! »

C'est le 13 février 1835, un vendredi, que la Congrégation générale des cardinaux émit son vote sur le décret du
généralat. Un fait extraordinaire est attesté par toutes les
sœurs de la maison d'Angers : au moment où l'Assemblée

des cardinaux approuvait le généralat, vers sept heures du soir, les religieuses qui étaient en récréation, entendirent la cloche de leur monastère sonner trois coups, sans qu'elles aient pu découvrir une cause naturelle de ce fait.

L'annonce du décret fut reçu le 28 du même mois. « C'était au moment du Chapitre, racontent les sœurs du « Conseil, nous étions toutes assemblées lorsque notre « très honorée Mère est venue nous dire d'aller en silence, « deux à deux, au chœur, pour entendre la lecture d'une « lettre de Rome. Humblement prosternées devant Notre- « Seigneur, nous avons entendu cette lecture si chère à « nos cœurs. Nos larmes coulaient, comme vous le pensez : « les soupirs s'élançaient vers Dieu avec un amour tout « véhément. Notre très honorée Mère générale a entonné « le cantique d'actions de grâces, puis le *Sub tuum*, et a « fait vœu en reconnaissance envers la sainte Vierge, de « faire pendant neuf jours une procession, et de réciter « tous les jours, pendant trois ans, l'office de l'Immaculée- « Conception. »

La Mère Sainte-Euphrasie fit encadrer le texte du décret envoyé de Rome, marqué du sceau du Saint-Père, et le plaça dans le chœur de la chapelle aux pieds de la sainte Vierge.

Elle avait vivement désiré garder pour son Ordre le costume qu'elle avait apporté de Tours. Les maisons du Refuge firent des réclamations. Le Saint-Siège décida qu'il faudrait établir une petite marque distinctive. Alors la Mère ajouta au costume le cordon bleu, en l'honneur de Notre-Dame de Fourvières : et elle fit graver sur les cœurs d'argent une image du Bon-Pasteur.

La joie des religieuses, à la réception du décret de Rome, n'eut d'égale que leur reconnaissance pour leur Mère. Elles voyaient dans un avenir rapproché, l'accomplissement des grandes œuvres que Dieu inspirait à son âme. Les classes elles-mêmes furent toutes à la joie et à l'action de grâces, quand ou apporta le décret tant désiré. Les petites préser- vées ne comprenant rien à cette joie de la Communauté, voulaient en connaître la raison. Il était difficile de la leur expliquer. Elles crurent, elles se répétèrent les unes aux autres, que

— M. le décret et M. le Généralat étaient arrivés de Rome.

Aussitôt que la nouvelle fut connue au dehors, les félicitations des amis abondèrent. Un prêtre, chanoine d'Angers, envoya à la Mère Sainte-Euphrasie deux cents francs, pour témoigner de la part qu'il prenait à la joie du généralat.

Les maisons de Poitiers, de Grenoble et de Metz, qui avaient déjà envoyé au Bon-Pasteur d'Angers un cœur doré, en signe de leur filial et inaltérable attachement, partagèrent les joies et la reconnaissance de la maison-mère.

La Mère Sainte-Euphrasie, de son côté, fit parvenir à Rome ses remerciements et ceux de toutes les personnes qui avaient travaillé pour le même but. Le cardinal de Grégorio répondit à sœur Marie-Chantal de Jésus, assistante, et quelques semaines plus tard il écrivait à la Mère Sainte-Euphrasie : « Il est consolant pour moi d'avoir été choisi par la bonté divine pour concourir à consolider une œuvre qui promet à l'Eglise de si grands et de si précieux avantages. »

Il ne restait plus qu'à demander au Pape un cardinal protecteur qui serait en même temps le Supérieur de l'Institut. Sur des conseils éclairés, la Mère Sainte-Euphrasie demanda le cardinal Odescalchi, et Grégoire XVI l'accorda. Plus rien désormais ne manquait à l'organisation du Bon-Pasteur pour étendre à travers le monde ses bienfaisantes colonies. Angers enverra ses religieuses, et Rome les protégera de son autorité universelle.

CHAPITRE IX

LES PREMIERS FRUITS DU GÉNÉRALAT (1836-1837).

Fondation de Saumur.— Visites à Metz, à Grenoble, à Poitiers. — Fondation de Nancy. — Progrès du Bon-Pasteur d'Angers. Les consacrées. — La classe de saint Michel ; les jeunes détenues.— Réélection. — Fondation d'Amiens et de Lille — du Puy, de Strasbourg, de Sens, de Reims, de Bordeaux et d'Arles.

Dieu voulut que l'Anjou eût les prémices du généralat. La première fondation de la Mère Sainte-Euphrasie, après la réception de Rome, fut celle de Saint-Florent de Saumur.

Il était naturel que la Mère Pelletier songeât à doter Saumur d'un couvent de son Ordre : les besoins spirituels y étaient grands, et, depuis la Révolution, les quelques essais isolés qu'on avait tentés pour recueillir les jeunes filles abandonnées, avaient échoué. M. Bernier, curé de Saint-Pierre de Saumur depuis 1832, avait tourné son zèle vers cette partie intéressante de son troupeau ; il voulut agrandir une œuvre de petites filles pauvres, en les confiant à des sœurs augustines. L'administration civile fit obstacle à ses projets.

Pendant qu'il cherchait les moyens de réaliser ses desseins de charité, voilà que la Mère Sainte-Euphrasie lui écrivit qu'elle avait le désir d'établir à Saumur une maison de son Ordre, elle le priait de se rendre à son monastère pour prendre connaissance de ses intentions. Le 28 mai 1835, au soir, M. Bernier partait pour Angers. L'entrevue décida la fondation.

Quand M. Bernier fut revenu à Saumur après son entretien avec la Mère Sainte-Euphrasie, il se mit en quête d'un domicile pour la fondation projetée. Il s'occupa de l'acquisition d'une maison, surveilla les travaux d'appropriation. Puis, comme l'apostolat du Bon-Pasteur lui apparut dans toute sa beauté, sa parole éloquente, qui traduisait si vivement ce qu'il ressentait, détermina plusieurs personnes à entrer dans cette Congrégation. Il voulut aussi décider la directrice d'un orphelinat déjà existant à abandonner ses enfants aux filles de la Mère Pelletier.

Il songea, pour la nouvelle fondation de Saumur, à l'antique abbaye de Saint-Florent-le-Jeune, qui par ses souvenirs monastiques attirait tout naturellement l'attention. Située sur les bords de la Loire et du Thouet, dans une position très saine et très riante, elle avait été surnommée autrefois, la Belle de l'Anjou, à cause de sa magnificence. Mais des trois grands corps de bâtiment qui la composaient autrefois, il n'en restait plus qu'un ; encore allait-il bientôt disparaître, comme les deux autres, sous le marteau des démolisseurs, quand M. Bernier vint arrêter ce vandalisme.

A la proposition que M. Bernier lui fit d'acquérir l'abbaye, de Saint-Florent, la Mère Sainte-Euphrasie, toujours avide de la gloire de Dieu et du bien des âmes, n'hésita pas un instant : l'appui d'hommes tels que M. Bernier et M. Régnier, vicaire général d'Angers (1), lui était un assez sûr garant de succès. Elle se réjouissait à la pensée de rendre à l'Eglise une ancienne abbaye et de rétablir Notre-Seigneur dans les lieux où il avait demeuré pendant tant de siècles. « Oh ! quelle est la joie de mon cœur, dit-elle dans « ses *Entretiens,* lorsqu'une nouvelle lampe s'allume dans « une nouvelle église de la Congrégation ou dans quelque « ancien monastère, battu par les ondes des temps malheu- « reux, servant depuis bien des années à des usages pro- « fanes, qu'il nous est donné de rendre à sa destination « première ! Une de mes plus grandes consolations est « d'avoir vu se rallumer devant Notre-Seigneur la lampe de

---

(1) Plus tard évêque d'Angoulême et archevêque de Cambrai.

« l'abbaye de Saint-Florent. Chaque fois que je vais visiter
« nos sœurs de cette chère maison, je sens mon âme inon-
« dée des plus suaves délices en me présentant à la clarté
« de cette sainte lumière. »

Après une visite à Saint-Florent, la Mère Saint-Euphra-
sie, sur les conseils de Mgr Montault, fit l'acquisition de
l'abbaye et y envoya immédiatement cinq religieuses, qui
furent reçues par M. Bernier avec beaucoup d'égards. Elles
trouvèrent un mobilier qu'il leur avait acheté. Arrivée le
31 Juillet 1835, la petite colonie se mit immédiatement à
l'œuvre pour rétablir l'ordre où la Révolution avait accumulé les ruines.

Cependant la Mère Sainte-Euphrasie était réclamée par
ses filles de Metz et de Grenoble, qui voulaient lui montrer leurs travaux et prendre ses décisions pour des acqui-
sitions ou des transformations.

Avant de partir, elle régla toutes choses pour conserver
dans la maison-mère le bon esprit qui y régnait, et elle se
mit en route à la fin d'août 1835, accompagnée de l'aumônier de la maison-mère et de Mme la comtesse d'Andigné,
qui voulut payer tous les frais du voyage.

Elle se rendit d'abord au monastère de Metz, pour lequel
elle avait hâté son départ, par pitié pour les pauvres pénitentes qu'on ne voulait pas permettre aux religieuses d'accepter.

Arrivée à Metz, la Mère Sainte-Euphrasie visita le nouveau
monastère, où étaient installées ses sœurs. C'était un ancien couvent des Clarisses, à demi ruiné, qui n'avait pas été
restauré depuis la Révolution : il exigeait de grandes réparations. Elle obtint de M. Chalandon, vicaire général et
supérieur de la Communauté, que la maison recevrait des
pénitentes aussitôt que les réparations seraient faites.
C'était le but principal de sa visite : aussi quitta-t-elle
Metz pleine de reconnaissance pour M. Chalandon, qui
devenu évêque, demeura toujours un protecteur zélé de la
Communauté.

De Metz, la Supérieure se dirigea vers Grenoble en passant par Nancy, pour y traiter d'une fondation projetée par l'évêque de cette ville. Elle arriva à Grenoble dans les derniers jours du mois d'août, bien fatiguée du voyage fait dans *les diligences*, qui alors étaient encore si mal installées.

Elle apparut à ses religieuses comme un ange consolateur au milieu des tribulations de toutes sortes qui n'avaient cessé de les éprouver depuis deux ans. Elle vit l'évêque de Grenoble, qui fut très touché de la sagesse avec laquelle elle porta remède aux difficultés. Sa visite fut pour ses sœurs la source d'une grande paix. Au retour elle eut la joie de voir sa compagnie augmentée de quatre postulantes.

Après un voyage à travers l'Auvergne et le Limousin, la Mère arriva enfin à Poitiers. La joie des sœurs fut d'autant plus grande, que la Mère Sainte-Euphrasie n'était pas attendue. On peut difficilement se figurer leur émotion, lorsque, à cinq heures du matin, les voyageuses frappèrent à leur porte. La prieure ne savait comment exprimer sa joie et que faire pour les recevoir dignement. La Mère Sainte-Euphasie était harassée des fatigues du voyage. Mais les consolations surnaturelles qu'elle trouva dans la Communauté la récréèrent promptement : la règle était observée dans toute sa vigueur avec la ferveur des premiers jours, malgré les privations imposées par l'étroitesse de la maison, dont les salles étaient trop petites pour tous les services.

L'âme reposée par la joie d'avoir vu ses filles dans la ferveur, la bonne Mère générale prit le chemin de Saint-Florent de Saumur, où elle trouva de beaux bâtiments, de vastes enclos, mais un triste abandon du côté des habitants. A Poitiers, la sympathie et les aumônes des bienfaiteurs soutenaient le zèle des sœurs ; ici les religieuses étaient obligées de se suffire à elles-mêmes, et de vivre dans un grand dénuement. La Mère Sainte-Euphrasie releva les courages, ranima tous les cœurs. Du reste elle trouva ses filles dans une grande ferveur et dans un grand attachement à la maison-mère.

Elle rentra à Angers en septembre, après moins d'un mois d'absence, qui avait paru un siècle à sa Communauté.

Une de ses plus grandes joies, après son retour, fut la fondation de Nancy dont elle s'était occupée pendant son voyage. La charité d'un pieux chanoine titulaire se fit l'auxiliaire de la Mère Sainte-Euphrasie. Les trois religieuses qu'elle envoya, le 30 novembre, commencer la fondation, ne trouvèrent d'abord que des cœurs ouverts, disposés à les aider. La Supérieure générale des sœurs de la Doctrine chrétienne les soutint de toutes manières. Elle disait, en parlant de la maison du Bon-Pasteur, voisine de sa Communauté : « Oh ! qu'elle est bien placée près des nôtres ! Ce « que nous n'avons pas su faire, ce que nous n'avons pas « mérité de bien faire, ces bonnes sœurs le refont ; elles « réparent nos fautes. Dieu les bénit : qu'il en soit lui-même « mille fois béni ! Persuadons-nous bien, mes filles, que « nous ne suffisons pas ; qu'il est des âmes sur lesquelles « glisse la meilleure éducation, et qui ne s'attacheront à la « divine beauté qu'après avoir connu toutes les laideurs du « péché. O mystère de miséricorde ! Quand je pense à sainte « Madeleine, je ne puis vous dire combien je vénère une « âme vraiment convertie ! »

Les épreuves pourtant, les épreuves même les plus sensibles au cœur de la Mère Pelletier et à celui de ses filles, ne tardèrent pas à atteindre la nouvelle fondation. Prévenue contre le généralat, l'autorité ecclésiastique fit d'abord quelques difficultés pour recevoir les religieuses comme dépendant de la maison d'Angers : on voulait faire avec elles une maison de Refuge, ayant son noviciat et ses professions. Pendant plusieurs mois, la Mère Sainte-Euphrasie ne cesse de soutenir ses filles de ses conseils fermes et affectueux. Elle avait nommée Supérieure une des religieuses venues de Tours à Angers avec elle, trop convaincue des avantages du généralat, pour se laisser ébranler. Rien n'est fort d'ailleurs comme la volonté d'une âme donnée à Dieu, qui voit clairement son devoir et son droit, surtout quand elle voit devant elle l'ordre de ses supérieurs à qui elle a promis obéissance. La Mère Saint-Jean de la Croix, en obéissance à la Mère Pelletier, brisa les résistances qu'on lui faisait à Nancy : elle obtint d'établir son couvent dans la dépendance de celui d'Angers. Quatre ans après sa fondation, le couvent de Nancy avait une Communauté de Madeleines et une classe de Préservation (1).

Au moment où Nancy était dans les épreuves, la Mère Sainte-Euphrasie écrivait à la Supérieure : « Ne tremblez « pas, ma fille : vous savez que Rome et la Belgique nous « sont proposées... Priez pour l'Œuvre sainte que Dieu « accroît tous les jours. Nous voici dans de nouveaux tra- « vaux ; toujours de vastes champs s'offrent à notre vue. « Cher généralat ! qv'il donnera d'âmes à notre Mère la « sainte Eglise ! Jamais les fondations n'ont été aussi « bien. »

Des religieuses étaient nécessaires pour toutes ces fondations : le noviciat allait toujours en grandissant. La Mère Sainte-Euphrasie s'appliquait à donner à ses novices un grand amour de leur Institut et un grand dévouement pour les âmes faibles et abandonnées. Elle répétait souvent : « Mes chères filles, sachez vous oublier pour le salut des « âmes. Aimez cette maison, car c'est celle de Notre-Sei- « gneur et de la sainte Vierge, qui daignent la combler « chaque jour de nouvelles grâces ; ce serait méconnaître « leurs bienfaits, et les déshonorer, que de ne pas soutenir « ses intérêts avec ardeur. » Elle s'identifiait de plus en plus avec son Institut, elle n'avait de pensées et de désirs que pour lui. Elle voulait faire entrer ses filles dans ses sentiments, sentant bien qu'ils sont la vie et la force d'une Communauté.

(1) Mme la comtesse de la Granville (de Lille) donna vingt mille francs pour ces fondations. Le R. P. Jandel, futur général des Dominicains, le P. Lacordaire, le R. P. Hyacinthe Besson, le peintre Dominicain, étaient très affectionnés au Bon-Pasteur de Nancy.

L'année 1835 fut vraiment féconde en œuvres pour le Bon-Pasteur. La vie de la grâce était comme débordante dans les différentes classes. Tout le monde semblait se régler sur la Supérieure, dont l'âme ardente aspirait toujours au plus grand bien. Quelques pénitentes qui, sans avoir de vocation pour la profession des Madeleines, craignaient de retourner dans le monde, dont elles avaient connu les dangers, s'ouvrirent à leur directrice du vif désir qu'elles avaient de rester toujours au Bon-Pasteur, et de se consacrer au bien de la classe où elles avaient recouvré la paix de l'âme. La maîtresse fit connaître ce désir à la Mère Sainte-Euphrasie. Celle-ci l'accueillit avec joie et avec reconnaissance envers Dieu : elle y vit une inspiration de la Providence. Elle comprit l'utilité de ces *Consacrées* pour les autres enfants, à qui elles serviraient d'anges gardiens par leurs exemples, par leurs conseils et par leur surveillance de chaque instant. Ces consacrées seraient les auxiliaires les plus actives des religieuses dans la classe des pénitentes. Aussi la Mère fondatrice, pour les distinguer des autres, leur choisit un costume particulier, de couleur noire.

Les premières firent leur acte de consécration à Dieu entre les mains de la Mère Marie de Sainte-Euphrasie. Peu de temps après, dans une retraite donnée par les Pères Jésuites, une ferveur extraordinaire s'empara de bon nombre de pénitentes : les unes voulaient porter des cilices, des ceintures de fer, jeûner au pain et à l'eau. On trouva dans le lit de plusieurs des épines, des pierres en guise de chevet. La Mère, toujours très prudente tempéra doucement ce zèle peu réglé, et fit comprendre que la mortification de l'amour-propre dans l'obéissance est plus agréable à Dieu. Les mortifications corporelles sont bonnes sans doute, mais il faut craindre de tomber dans l'excès, et en cela, comme en toute autre chose, il faut se laisser guider par l'obéissance.

La Mère Sainte-Euphrasie composa un règlement pour

les Consacrées. Ce règlement fut approuvé par Mgr Montault en 1839, et par le cardinal Patrizi en 1845. Il respire l'esprit de sagesse d'une personne de grande expérience, et la piété d'une religieuse très avancée dans les voies de la spiritualité. Avant d'être admise à subir l'épreuve pour être rangée parmi les Consacrées, la pénitente doit avoir donné, au moins pendant deux ans, les marques d'une véritable conversion, d'une humilité et d'une obéissance parfaites, d'une charité exemplaire envers ses compagnes.

Sur l'avis du confesseur, la pénitente qui aspire à être consacrée en fait la demande à la Supérieure, qui l'admet à la probation, si le Conseil donne un avis favorable. Alors elle reçoit, à la grille du chœur, les insignes de la probation, un costume presque religieux, qui a été bénit par un prêtre. La probation dure deux ans. Après ce délai les aspirantes qui sont jugées dignes, font solennellement devant le prêtre leur acte de consécration ainsi que le vœu de ne pas sortir du couvent avant un an. Le jour de la fête de sainte Madeleine les Consacrées renouvellent et leur vœu et leur consécration.

La consacrée suit le règlement des pénitentes. Elle récite seulement en plus, le petit office de Notre-Dame des Sept-Douleurs. Comme son principal devoir d'état est de donner le bon exemple à ses compagnes, elle doit porter dans tout son extérieur la marque sensible des vertus qui ornent son âme : sa piété doit être sans amertume, son humilité sans bassesse, sa mortification sans dureté. En un mot, elle doit traduire au dehors, autant qu'il est en elle, les charmes et la beauté d'une vie qui appartient à Dieu et que règle le désir de lui plaire.

Cette conception de la Mère Sainte-Euphrasie, de prendre comme auxiliaires de son apostolat près des pénitentes d'anciennes enfants toutes transformées par la grâce de Dieu, et de présenter aux âmes non revenues à Dieu ou encore hésitantes, le tableau vivant de compagnes amies de Dieu, ne pouvait manquer de produire les meilleurs fruits.

Si la vue du mal incline au mal, la présence continuelle de la vertu, montrée par ceux qui sont égaux, nous améliore forcément. C'est une exhortation continuelle au bien.

Dans sa pieuse industrie, la bonne Mère avait composé une formule touchante de souhaits particuliers à l'adresse des Consacrées. La Congrégation tout entière était supposée s'adresser à chacune dans l'exhortation suivante :

« Ames pénitentes qui vivez dans la solitude et dans
« l'oubli du monde, brebis heureuses que le bon Pasteur
« a recherchées avec tant de soin et qui avez fidèlement
« répondu à son appel, puissiez-vous ne jamais vous
« écarter de cette voie sûre et tranquille qu'il a plu à la
« miséricorde divine de vous faire embrasser ! Continuez
« de marcher dans le chemin de la céleste patrie, objet de
« vos espérances, par la pratique constante du règlement
« qui vous est présenté. C'est là le but de tous nos désirs,
« votre persévérance étant la plus grande consolation que
« vous puissiez nous donner pour le fruit de notre minis-
« tère. Vous serez, par vos vertus, la gloire de toute la
« Congrégation ; et, après avoir joui ici-bas du calme et
« des douceurs qu'on trouve dans les exercices d'humilité,
« d'obéissance et de charité, vous irez recevoir des mains
« d'un père infiniment bon, infiniment généreux, un
« royaume éternel, accordé au repentir comme à l'inno-
« cence. »

En 1835 encore, la Mère Supérieure augmenta le nombre des classes du Bon-Pasteur. Elle sépara les jeunes pénitentes de celles qui étaient plus âgées et les mit sous le patronage de saint Michel. Ce fut dès lors une classe et une maison distinctes. Dans le même temps, le préfet de Maine-et-Loire, réalisait son projet de confier au Bon-Pasteur les jeunes filles au-dessous de quinze ans qui étaient mises dans les maisons de correction. La Mère Sainte-Euphrasie reçut les premières détenues. La bonne Mère gagna tellement leurs cœurs, que plusieurs, se trouvant bien dans la maison du Bon-Pasteur, demandèrent à y rester, après avoir achevé le temps de leur détention. C'était une douce consolation pour la Mère de procurer par son zèle infatigable la conversion de ces jeunes filles, et de voir avancer dans la pratique de la vertu celles qu'elle avait reçues révoltées contre Dieu et contre la société.

C'est au dehors cependant que le généralat produisait ses plus grands fruits. Amiens, Lille, Le Puy, Strasbourg, Sens, Reims, Bordeaux, Arles reçurent en peu de temps des fondations nouvelles.

Un ami du Bon-Pasteur, que nous connaissons déjà, le P. Barthès, jésuite, ancien recteur de Blamont au diocèse d'Amiens, amena ses supérieurs à céder cette maison au Bon-Pasteur, quand la Compagnie de Jésus dut l'abandonner. « Le Bon-Pasteur, écrivait-il, est un établissement que je ne crains pas de placer parmi les chefs-d'œuvre de la toute-puissance et de la miséricorde de Dieu. La Compagnie de Jésus se croira toujours étroitement tenue de concourir de toutes ses forces à l'avancement du Bon-Pasteur. »

Dès la fin de février 1836, la Mère Sainte-Euphrasie, envoyait à Amiens pour commencer le monastère une Supérieure et une maîtresse des pénitentes. Ces bonnes sœurs n'emportaient avec elles que trois cent cinquante francs. Mais elles furent secourues par la charité des Dames du Sacré-Cœur, chez qui elles logèrent pendant huit jours, et des religieuses de la Sainte-Famille, dont la Supérieure se montra pour elles d'une extrême délicatesse.

Quand elles purent entrer au Blamont, elles s'établirent d'abord dans les parloirs. Puis elles composèrent peu à peu le mobilier de leur maison avec les aumônes du public ; et le 25 avril, après avoir reçu de nouvelles sœurs envoyées par leur bonne Mère Sainte-Euphrasie, elles célébrèrent leur cérémonie de clôture prêchée par l'illustre P. de Ravignan. L'amitié que le préfet d'Amiens éprouvait pour le saint religieux fit tomber les préventions de ce magistrat contre ce nouvel Ordre de religieuses. Cette installation fut très solennelle grâce aux Pères de Saint-Acheul, qui firent de la maison du Blamont l'objet de leurs soins religieux les plus dévoués.

Le Blamont fut très vite une source de grandes consolations pour la Mère générale. Les pénitentes arrivèrent en grand nombre après l'ouverture de la maison. Tous les Ordres religieux qui étaient en Picardie portaient intérêt à cette œuvre de salut.

C'est encore au P. Barthès qu'est due la première idée de la fondation de Lille. M. Wicart, futur évêque de Fréjus et de Laval, alors curé de la paroisse Sainte-Catherine de Lille, avait un grand désir de voir confiée à des religieuses la maison du Refuge, dirigée par deux excellentes demoiselles, dont les forces et la fortune ne suffisaient plus à soutenir une œuvre si considérable. Par l'entremise du P. Barthès, M. Wicart se mit en relation avec la Mère Marie de Sainte-Euphrasie. Mlle Legrand, fondatrice et propriétaire du Refuge, regarda la Mère du Bon-Pasteur comme sa libératrice. La bonne Mère lui dit que les dettes à payer ne l'arrêteraient pas, qu'elle avait confiance dans les habitants de Lille. Mais M. Wicart ne lui avait pas parlé du plus grand obstacle à vaincre selon lui : il fallait l'autorisation de Mgr Belmas, archevêque de Cambrai, et elle était difficile à obtenir. La Mère Sainte-Euphrasie voulut bien prendre pour elle cette délicate mission. Elle se munit d'une lettre de Mlle Legrand, qui demandait à Monseigneur la permission de céder au Bon-Pasteur son œuvre devenue trop lourde pour ses épaules. Confiante dans le secours de Dieu, elle partit pour Cambrai et se présenta à l'évêché. L'accueil fut très froid et d'un mauvais augure. Pendant que l'évêque lisait la lettre de Mlle Legrand, la pieuse Mère Sainte-Euphrasie élevait son cœur à Dieu et le priait avec ardeur. La lettre lue, l'évêque la remit à la Mère sans aucune réflexion. Puis après un moment de silence.

— Mais je serais très content de vous avoir dans mon diocèse.

La mère le remercia.

— C'est moi que vous obligez, reprit Mgr Belmas : vous venez m'aider à sauver des âmes que Dieu m'a confiées. Non seulement j'accepte, mais je vous prie de vous installer le plus tôt possible dans la maison que vous devez occuper.

Mlle Legrand, malgré ses soixante-et-onze ans, sollicita la faveur d'entrer au Bon-Pasteur comme novice. La Mère Marie de Sainte-Euphrasie la reçut avec bonté ; elle abrégea son noviciat qu'elle lui laissa faire à Lille, et la nomma assistante de la Supérieure aussitôt qu'elle eut prononcé ses vœux. Les habitants de Lille applaudirent à la délicatesse de la Mère Sainte-Euphrasie.

C'était un spectacle charmant que la religion seule peut offrir : Une jeune religieuse presque inexpérimentée dans la vie, arrivant à Lille avec l'autorité que lui déléguait la Mère Sainte-Euphrasie, et recevant sous sa direction une personne âgée, expérimentée, directrice d'œuvre. Sous son habit religieux, Mlle Legrand avait le charme de la jeune novice, simple, soumise, toujours prévenante et désireuse de se reposer dans l'obéissance. A sa manière de parler à sa jeune Supérieure et de se tenir devant elle, on voyait que son esprit allait jusqu'où va la foi, considérant en elle Dieu qui commande et qui dirige pour le plus grand bien de l'âme obéissante.

Un évêque de grande piété, Mgr de Bonald, évêque du Puy, sollicitait de son côté une fondation pour sa ville épiscopale. La Mère Sainte-Euphrasie, bien que les nombreuses professions de chaque année eussent peine à suffire aux fondations nouvelles, ne put se résoudre à refuser. Elle s'y sentait particulièrement attirée.

Mais une cruelle épreuve vint fondre sur elle au milieu de ses préoccupations pour cette fondation. La maladie s'abattit sur le Bon-Pasteur ; en quelques jours, vingt-huit religieuses entrèrent à l'infirmerie et trois sœurs converses succombèrent. Dès le début de la maladie, la bonne Mère demeurait pendant de longues heures dans l'infirmerie, au milieu de ses malades, pour les consoler et les encourager.

Un matin, elle communiqua à ses filles une pensée que Dieu lui avait suggérée : n'étaient-elles point si douloureusement affligées, à cause du retard qu'elles apportaient à la fondation de la maison du Puy ? Ne pouvant plus résister à cette pensée, elle alla trouver les sœurs qu'elle destinait à cette maison et leur dit :

— Mes enfants, il faut partir, il faut faire votre sacrifice ; le mal ne s'arrêtera que lorsque vous serez parties.

Les préparatifs faits à la hâte, la colonie se mit en route, malgré les rigueurs de l'hiver. Le sacrifice, offert généreusement, mit fin à l'épreuve de la Communauté ! Le 21 janvier la Mère Sainte-Euphrasie écrivait que la maladie avait cessé de faire des victimes.

Mgr de Bonald fut d'une charité touchante pour les sœurs. Il leur trouva de nobles bienfaiteurs (1). Il institua une association de charité en leur faveur : les prêtres de sa maison ne l'avaient jamais vu dépenser tant de zèle pour une autre œuvre.

Un point plaisait particulièrement aux filles de la Mère Sainte-Euphrasie : Mgr de Bonald tenait beaucoup à ce qu'elles eussent au Puy tous les moyens de remplir les moindres prescriptions de leurs règles, soit pour la clôture, soit pour les confessions, soit pour leurs exercices de piété ; persuadé qu'il était que le meilleur moyen pour des religieuses d'attirer les bénédictions de Dieu, c'est de demeurer dans le premier esprit de leur fondation, et d'observer scrupuleusement leurs règles. Il leur disait et leur faisait dire souvent d'agir toujours et en tout selon l'esprit de leur Mère générale.

Ainsi, voyant le nombre des pénitentes qui se présentaient, trop grand pour le peu de ressources dont elles dis-

____

(1) Mlle de la Roche-Négly, et M. le Vte Charles-Amable de la Roche-Négly, de Mende.

posaient, Monseigneur leur demanda ce que marquaient leurs règles pour les admissions et ce que faisait leur Mère générale dans ces circonstances. — Elles lui dirent que la Mère Sainte-Euphrasie ne savait pas refuser la porte du Bon-Pasteur aux pénitentes vraiment repentantes, même lorsque ses ressources étaient tout à fait insuffisantes. — Mgr de Bonald admit volontiers cette réponse : il voulait que la Mère Sainte-Euphrasie fût l'âme de sa petite colonie du Puy, comme elle l'était de son grand monastère d'Angers.

Le 11 mai 1837, la Mère Sainte-Euphasie fut réélue Supérieure par ses sœurs pour la seconde fois, sous la présidence de Mgr Montault, qui leur adressa ces paroles :

— Que les grâces qui vous ont été données se répandent de nouveau sur vous, et avec plus d'abondance encore, se proportionnant aux besoins de votre charge, qui s'accroissent chaque jour.

Puis il ajouta :

— Cette maison, qui s'est fondée et qui grandit si miraculeusement, est la gloire de mon épiscopat ; les œuvres de charité qui s'y font seront éternelles.

Immédiatement après sa réélection, la Mère Sainte-Euphrasie d'accord avec son Conseil, décidait les fondations de Strasbourg, de Sens et de Reims qui étaient demandées.

Mgr de Trevern, évêque de Strasbourg, avait écrit au mois de novembre 1836 à la Mère Supérieure, pour obtenir un couvent de ses religieuses. Dès le mois de mai 1837 elle envoyait une première colonie de ses filles, qui, reçues d'abord chez les Dames de la Providence, s'établirent peu après dans la maison qu'on avait achetée pour elles (1). Quelques hérétiques, imbus de préjugés et d'ignorance, se demandaient si elles étaient des femmes comme

____

(1 Les principaux bienfaiteurs furent M. Mertian, Mᵐᵉ Schuster, M. Libermann, vicaire général ; le R. P. Trappiste Marie-Joseph, baron de Géramb).

d'autres ou des anges descendus du ciel. Les protestants le disputaient de générosité avec les catholiques pour fournir leur maison de mobilier, et leur apporter de quoi nourrir leurs pénitentes.

Mais un grand obstacle à leur zèle, c'était la différence de langue. Presque toutes les pénitentes sorties du peuple ne parlaient pas français. Alors la Mère Sainte-Euphrasie autorisa ses sœurs à donner l'habit religieux à une postulante du pays qui leur apprit l'allemand. Elle avait une grande joie à apprendre la conversion d'une protestante : il lui semblait que son troupeau en gagnait une valeur inappréciable aux yeux du Pasteur divin.

Pendant que ses filles s'établissaient à Strasbourg où leur œuvre devait toujours prospérer, la Mère Sainte-Euphrasie était en correspondance avec Mgr de Cosnac, archevêque de Sens, pour la fondation d'un couvent dans cette ville. Son zèle la pressait d'accepter les propositions de l'archevêque, mais la prudence la retenait parce que la maison-mère, chargée déjà de nombreuses obligations, pouvait difficilement acheter et payer une nouvelle maison. La Mère Sainte-Euphrasie s'abandonna alors à ces mouvements de piété qui lui étaient habituels dans les grandes circonstances, quand son âme était aux prises avec des difficultés. Un soir qu'elle se promenait sous les arbres de l'enclos, elle quitte soudain la récréation, entre dans la chapelle de l'Immaculée-Conception, et se jette aux pieds de la sainte Vierge pour lui confier son embarras et ses doutes. Quand elle en sort, elle dit à ses filles avec une grande simplicité, pleine de foi,

— J'ai entendu la sainte Vierge me répéter intérieurement : je me plairai à Sens dans le cœur de tes filles.

La Mère générale n'hésite plus. Elle écrit à Mgr de Cosnac, que sous peu ses filles se rendront près de lui, pour commencer leur œuvre, avec l'assistance de ses prières et de ses conseils.

Les sœurs trouvèrent à Sens une petite maison, sans mobilier : le premier ornement fut un tableau de la sainte

Vierge. Le portier de la maison vint, dès le lendemain de leur arrivée, leur offrir le portrait d'une dame, disait-il, qu'il avait trouvé dans le grenier et qu'il allait employer à une réparation de tapisserie. Les sœurs lui dirent que c'était l'image de la sainte Vierge. Il n'en avait jamais entendu parler, leur répondit-il. Les sœurs après lui avoir fait une petite leçon de catéchisme sur la sainte Vierge, placèrent pieusement le tableau dans la chapelle, et regardèrent comme un bon augure cet événement.

Mais les difficultés ne tardèrent pas à s'élever : Mgr de Cosnac ne voulut les charger que d'un pensionnat. Sans doute le Bon-Pasteur ne refusait pas d'établir là où il en était besoin, de ces sortes de maisons d'éducation. En plus d'une grande ville de France ou d'ailleurs les filles de la Mère Pelletier ont fondé des pensionnats très brillants, où la classe la plus aisée de la société trouve pour ses filles, avec l'éducation religieuse, l'instruction la plus accomplie : mais les pensionnats ne sont qu'un but secondaire pour le Bon-Pasteur. Le but principal est la conversion des âmes. Aussi la Mère Pelletier ne pouvait admettre qu'à Sens ses filles commençassent tout d'abord cette œuvre d'un pensionnat. Ne reculant devant aucune fatigue quand il s'agissait du bien de son Ordre, elle se mit en route, au mois de juillet, pour aller aplanir les difficultés.

Mgr de Cosnac était un homme de Dieu, incapable de résister aux desseins tout surnaturels de la Mère Sainte-Euphrasie. Il permit à la Mère générale de réaliser à Sens comme dans les autres fondations le bel idéal de son Institut. L'archevêque conçut bientôt une grande estime pour la Supérieure de la maison de Sens, Sœur Marie de Saint-Philippe, qui avait un zèle peu commun.

En 1838, comme on parlait de célébrer à la Fête-Dieu les processions du Saint-Sacrement, qui avaient été interrompues depuis 1793, Sa Grandeur, craignant une émeute, n'osait pas reprendre la tradition rompue depuis si longtemps. Sœur Saint-Philippe, qui connaissait, par ses rela-

8

tions avec les pénitentes, avec les enfants du peuple et leurs parents, les sentiments des ouvriers, rassura Mgr de Cosnac. La procession eut lieu. Elle se dirigea même jusqu'à la maison du Bon-Pastenr, où les religieuses avaient préparé un beau reposoir. Monseigneur remercia Sœur Saint-Philippe, et lui dit que jamais il n'avait éprouvé une si grande consolation depuis qu'il était archevêque.

Quelques années plus tard, les religieuses du Bon-Pasteur quittèrent leur première maison devenue trop petite, pour s'établir à Saint-Pierre-le-Vif, et rendre au culte l'église de Saint-Savinien, construite sur le lieu du martyre du grand apôtre du pays senonais.

Dès les premiers mois de 1837, l'infatigable Supérieure générale était en correspondance avec M. Gros, vicaire général de Reims, qui, au nom de Son Eminence le cardinal de Latil, sollicitait une fondation pour la ville de saint Remy. Enfin au mois de juin, elle envoya l'avant-garde de la colonie rémoise de ses filles qui fut reçue par M. Gros et par Mgr de Coussi, coadjuteur de Mgr de Latil, lequel était alors à Rome. Mgr de Coussi les remercia, leur adressa les paroles les plus encourageantes, leur montrant que les sœurs du Bon Pasteur pouvaient moins que toutes autres être abandonnées par la Providence, elles qui recueillent les pauvres âmes abandonnées pour les donner à Dieu.

Logées tout d'abord chez les religieuses de la congrégation de Notre-Dame, elles furent conduites quelque temps plus tard par M. Gros dans la maison qu'il leur avait achetée. Ce pieux vicaire général était leur Providence. Bientôt il devint leur défenseur contre les agissements des autorités civiles qui voyaient avec déplaisir cette fondation. Mais les filles de la servante de Dieu avaient appris de leur mère à ne s'étonner d'aucune opposition et à lutter pour le bien quand il le fallait. Leur moyen de défense, suggéré par leur mère fondatrice, fut de former le plus vite possible leur bercail de pénitentes et de préservées. Ce moyen était celui du Bon-Pasteur. Au bout de peu de temps, elles eurent trop de monde pour leur petite maison, et elles durent en acquérir une autre plus spacieuse, avec des cours et des jardins.

Les succès de ses fondations remplissaient de joie la Mère Sainte-Euphrasie. Elle écrivait le 2 juillet 1837 : « A « présent que nous avons douze grands enfants établis en « France, chaque jour à peu près nous recevons des nou- « velles de la famille. Le divin Pasteur visite nos tribus ; « les unes ont des croix, les autres des grâces ; toutes « nous sont chères en Dieu et nous excitent à le bénir. « Dans ce moment les maisons du Nord marchent le plus « fort ; le Seigneur se plaît à les combler de biens. Soyons « donc bien fidèles, mes filles très chères ! »

La Mère Pelletier pensait que la plus grande marque de reconnaissance d'une fondation envers la Maison-Mère, était de lui envoyer de nombreuses postulantes. Elle a mille façons charmantes d'en demander à ses filles. Elle les stimule les unes par les autres. Lille est toujours au premier rang pour les vocations. La Mère Marie des Anges sait trouver des vocations solides chez les Lilloises. La Mère Sainte-Euphrasie la cite en exemple à la Supérieure de Reims. Elle veut des Champenoises dans son couvent ; elle a confiance dans la solidité de leur esprit.

La Mère Sainte-Euphrasie avec sa confiance inaltérable dans la Providence ne se laissait jamais aller au découragement : aussi prêchait-elle à ses filles la patience, la persévérance, surtout au début des fondations. C'est pourquoi elle ne pouvait admettre qu'une de ses colonies reculât devant les fatigues ou les difficultés. C'est pour cela qu'elle souffrit tant, en voyant la fondation de Bordeaux tomber au bout de quelques mois.

En 1837, M. Dupuch, le futur évêque d'Alger, alors chanoine de Bordeaux, était venu au Bon-Pasteur d'Angers. Ayant appris que cette Communauté avait une dévotion particulière à sainte Philomène, à qui il était lui-même redevable de grâces considérables, il regarda cette circonstance comme une indication de la Providence, pour l'Ordre qu'il devait mettre à la tête d'une maison de refuge projetée par lui depuis longtemps. Il s'ouvrit de ses desseins et de ses réflexions à la Mère Sainte-Euphrasie, qui entra pleinement dans ses vues et lui accorda un groupe de religieuses. Mais au bout de quelques mois des difficultés se présentèrent. La Mère générale écrivait lettre sur lettre pour prêcher la patience et le courage. Elle concevait une peine extrême à la pensée que ses filles pourraient quitter le champ qu'elles avaient commencé à défricher. Mais les difficultés étaient de telle sorte que malgré les répugnances de son cœur elle dut rappeler ses filles : elles ne pouvaient, dans les conditions qui leur étaient faites, suivre leurs règles et atteindre le but de leurs constitutions. Cependant la Mère Sainte-Euphrasie garda pour elle et pour son œuvre l'estime de M. Dupuch, qui, devenu évêque d'Alger, lui demanda une colonie de religieuses du Bon-Pasteur pour les brebis abandonnées de son troupeau.

Le P. Barthès travaillait toujours en faveur du Bon-Pasteur d'Angers. Il amena certains catholiques d'Arles, et en particulier M. le marquis de Mandon, à demander une fondation pour une ville de Provence. La Mère Sainte-Euphrasie, bien qu'elle se préparât à fonder une maison à Rome, ne put résister aux pieuses exhortations du P. Barthès.

Au moment où elle allait envoyer à Arles les deux premières sœurs, la Mère Sainte-Euphrasie reçut une lettre la priant de regarder la demande comme nulle, à cause de la mort de M. le Marquis de Mandon. Mais comme elle était accoutumée à compter sur l'appui de Dieu beaucoup plus que sur le secours des hommes, puisqu'elle avait pris sa décision pour le bien des âmes, elle ne changea rien à ses desseins. Les sœurs partirent.

A Arles, point de maison ; quelques personnes leur disent qu'elles n'obtiendront ni ressources, ni pénitentes et les engagent à aller plutôt s'établir à Avignon ou à Aix. Mais la sœur Marie de Saint-Joseph, choisie par la Mère Sainte-

Euphrasie pour cette fondation, avait un courage modelé sur celui de sa Mère. Le découragement n'avait point prise sur son âme : Elle resta à Arles. Plusieurs fois la semaine elle écrivait à sa Supérieure pour lui exposer toutes ses difficultés et lui demander conseil. Les religieuses se présentent à l'archevêque qui les encourage. Peu à peu leur cause gagne le cœur des prêtres d'Arles et de la noblesse de la province. Mme de Mandon et plusieurs autres nobles personnes rivalisent de zèle avec le clergé paroissial pour les établir. Le P. Barthès ne se montre pas moins dévoué.

Ces bonnes sœurs se font à Arles, disent-elles, une image de la patrie absente, c'est-à-dire de leur maison d'Angers. Leur joie est grande quand, au bout de quelques mois, elles annoncent qu'elles ont quarante personnes dans leur Bon-Pasteur du Midi.

Les Arlésiens s'étonnèrent d'abord de voir dans ces femmes tant d'activité et d'entrain. Ils avaient peine à comprendre comment quelques religieuses, venues sans ressources et sans appui du côté du monde, avaient pu faire tant de choses en si peu de temps, tourner en leur faveur les esprits, faire venir les aumônes, organiser un couvent et le remplir d'un peuple si difficile à gouverner. Aussi concevaient-ils une admiration extraordinaire pour la fondatrice de l'Ordre angevin.

Le P. Barthès donnait dans une lettre l'explication du succès entraînant des filles de la Mère Sainte-Euphrasie : « Si vous avez toujours des sœurs soumises, pieuses et joyeuses comme celles que j'ai vues à Angers, vous gagnerez le Midi. »

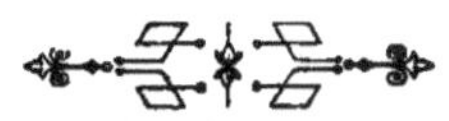

CHAPITRE X

A ROME (1838-1839).

L'annonce du voyage.— Un Bon-Pasteur à Rome. — Le voyage.— Les étapes de Saumur. — Bourges.— Le Puy.— Lyon.— Arles. Occupations pendant la route. — Marseille. — Civita-Vecchia.— Arrivée à Rome. — Chez le cardinal Odescalchi. — Audience du Pape. — Visite de Rome. — Retour. — Les reliques de sainte Acapès. — Le cardinal Odescalchi, jésuite. — La Scalette.

Le 26 mars 1838, la Mère Sainte-Euphrasie écrivait à la Supérieure de Sens : « Hélas ! non, je ne pourrai être à
« Sens pour la belle cérémonie du Bon-Pasteur. — Pour-
« quoi, ma Mère? me direz-vous. — Eh bien ! ma fille, je
« vais vous parler cœur à cœur : malgré mon indignité, ma
« bassesse, le Seigneur veut se servir du plus vil instru-
« ment pour accomplir ses adorables desseins. Nous som-
« mes toutes saisies d'admiration et d'amour. La grande
« nouvelle est arrivée : *Rome!* Tout est consommé; et je
« suis appelée pour un mois dans la Ville sainte afin d'y
« traiter les affaires de notre saint Ordre.

« L'excellente Mme d'Andigné nous y conduit, malgré son
« grand âge. Oh ! quel acte héroïque de dévouement ! quelle
« amie !

« ... Mes consolations en Dieu sont immenses, et d'au-
« tant plus solides qu'elles ont été précédées de fortes croix.
« Le divin Pasteur a séché nos larmes : Qu'Il en soit
« béni ! »

Depuis l'érection du Généralat, la Mère Marie de Sainte-Euphrasie n'avait pas de plus grand désir que d'établir une de ses maisons à Rome, près du protecteur de l'Institut, sous les yeux mêmes du Pape. Il lui semblait que par là elle témoignerait davantage son attachement à Rome et participerait plus spécialement aux bénédictions des saints martyrs de la capitale du monde chrétien. Les amis du Bon-Pasteur favorisaient ces désirs. Mgr Flaget, l'illustre et saint missionnaire de l'Amérique, admirateur du Bon-Pasteur, s'était fait à Rome le défenseur et l'apologiste de sa fondatrice. Avant d'appeler ses filles en Amérique il avait entretenu le Pape des services que rendrait son Institut ; il avait fait au cardinal vicaire les premières ouvertures pour la fondation à Rome d'une maison de cet Ordre. Le P. Vaures, le P. Kolman, le P. Rozaven de la Compagnie de Jésus, le cardinal Odescalchi plaidaient la même cause. Grégoire XVI laissa enfin à Son Eminence plein pouvoir pour faire venir et pour installer à Rome les religieuses du Bon-Pasteur, et le cardinal se hâta d'annoncer à la bonne Supérieure que ses filles pouvaient se mettre en route au mois de mai 1838, qu'elles trouveraient des logements disposés pour elles et pour les pénitentes ; que, du reste, il serait là pour leur procurer tout ce qu'elles jugeraient utile au plus grand bien de leur œuvre.

C'était la plus agréable nouvelle que pût recevoir la Supérieure générale. Elle multiplia ses instructions pour former ses sujets, leur faisant goûter non seulement les règles, mais l'esprit dans lequel elles devaient les suivre et les maintenir dans toute leur pureté ; elle fit copier l'explication de ces règles ; elle appliqua plus soigneusement encore à l'étude de l'italien les religieuses désignées pour Rome ; en un mot, afin de témoigner à Dieu sa reconnaissance pour cette fondation, qu'elle regardait comme une grande faveur, elle inspira à toutes les professes et à toutes les novices, au nombre de cent trente, un nouvel élan de de ferveur et de régularité. Du succès de la fondation de Rome pouvait dépendre, disait-elle, l'honneur de la Congrégation qui allait faire ainsi son œuvre de salut sous le regard du Pape et du cardinal protecteur.

La Mère générale avait tenu un Chapitre plus solennel

que de coutume pour nommer les religieuses de Rome.
Deux ans auparavant, une jeune veuve, fille d'un maire
d'Angers, Mme de Couëspel, que l'admiration pour la Mère
Sainte-Euphrasie avait faite d'abord bienfaitrice du Monastère, était entrée sur les conseils de Mgr Flaget, comme
novice au Bon-Pasteur. Elle avait vendu son hôtel et ses
biens pour en donner l'argent à la Communauté ; elle avait
fait plus, elle s'était donnée elle-même avec un esprit
d'entier détachement, de soumission et d'humilité parfaite.
C'était cette âme d'élite que la Mère Sainte-Euphrasie destinait à la fondation de Rome.

Le mardi de Pâques, 18 avril 1838, la Supérieure générale se mit en route, accompagnée de cinq religieuses et
de Mme d'Andigné qui voulait encore payer tous les frais
du voyage. Elle partit de grand matin, pour éviter l'émotion des adieux, qui auraient été d'autant plus émouvants
qu'elle laissait plusieurs de ses filles malades.

La première journée du voyage fut bien dure et bien
pénible pour la bonne Mère. Elle fut prise de si violents
maux d'estomac, que ses filles furent obligées de la faire
descendre chez M. le Curé de Saint-Clément des Levées, à
trois lieues de Saumur. Elle paraissait si malade, que ses
compagnes de voyage en furent effrayées. Animées de
l'esprit de foi de leur Mère, ses filles promirent à la sainte-
Vierge de réciter pendant trois ans l'office de l'Immaculée-
Conception, si elle venait à leur secours et leur permettait
de continuer leur route jusqu'à la ville sainte. Leur promesse était à peine faite, qu'elles étaient exaucées, et la
Mère se trouvait mieux. Elle put continuer son voyage. Le
soir, elle se rendit au couvent de Saint-Florent de Saumur,
où elle passa la nuit. Le lendemain elle gagna Tours, où elle
logea chez son ancienne maîtresse de pension et amie,
Mme de Lignac, à qui elle raconta les développements merveilleux du Bon-Pasteur depuis sa fondation. Les deux
pieuses amies s'unirent pour louer et remercier Dieu du
bien qu'Il opérait par leurs mains.

La Mère Pelletier se dirigea sur Bourges pour faire visite à Mgr de Villèle, à qui elle promit des religieuses, pour une fondation qu'il désirait établir dans sa ville épiscopale.

Au Puy, elle descendit dans la maison de ses filles, où elle fut heureuse de trouver soixante-quinze pénitentes sous leur direction. Elle y resta cinq jours. Elle avait été précédée d'une réputation de grande bienfaitrice des pauvres. Quand le peuple savait sa présence dans une église ou son passage dans les rues, il se pressait en foule pour voir *la Sainte qui faisait tant de bien partout.*

Du Puy, la Mère Sainte-Euphrasie alla à Clermont, pour visiter la maison qu'elle y avait fondée quatre mois auparavant, mais qui ne devait durer que deux ans, à cause des difficultés extérieures, indépendantes du Bon-Pasteur.

A six lieues de Clermont, dans la petite ville de Billom se trouvait alors le pieux évêque missionnaire, Mgr Flaget, revenu au pays natal pour refaire sa santé dans l'air pur des montagnes. La Mère Sainte-Euphrasie ne pouvait passer si près de sa retraite sans aller chercher les pieux et fortifiants conseils de cet homme de Dieu, dont la grande expérience dans l'apostolat donnait à tout ce qu'il disait une force toute particulière.

A Lyon, la Mère logea à la montée de Fourvières, chez Mlle Jaricot, la vertueuse fondatrice du Rosaire vivant et de la Propagation de la Foi. De Lyon, elle envoya deux de ses religieuses à Bourg, pour juger s'il était possible de profiter des offres que lui faisaient des dames pieuses pour la fondation d'un couvent dans la Bresse. Ces deux religieuses, ayant manqué la voiture de Bourg, furent obligées de s'arrêter deux jours à Mâcon, chez les sœurs de l'hospice. Ce contre-temps leur sembla providentiel : les bonnes sœurs de l'hospice, ayant connu le but de l'Institut du Bon-Pasteur, allèrent chercher des dames charitables, qui avaient dessein de fonder une maison de pénitentes. Les deux filles de la Mère Sainte-Euphrasie donnèrent à ces dames tous les renseignements voulus. La maison de Bourg fut fondée dès 1838 ; celle de Mâcon en 1839.

De Lyon, la Supérieure générale se rendit à Arles, où elle trouva ses filles installées dans une maison à loyer, petite, sans cour ni jardin, obligées pour se récréer et respirer l'air pur, de monter sur une terrasse. C'est là qu'elle reçut une lettre de M. de Neuville lui dépeignant l'air de tristesse du Bon-Pasteur d'Angers, depuis que la Mère n'était plus au milieu de sa famille, animant tout le monde de son entrain spirituel. Mais cependant il se réjouit, lui aussi, à la pensée qu'elle va introduire dans Rome, un Ordre nouveau, un Ordre destiné par Dieu aux besoins de la société moderne. « Les anges vous regardent « et vous applaudissent, lui écrit-il. Les âmes bienheu- « reuses, celles surtout qui vous doivent leur bonheur, « Oh ! comme elles sont attentives ! Oui, Madame, vous « marchez entourée de témoins invisibles qui comptent « vos pas et qui tressaillent d'allégresse. »

Le voyage de la Mère de couvents en couvents devenait en réalité une longue suite d'affaires se référant au Bon-Pasteur : elle ne cessait pas de s'occuper des pauvres péni-tentes et de leur salut. « Que nos sœurs d'Arles sont ad-mirables ! écrivait-elle à Angers ; je ne sais comment elles ont pu exister dans ce tombeau. » Elle traita avec Mme de Mandon l'acquisition de son hôtel, où les religieuses s'éta-blirent le 4 juillet suivant. Ainsi s'accomplissait la pre-mière moitié de ce que disait le P. Barthès à Mme de Mandon, alors que tout souriait à sa jeunesse.

« — Un jour, votre hôtel sera un monastère, et vous, vous serez religieuse (1). »

Quelques jours plus tard, de Grenoble, la Mère écrivait à ses filles d'Angers : « J'ai trouvé ici Avila dont parle « sainte Thérèse. Que nos sœurs sont vertueuses ! Quelle

____

(1) La marquise de Mandon devint Supérieure des Dames du Sacré-Cœur de Montpellier.

« régularité ! Quelle union ! La rosée du ciel tombe abon-
« damment sur ce monastère parce que les enfants conso-
« lent leur Mère. »

La Mère Sainte-Euphrasie, depuis son départ d'Angers,
avait éprouvé tout le long de son chemin, dans les couvents et chez les personnes pieuses, combien l'hospitalité
chrétienne est douce. La servante de Dieu avait formé ses
filles à cette vertu de l'hospitalité. Dans ses entretiens elle
leur avait souvent recommandé cette charité ; elle goûtait
elle-même les fruits de ses pieuses instructions. Le 1ᵉʳ juin,
à six heures du soir, nos voyageuses s'embarquaient à
Marseille pour l'Italie, sur un paquebot à vapeur qui faisait le service du Levant et où étaient des Grecs, des
Turcs, des Egyptiens. Bien que le ciel fût pur, la Méditerranée calme, la Mère Sainte-Euphrasie et Mᵐᵉ d'Andigné
furent très souffrantes du mal de mer. Mais la servante de
Dieu, très courageuse, rassurait ses filles empressées autour
d'elle, et leur répétait :

— Mes chères filles, le bonheur d'aller à Rome près du
tombeau des saints Apôtres, près du Souverain Pontife,
mérite bien le peu que nous souffrons.

La veille de la Pentecôte, le paquebot fit escale à Livourne, où les religieuses assistèrent à la sainte messe.

Arrivées à Civita-Vecchia, nos voyageuses furent déçues
dans leur attente. Le R. P. Vaures, leur avait annoncé qu'il
espérait aller à leur rencontre jusqu'à ce port et leur servir
de guide. Il n'était pas là. Elles eurent beaucoup de peine
à trouver des voitures pour faire les dix-huit lieues de
Civita à Rome : on leur demandait des prix exagérés.
Enfin, elles en trouvèrent une, et partirent à onze heures
du matin.

Quand la Mère Sainte-Euphrasie sut qu'elle approchait
de Rome, elle pria avec ferveur ; elle descendit de voiture
et baisa avec respect ce sol arrosé par le sang de tant de
martyrs. Il était dix heures du soir, quand, le 4 juin, lundi
de la Pentecôte, nos religieuses, toutes à pied par respect,

arrivèrent à la ville sainte. On allait fermer les portes. Les soldats de garde, en voyant arriver si tard des religieuses les prirent pour des espions et commencèrent à leur dire des injures. La Mère Sainte-Euphrasie, pour les calmer et leur montrer qu'elles n'étaient pas ce qu'ils pensaient, leur présenta un passeport. Ils ne furent pas convaincus, et, malgré les réclamations de la Mère, ils firent monter dans la voiture quelques-uns d'entre eux.

Après la douane, nos religieuses éprouvèrent d'autres contrariétés. Ayant demandé l'adresse d'un couvent où elles pussent passer la nuit, on leur indiqua celui de Sainte-Marthe. Elles y allèrent. Mais la femme qui vint leur ouvrir, ne les comprenant pas, referma vite la porte sans les recevoir. Où aller ? Le voiturier, fatigué de les promener ainsi la nuit dans les rues en allant de porte en porte, s'arrêta sur la place du Gesù, fit descendre les voyageuses, remonta sur son siège et disparut. Il était minuit. La Mère Sainte-Euphrasie demanda à un passant attardé où demeuraient les Pères Jésuites. Quand on lui eut indiqué leur maison, elle envoya deux de ses religieuses frapper à la porte.

Après un quart d'heure d'attente, le frère portier ouvrit le guichet ; et, sur ce que lui dirent les religieuses, il alla avertir le P. Rozaven, qui vint recevoir nos voyageuses et leur indiqua un hôtel tenu à la française, où elles se reposèrent de leurs fatigues.

Le P. Vaures, averti de l'arrivée de la Mère Sainte-Euphrasie et de ses compagnes, vint le lendemain, leur présenter ses excuses pour les embarras qu'elles avaient éprouvés aux portes de Rome. Il alla prévenir le cardinal Odescalchi, qui fit mettre à leur disposition deux de ses carrosses avec ses domestiques en grande livrée pour aller à onze heures à Saint-Pierre recevoir la bénédiction du Pape. Quand Grégoire XVI passa près d'elles, le P. Vaures lui dit quelles étaient ces religieuses ; il lui montra la

Mère Marie de Sainte-Euphrasie, en lui rappelant son nom. Le pape étendit la main pour les bénir.

L'entrée dans la basilique de Saint-Pierre, d'une beauté si parfaite et si grandiose, la vue du représentant de Jésus-Christ émurent vivement la Mère Pelletier et ses compagnes.

Après leur visite à Saint-Pierre, elles furent conduites chez le cardinal Odescalchi par le R. P. Vaures, qui leur servait d'interprète. Le cardinal les reçut dans son cabinet de travail avec cette exquise courtoisie de grand seigneur et cette douce affabilité de saint religieux qui le distinguaient. Il eut pour elles les paroles les plus encourageantes. Après leur avoir présenté des excuses pour la façon dont elles avaient été accueillies aux portes de Rome, il leur dit qu'elles étaient envoyées de Dieu pour soulager sa conscience et l'aider à remplir son ministère. Il leur expliqua qu'étant juge des pénitentes que lui amenaient des pères et des mères de famille, il était tourmenté à la pensée que les maisons où il les envoyait, étaient souvent dangereuses pour leur âme.

— Quand vous m'avez choisi pour votre protecteur, disait le cardinal, vous ne saviez pas que j'étais grand juge des pénitentes. Il est défendu ici à une jeune fille, et plus encore à une femme mariée, de fréquenter des maisons suspectes ; si elles y sont vues, un père, un mari a le droit de me les amener, et je les condamne pour un temps de détention plus ou moins long. Vous concevez quelle peine j'éprouvais en les envoyant dans des maisons presque moins sûres que celles qu'elles quittaient. Maintenant que je vais avoir nos filles du Bon-Pasteur, je n'aurai plus ces inquiétudes : c'est pour mon âme un extrême soulagement.

Le cardinal entretint aussi la Mère Marie de Sainte-Euphrasie de ses premières lettres et lui montra comment Dieu avait tout conduit dans l'affaire du généralat.

— Car, dit-il, pourquoi vous êtes-vous adressée à moi sans savoir que j'étais juge des pénitentes ? Pourquoi le

Saint-Père m'a-t-il chargé de toutes vos affaires ? pourquoi
m'a-t-il nommé, sans que je m'en doute, votre protecteur ?
pourquoi votre pieux évêque a-t-il vu cette nomination
avec plaisir ? Mille circonstances semblables ont prouvé que
c'était la volonté de Dieu, et que cette œuvre du généralat
était la sienne. A la fin de l'audience le bon cardinal disait
encore à la Mère Sainte-Euphrasie qui avait peine à maîtriser son émotion : — Oh ! oui, je sens par l'affection que
je vous porte, que je suis votre père ; et il est bien temps
que je remplisse près de vous les obligations de protecteur
si intimement liées à celle de père. Je veux que vous ne
dépendiez que de moi. Nous allons prendre des mesures
pour renvoyer l'administration précédente ; je vais vous
faire remettre les clefs, afin que vous soyez libres dans vos
fonctions et dans l'exercice du grand bien que vous avez à
faire ici. Je vous soutiendrai en tout. Les pénitentes sont
si nombreuses qu'une seule maison ne suffira pas ; plus tard
nous verrons pour d'autres : établissons d'abord bien celle-ci.

Son Eminence voulut bien accorder à la Mère Sainte-
Euphrasie deux audiences par semaine pendant son séjour
à Rome, non pas tant pour la fondation que l'on allait commencer, que pour les affaires de l'Institut. Le cardinal était
bien le protecteur providentiel que la Mère avait tant demandé à Dieu et qu'elle avait vu dans ses prières.

Aussitôt après la première visite au cardinal protecteur,
les religieuses reçurent les curés de Rome, qui les conduisirent du Transtévère à la maison destinée à l'œuvre, *via
Longara*, et appelée monastère de la Scalette. C'était un
ancien couvent de religieuses pénitentes. L'extérieur en
était sévère ; il semblait convenir à une prison. Mais l'intérieur réjouissait la vue et changeait la première impression. Une chapelle avec une tribune, un chœur grillé, une
trentaine de cellules s'ouvrant sur un long corridor, un
vaste réfectoire, un jardin assez grand, des fontaines d'eau
jaillissante, promettaient aux religieuses du Bon-Pasteur

un monastère facile à transformer en asile de prière et de travail.

Mais les douze pénitentes qu'elles y trouvèrent, leur firent présager les difficultés de leur mission. Sous la conduite d'une ancienne pénitente qu'elles ne pouvaient respecter, ces jeunes filles ignorantes, paresseuses, passaient leurs jours à dormir ou à se promener, sans avoir même l'énergie de balayer et de tenir propre la maison. Ce couvent était dans un état de désordre et de malpropreté repoussant. Pour religion elles n'avaient que quelques pratiques de superstitions.

La Mère Sainte-Euphrasie voulut gagner leur confiance par ses procédés habituels : elle les entoura d'attentions délicates ; elle leur fit donner un repas meilleur que de coutume pour fêter l'arrivée des religieuses. Elles goûtèrent fort cette attention. Du reste, elles avaient en général bon cœur. L'une d'elles ayant manqué de respect à une sœur, vint ensuite se jeter à ses pieds pour lui demander pardon.

Peu à peu les religieuses mirent ces pauvres filles à l'ouvrage ; elles leur apprirent par leur exemple à travailler. Aussi, très vite, le désordre et la malpropreté, qui ont je ne sais quelle affinité avec l'empire du démon, disparurent et firent place à la propreté et à l'ordre, qui sont l'ornement des maisons de Dieu.

Quelques jours après son arrivée à Rome, la Mère Marie de Sainte-Euphrasie fut avertie par le P. Vaures que le Pape allait lui donner une audience à elle et à ses filles.

Son cœur battait bien fort en montant le large escalier du Vatican. Arrivée dans l'antichambre du Pape, elle se mit à prier avec ferveur et à repasser le cérémonial des réceptions pontificales. Quand le cardinal Odescalchi, qui les accompagnait, les présenta au Pape.

— Voilà mon Bon-Pasteur, dit Grégoire XVI. Venez, ma Révérende Mère ; venez, mes chères filles.

Alors la Mère Sainte-Euphrasie et ses filles baisèrent

respectueusement le pied du Pape, qui les fit asseoir. Il s'entretint paternellement avec elles du but de leur Institut, des difficultés qu'elles avaient eues ; du grand bien qu'elles avaient déjà fait, de celui plus grand encore qu'elles feraient en multipliant les fondations. Il promit d'être toujours leur protecteur. Il leur assura la direction absolue de leur maison de Rome, sans le contrôle d'administrateurs étrangers. Il les recommanda à la bonté et au dévouement du cardinal Odescalchi, qui jouissait grandement du bienveillant accueil que le Pape faisait à ces religieuses. D'ailleurs leur généreux entrain et leur beau costume blanc plaisait beaucoup au Pape. Ce costume lui rappelait celui des religieuses Camaldules (1). Les explications de la Mère Marie de Sainte-Euphrasie, son air de grande franchise, sa tenue pleine de piété (elle avait tout le temps les mains jointes), touchèrent le Pape, qui dit en souriant au cardinal Odescalchi, à la fin de l'audience :

— Je crois que la bonne Mère m'a réellement pris pour le bon Dieu.

Il est vrai que pendant toute l'audience, elle avait été tellement élevée au-dessus des préoccupations terrestres pour s'entretenir avec le représentant de Jésus-Christ de son œuvre, de sa mission, du bien des âmes qui devait en sortir ; elle avait été tellement ravie de la bonté et de l'aimable simplicité de Grégoire XVI, qu'en descendant l'escalier du Vatican elle disait à ses compagnes :

— Oh ! que je vous trouve heureuses, mes chères filles, de venir demeurer à Rome, près du Souverain Pontife.

La Mère Sainte-Euphrasie voyait clairement que pour les Communautés comme pour l'Eglise universelle, les règles de conduite qui ne peuvent tromper et qui font croître et fleurir les vertus religieuses, ne viennent que de la primauté du Pape. Voilà pourquoi elle était si émue et si heureuse.

(1) On sait que Grégoire XVI était un religieux de l'Ordre des Camaldules.

— En ce jour, disait-elle, notre Congrégation a été placée d'une façon plus intime dans le sein de l'Eglise catholique.

La Mère Sainte-Euphrasie pendant son séjour à Rome, visita et fit voir à ses compagnes, avant l'établissement de la clôture, les merveilles de la ville éternelle.

Elles assistèrent le 29 juin, fête des saints Apôtres, à l'office pontifical dans la basilique de Saint-Pierre. La Mère Sainte-Euphrasie, fut facilement gagnée par l'enthousiasme devant la majesté et la pompe des cérémonies : le Pape, sur la *sédia*, précédé d'une longue procession de religieux, de prélats, et de cardinaux, portant, les yeux baignés de larmes et le corps penché, l'ostensoir où réside la sainte Hostie, lui parut comme une vision digne de la Jérusalem céleste. A Saint-Jean de Latran, elle colla ses lèvres à la Table sainte sur laquelle fut instituée la divine Eucharistie, elle baisa avec une pieuse émotion la margelle du puits de Jacob, qui a été témoin de l'entretien de Notre-Seigneur avec la pauvre Samaritaine. Elle voulut monter à genoux la *Scala Santa*, qui est tout près de Saint-Jean de Latran, cet escalier du palais de Pilate par lequel Notre-Seigneur est descendu, condamné à mort, après avoir été montré à la populace des Juifs. Elle visita la prison Mamertine où fut renfermé le prince des apôtres. Elle ne manqua pas de faire son pèlerinage à la chambre de saint Ignace et à celle de saint Stanislas Kotska. Ces deux saints, aimables patrons de la jeunesse catholique, attiraient d'autant plus sa piété, que les Pères de la Compagnie de Jésus l'avaient déjà secondée dans l'établissement du Bon-Pasteur, et que de plus en plus, elle comptait sur leur concours pour l'extension et le développement de ses fondations.

Après avoir vénéré les grandes reliques de Rome, la Crèche de Notre-Seigneur à Sainte-Marie-Majeure, le lieu du martyre de saint Pierre dans l'église de Saint-Pierre *(in Montorio)*, le Colisée, les Catacombes, la Mère Sainte-Euphrasie fit visite à quelques Communautés, et particulièrement au Sacré-Cœur de la Trinité-des-Monts. Sur les instances de la Supérieure elle parla aux élèves, elle leur raconta des traits de conversion si touchants qu'elle charma toutes les pensionnaires.

Elle voulut aller aussi avec le P. Vaures et quelques-unes de ses filles, visiter la prison Saint-Michel, où plus de deux cents détenues excitèrent au plus haut point sa pitié. Ces pauvres filles prenaient le chapelet des religieuses, les suppliaient de rester près d'elles.

— Qu'on nous donne des mères blanches, qui nous aiment et qui nous rendent heureuses, disaient-elles.

Quelques mois après cette visite, le Pape décida qu'on fonderait une seconde maison du Bon-Pasteur pour recevoir les détenues désireuses de se convertir.

La Mère Sainte-Euphrasie eut la consolation, avant de partir, de voir à la Scalette l'heureux changement que sa présence et ses soins avaient opéré chez les enfants. Celles-ci s'adoucirent sous l'influence morale de ses conseils ; au contact de ses filles si dévouées, si affectueuses, l'ordre se rétablit peu à peu ; l'esprit de Dieu, qui est l'esprit de paix, commença à régner dans la maison.

La Mère était contente. Cependant son cœur se reportait souvent vers Angers, vers le noviciat qui devait fournir des missionnaires à son Institut. Avant de partir pour la France, elle voulut emporter une dernière bénédiction du Pape et pour elle et pour la Maison-Mère. Grégoire XVI la reçut le lendemain du jour où le P. Vaures lui parla de son départ. Il lui promit de nouveau de défendre l'Institut contre ses ennemis et de l'assister dans ses difficultés. Il la pria de ne pas s'alarmer des embarras du monastère de Rome ; la direction générale, confiée aux Curés de la ville, serait bientôt entièrement abandonnée aux religieuses. La Mère Sainte-Euphrasie remercia Sa Sainteté, se jeta à ses pieds, reçut sa bénédiction apostolique et se retira l'âme fortifiée et rendue invincible à toutes les tribulations de l'avenir.

Ses entretiens avec le cardinal Odescalchi, dont la sainteté et les grands projets pour la conversion des pénitentes avaient tant excité son admiration, lui demeurèrent comme une lumière pour tout le reste de sa vie.

La Mère Pelletier quitta Rome, avec Mme d'Andigné, le 4 juillet, et alla s'embarquer à Civita-Vecchia. Quelques jours après, elle revoyait les côtes de France. Le 17, elle arrivait aux portes de son couvent d'Angers, sans avoir annoncé le jour de son retour. Ce fut une explosion de joie dans la Communauté.

— C'est notre Mère. c'est notre Mère !

La Supérieure générale, que M. l'abbé Mainguy accompagnait depuis Paris, se rendit directement à la chapelle pour assister à la sainte messe et remercier Dieu de son voyage, des grâces qu'elle avait obtenues pour son Institut. La chapelle lui offrit de nombreux changements, une tribune, des stalles nouvelles. Ses filles rangées autour d'elle entonnèrent le *Te Deum* à la fin de la messe. Puis on se rendit à la grande salle de Communauté, où l'on chanta des couplets en l'honneur de la Mère générale.

Celle-ci laissant parler ses lèvres de l'abondance de son cœur, raconta à ses filles ce qu'elle avait vu à Rome ; elle leur parla longuement de la bonté du Pape pour le Bon-Pasteur et des consolations qu'elle avait reçues près du tombeau des saints Apôtres.

Le soir même, M. de Neuville lui écrivait : « Qu'il est doux de penser que vous êtes enfin au Bon-Pasteur d'Angers !... Grâces soient rendues à la sainte Vierge, qui vous a protégée et qui vous a rendue à son troupeau ! »

On vit bientôt que le voyage de Rome avait donné à la Mère Pelletier, aux yeux de ses filles, une autorité plus grande encore qu'auparavant. Elle était revenue près d'elles comme une envoyée du Pape et de l'Eglise, ayant mission surnaturelle pour les entretenir et les affermir dans leur vocation. Ses discours devaient être souvent l'écho des saints entretiens qu'elle avait eus avec le cardinal Odescalchi. Aussi ses filles, à partir de cette époque, se firent le devoir très doux de recueillir par écrit ses entretiens sur la vie religieuse et ses recommandations sur les détails du règlement de l'Institut.

Comme souvenir de sa visite, la Mère Pelletier désira posséder un corps saint. Le pape Grégoire XVI lui accorda le corps de sainte Acapès, trouvé dans la catacombe de Saint-Callixte. Son nom était gravé sur le tombeau. A côté, une fiole du sang de la martyre ; sur le marbre blanc ces mots : *Acapes in pace.* « Acapès dans la paix. » Mme d'Andigné voulut se charger de commander une châsse pour le corps saint et d'en payer les frais. C'est le 12 janvier 1839 que Mgr Montault fit conduire le corps saint au Bon-Pasteur. Les religieuses reçurent les reliques solennellement et les déposèrent dans l'église extérieure. Sainte Acapès témoigna sa protection sur la maison du Bon-Pasteur par plusieurs faveurs particulières, accordées après des neuvaines de prières. Deux religieuses obtinrent par son intercession des guérisons regardées comme miraculeuses. Un missionnaire de la République Argentine a raconté plus tard que son père avait été guéri par sainte Acapès. La vierge martyre lui apparut pendant qu'il la priait avec ferveur, et le guérit de douleurs qui lui enlevaient l'usage des membres et de la vue.

Une grande épreuve attendait la Mère Sainte-Euphrasie quelques mois après son retour de Rome. Le cardinal Odescalchi, le protecteur du Bon-Pasteur, entrait, au mois de novembre suivant au noviciat des Pères Jésuites de Vérone. Le cardinal, qui était vicaire de Rome, évêque de Sabine, grand prieur de Malte, après avoir déposé entre les mains de Grégoire XVI tous ses honneurs et tous ses titres, prit l'habit de saint Ignace. De Florence, il écrivit aux religieuses du Bon-Pasteur de Rome une lettre d'adieux, qu'elles s'empressèrent d'envoyer à la Mère générale. La Mère Sainte-Euphrasie, par vénération, suspendit cette lettre au mur de sa cellule, et la garda toute sa vie, comme un enseignement d'édification pour elle-même et un souvenir per-

manent des conseils surnaturels et de la sainteté du premier protecteur de son Institut. Les religieuses de Rome,
en envoyant cette lettre, transmettaient les paroles affectueuses du cardinal pour la *Mère d'Angers*, qu'il aimait à
appeler la *fille bien-aimée de la sainte Eglise,* et selon l'expression de Grégoire XVI, un des plus beaux rubis de la
tiare du Pape. Le cardinal Odescalchi, comme le Pape, trouvait une marque surnaturelle de la mission du Bon-Pasteur
dans la rapidité avec laquelle il s'était fait agréer des Romains. A Rome, où les réputations se font lentement, où
les étrangers ne peuvent qu'après une longue épreuve
s'attirer une entière confiance, le Bon-Pasteur avait tout
d'abord gagné les sympathies de tous les Ordres : des cardinaux, des évêques, des laïques, du peuple et de la
noblesse.

La Mère Thérèse de Jésus et ses sœurs avaient d'ailleurs
opéré des merveilles dans la ville éternelle, à la grande
admiration des Romains. Elles avaient transformé une
prison, à l'aspect repoussant, à la tenue malpropre, aux
habitants indisciplinés et révoltés, en une maison de prière,
à la vue agréable, à la tenue parfaite. La prison de la Scalette était devenue le Bon-Pasteur suivant le principe des
divisions par classes, que la Mère fondatrice préconisait
dans toutes ses maisons pour le bon ordre et pour la mora-
lité. Les religieuses de la Scalette avaient fait deux catégories : l'une, des jeunes filles confiées par leurs parents ;
c'était la classe la plus facile à diriger. La seconde classe,
la plus difficile, se composait de personnes plus âgées, placées là par l'autorité civile. A la vue des merveilles qu'elles
opéraient, le Pape réclama d'autres religieuses pour soulager
les premières, qui, disait-il, se fatiguaient trop avec cet
entrain naturel aux sœurs françaises, les vraies femmes
missionnaires de l'Eglise.

CHAPITRE XI

NOUVELLES FONDATIONS. — MORT DE Mᵍʳ MONTAULT

Chambéry. — Perpignan. — Charité pour une âme. — Nice. — Avignon. — Bourges. — La Belgique. — Mons. — Namur. — La Mère Marie de Sainte-Claire. — A Rome. — La Lauretana. — Derniers jours et mort de Mgr Montault. — Double deuil. — La sœur Marie de Saint-Anselme. — Mgr Paysant. — Belles paroles de M. de Neuville.

A Chambéry vivait une sainte personne, Mˡˡᵉ Laurence Guittaud, qui depuis sa jeunesse se dévouait aux prisonnières et plus spécialement aux jeunes filles abandonnées. Les traits de sa charité étaient légendaires dans toute la Savoie, et le roi de Sardaigne lui-même accordait souvent des grâces aux détenues qu'elle protégeait. Les gendarmes qui conduisaient les prisonnières ou qui les gardaient eurent plus d'une fois à compter avec ses touchantes exhortations en faveur de ses chères protégées. Souvent elle suivait le convoi qui emmenait les prisonnières d'une ville à l'autre, pour leur parler, pour adoucir à leur égard les traitements de leurs gardiens.

Pendant des années elle soupira après la fondation à Chambéry, d'une maison de refuge où elle pût recueillir les jeunes filles qu'elle ramenait à Dieu. L'archevêque n'osait d'abord la lui permettre. Pour satisfaire son zèle, elle convertit sa propre maison en une sorte de refuge. A la fin, elle avait jusqu'à quinze jeunes filles auprès d'elle. Rien, ne pouvait arrêter sa charité pour ces âmes : une fois elle fut cravachée en pleine rue parce qu'elle voulait protéger l'une d'elles.

Dieu la poussait intérieurement à faire son œuvre de charité. C'était habituellement dans la communion et la prière que Notre-Seigneur lui parlait. Un jour que son œuvre était menacée et que, pour obéir à l'autorité, elle devait renvoyer ses pensionnaires, elle met ses jeunes filles en prière. Elle même resta à prier toute la nuit suivante. Il lui sembla que Notre-Seigneur lui apparaissait dans sa passion, qu'il lui parlait et lui ordonnait de prendre courage et de continuer son œuvre Le lendemain, une de ses filles lui disait :

—Mademoiselle, vous avez vu le bon Dieu cette nuit ; j'ai vu votre chambre éclairée comme par la clarté d'un beau soleil. »

L'archevêque renseigné sur ces faveurs divines fit venir Mlle Guittaud et lui permit de louer une maison pour son œuvre de refuge.

Comme elle méditait depuis longtemps de confier ses enfants à une Communauté religieuse, elle était allée à Grenoble et de Grenoble au Puy, pour voir les religieuses du Bon-Pasteur d'Angers. Elle avait même rencontré au Puy la Mère Marie de Sainte-Euphrasie, à qui elle s'était ouverte de ses désirs et dont elle avait reçu les instructions pour la marche de ses projets.

Aussi, quand son dessein eut l'approbation de l'archevêque et du gouvernement du roi de Sardaigne, ce fut à la Mère Sainte-Euphrasie qu'elle s'adressa pour lui confier la direction de son refuge. La pieuse demoiselle attendait avec impatience ses futures auxiliaires. Elles arrivèrent un soir de janvier par le froid. Mlle Guittaud les reçut, les hébergea. Le lendemain, dès quatre heures du matin, elle les conduisait dans leur petite maison, assistant avec elles à la messe et communiant près d'elles dans la chapelle préparée par ses soins. Puis, elle leur confiait ses quinze pensionnaires.

Mlle Guittaud n'abandonna pas son œuvre. Elle se fit quêteuse pour ses filles et ses religieuses. Elle partit pour Turin, Milan, parcourant les villes de la Savoie et de l'Est de la France, recueillant des aumônes et, chemin faisant, convertissant des âmes. En 1843, elle étendait ses courses jusqu'à Paris, sur les conseils du curé d'Ars qui lui donna son obole et lui prédit le succès de son voyage. Ses courses, ses quêtes et ses loteries dans Paris sont de vrais épisodes de roman. Elle est rebutée là où elle croyait être accueillie, elle est protégée par ceux qu'elle ne connaissait pas. L'abbé Beautain, vicaire général à Paris, alors célèbre par l'autorité de sa parole, prêcha pour elle à Saint-Roch devant la reine Amélie qui la protégeait. Le marquis de Brignoles lui ouvrit les portes de ses amis. Elle revint avec d'abondantes aumônes, soutiens de sa chère maison du Bon-Pasteur.

Mˡˡᵉ Guittaud n'était pas moins habile et zélée pour amener des jeunes filles à ses religieuses. Démarches, instances, prières, rien ne lui coûte : sa charité persuasive est presque toujours efficace, et elle amène au refuge celles que sa parole a touchées. Sa vie se passa à alimenter de vivres et de sujets la fondation que la Mère Sainte-Euphrasie avait été heureuse de faire dans la patrie de saint François de Sales, le docteur de la charité.

A la fin de novembre 1838, le P. Barthès, prêchant une retraite à Perpignan, crut que le moyen le plus salutaire d'en conserver les fruits dans une certaine classe de son auditoire, serait de fonder dans cette ville une maison de la Congrégation du Bon-Pasteur. Il écrivit à la Mère fondatrice.

« Je recommande à votre bienveillance Perpignan, cette ville frontière de l'Espagne. »

Dès le mois de décembre, la Mère Sainte-Euphrasie députait une de ses assistantes, sœur Marie du Calvaire, pour faire les premières démarches près des autorités. Les débuts de la maison coûtèrent beaucoup à la charité de la Mère fondatrice. Elle donna jusqu'au dernier sou de sa caisse pour faire le premier envoi des religieuses. De son lit, où la retenait la maladie, elle écrivait alors : « Prions, souffrons, attendons des moments plus heureux ; la croix, la mort, les afflictions nous assiègent si fortement qu'il n'y a rien à faire qu'à nous soumettre et à adorer. Ce dernier voyage nous accable ; nous sommes sans le sou ; j'envoie chez un notaire prendre le voyage de demain. »

Quinze jours après elle écrivait à la même religieuse, sœur Marie du Calvaire :

— Le Seigneur ne me donne pas de repos. Mgr d'Avignon veut commencer de suite. Nos sœurs partent lundi prochain : jugez de nos travaux ! Puis, voilà une lettre qui nous demande à Mons en Belgique. Nous n'en pouvons plus. Mon Dieu ! que de prodiges ! et dans ce moment où toutes les fondations augmentent de moitié, heureusement, je vous le dis avec bonheur, que tout est dans une paix profonde... »

La Mère fondatrice recevait souvent de Dieu la connaissance de ce que demandaient ses maisons. Témoin la fondation de Perpignan.

Une jeune vendéenne, accompagnait une de ses amies qui allait au Bon-Pasteur d'Angers pour y décider son entrée en religion.

Quand la Mère Pelletier vit cette jeune personne, elle arrêta sur elle son regard scrutateur et lui dit :

— Vous aussi, vous entrerez dans notre maison.

— Mais, ma Mère, répond la jeune fille, je n'ai jamais pensé au Bon-Pasteur que je ne connais pas.

— Dieu vous veut ici, réplique la Mère : notre Institut convient à votre caractère. Vous viendrez le 8 décembre avec votre compagne.

— C'est impossible, répond la jeune fille ; il n'y a plus que quelques jours. Mon père ne me laissera pas partir.

— Vous viendrez quand même, dit la Mère.

Et le 8 décembre, la Mère Pelletier était si assurée de la venue de Mlle Verger, qu'elle l'envoya chercher au bateau qui amenait sa compagne.

Entrée au noviciat, Mlle Verger, sous le nom de sœur Sainte-Marine, croyait, dans son humilité, être à peine capable de remplir un poste ordinaire et n'avoir en rien attiré l'attention de la Mère. Mais voilà qu'après sa profession, en

1848, lorsqu'elle est envoyée en obédience, elle est tout étonnée de voir la Mère Pelletier arrêter sur elle ses regards avec tendresse et lui dire !

— Mon enfant, Dieu bénira vos œuvres. Vous nous ferez une belle maison à Perpignan, vous fonderez Barcelone, et vous serez un jour provinciale.

— Mais, ma Mère, répond sœur Sainte-Marine, vous vous trompez ; vous voulez parler d'une autre.

— Mon enfant, c'est bien à vous que je m'adresse, dit la Mère.

La jeune sœur ne confia son secret qu'à la maîtresse des novices qui lui dit :

— Croyez ce que notre Mère vous a dit, et gardez bien le souvenir de ses paroles.

Sept ans plus tard, la Mère Sainte-Marine était nommée Supérieure de Perpignan. Elle faisait bâtir un grand couvent d'après des plans fort beaux, approuvés par Mgr Gerbet, et elle achetait à la campagne une seconde maison pour les orphelines et les Madeleines. Avant de commencer à faire construire. elle s'inquiétait où prendre l'argent.

— Ma fille, commencez. lui écrivait la Mère Pelletier. Ne craignez rien : la Providence vous viendra en aide.

Dès la première année, la Mère Sainte-Marine recevait vingt mille francs d'une dame généreuse. et au bout de cinq ans avait payé tout son couvent de la ville.

Pour le couvent de la campagne, il fallait cent mille francs.

— Commencez, mon enfant, lui écrivait la Mère Pelletier ; eh quoi ! vous hésiteriez à élever un nouveau temple au Seigneur !

La belle maison de Perpignan qu'avait vue la servante de Dieu, se trouvait ainsi réalisée.

Deux fois la Mère Pelletier envoya la Mère Sainte-Marine à Barcelone, pour y préparer les voies à une fondation ; mais deux fois ces tentatives échouèrent. Or, en 1880, plus de douze ans après la mort de la Mère Pelletier, la Supérieure de Perpignan qui n'avait point communiqué à la nouvelle Mère générale les prédictions faites à son sujet, est de nouveau envoyée en Espagne et réussit à fonder un grand couvent à Barcelone.

La dernière prédiction de la Mère fondatrice s'accomplit comme les autres. La Mère Sainte-Marine devint provinciale de France, pour succéder quelques années après, à la mort de la Mère Marie de Saint-Pierre de Coudenhove, à la Mère Pelletier dans le gouvernement général de la Congrégation du Bon-Pasteur.

Les instructions de la Mère Pelletier à la Communauté, au noviciat surtout, étaient animées de la plus ardente charité pour les âmes. « Ce matin même, racontait-elle à ses « novices dans une instruction vraiment éloquente, nous « avons accueilli une jeune personne, âgée de vingt-cinq « ans, qui se trouvait dans une si extrême misère qu'elle en « était réduite au désespoir. Entre autres choses je lui ai « demandé :

« — Avez-vous fait votre première Communion, mon en-« fant ?

« — Cela peut être, m'a-t-elle répondu, mais si je dois dire « la vérité, je ne comprends pas bien ce que veut dire: faire « la première Communion. Je me rappelle qu'une fois étant « grièvement malade, on m'apporta ce qu'on appelle le viati-« que ; mais, je ne sais ce que c'est. Je ne connais rien, si « ce n'est le péché et l'enfer.

« Alors je lui ai demandé si elle mangerait volontiers « quelque chose.

« — O ma Mère, m'a-t-elle dit, dès que je suis ici, vous « me parlez de me donner à manger ! Sachez qu'hier j'étais « affamée, et je n'ai trouvé personne qui m'offrît rien. Je suis « vraiment confuse de paraître devant vous dans l'état où « je me trouve ; j'aurais voulu quêter pour me procurer un « vêtement moins malpropre.

« Et en parlant ainsi elle pleurait et ses larmes me déchi-« raient le cœur.

« — Avez-vous songé quelquefois, ma fille, à prier la sainte
« Vierge?

« — Oh! oui, me répondit-elle, même quand j'étais perdue
« dans mes plus grands désordres, je n'ai jamais oublié de
« dire tous les jours un *Ave Maria.* »

« Il est arrivé qu'une personne charitable a rencontré
« cette pauvre enfant, et, ayant connu son misérable état, elle
« en a eu compassion et l'a conduite ici. Cela est un trait de
« la protection de la très sainte Vierge, dont la clémence est
« admirable, même envers les pécheurs qui à peine se sou-
« viennent d'elle...

« Oh! combien nous serions indignes, ajoutait la Mère,
« du titre de « Coopératrices » de notre Sauveur, si nous
« n'étions pas animées d'une grande bonté et d'une grande
« charité pour nos bonnes pénitentes! Souvenez-vous, mes
« chères filles, qu'elles vous appellent du doux nom de mère,
« et qu'il faut en effet que vous soyez leurs mères selon la
« grâce, pour les élever dans la grâce et l'amour du Sei-
« gneur... Aimez-les toutes sincèrement en Dieu, sans fami-
« liarité, sans bassesse; aimez-les avec les sentiments ins-
« pirés par la foi, regardant en elles, le titre d'enfant de
« Dieu. »

Dès l'année 1836, la Mère Sainte-Euphrasie était en relation avec Mgr Galvano, évêque de Nice, pour l'établissement
d'une maison du Bon-Pasteur dans cette ville. A son voyage
de Rome en 1838, la Mère générale avait député de Marseille la Mère Thérèse de Jésus de Couëspel pour se rendre
à Nice et préparer cette fondation. Mais, dans un premier
voyage sur mer, celle-ci ne put arriver: la machine du vaisseau se brisa et fît courir un grand danger aux passagers.
Elle voulut se rendre par terre; mais une bande de voleurs
qui infestait alors le pays, la contraignit à renoncer à ce
voyage. Ce ne fut qu'à son retour de Rome, en 1839, que
Mᵐᵉ de Couëspel put se rendre à Nice et s'entendre avec
Mgr Galvano. Il lui confia la maison de la Providence où un

charitable chanoine (1) avait réuni une centaine de jeunes filles dont les plus grandes veillaient sur les plus jeunes.

Mme de Couëspel montra tout d'abord tant de tact et d'habileté que Mgr Galvano voulut la retenir pour Supérieure. Le gouverneur de la ville, Rodolphe de Maistre (2), unit ses instances à celles de l'évêque pour obtenir cette faveur de la Mère fondatrice. Puis, ils firent écrire avec eux le saint Mgr Flaget, qui était alors à Nice et sur le point de quitter l'Europe pour regagner l'Amérique. Malgré tous les services que Mme de Couëspel pouvait rendre à la Mère générale dans sa maison d'Angers, il était impossible de résister à de telles demandes, surtout à la lettre d'un évêque dont les conseils semblaient à la Mère Sainte-Euphrasie l'expression même de la volonté de Dieu.

Dès le 1er Avril, la Mère de Couëspel, commençait les classes de Nice, et quelques jours après, elle recevait les auxiliaires que la Mère Sainte-Euphrasie lui envoyait d'Angers.

La fondation de Nice devint promptement très florissante. La Supérieure installa ses religieuses et ses pénitentes dans une maison nouvelle, qui s'agrandit grâce à la charité de Mgr Galvano et des autorités civiles de Nice. C'était une belle propriété avec de grands jardins, ayant vue sur la Méditerranée. Quand les religieuses entrèrent dans cette maison, Sa Grandeur présida une procession du Saint-Sacrement, dans laquelle le Gouverneur, le Président du Sénat et autres notables de la ville portaient le dais. Lorsqu'en 1846, Mgr Galvano bénit solennellement l'église nouvelle du monastère, il eut la joie de baptiser des négresses, de confirmer des pénitentes, de donner la première Communion à bon nombre d'enfants. Les négresses avaient leurs marraines, parmi lesquelles on distinguait la fille du gouverneur, Mlle Françoise de Maistre. Elles firent la sainte

(1) M. de Cesale.
(2) Le fils de l'auteur des *Soirées de Saint-Pétersbourg*.

Communion, ainsi que beaucoup de dames de la ville. Cette union de toutes les classes de la société dans la religion était une des grandes joies spirituelles de la Mère Marie de Sainte-Euphrasie et de ses filles.

L'archevêque d'Avignon, touché de tout le bien qu'il entendait dire de l'œuvre de la digne fondatrice du Bon-Pasteur, voulut avoir de ses religieuses. En octobre 1838, il lui écrivait pour lui demander une fondation.

La Mère Sainte-Euphrasie ne recevait jamais de demande de cette nature sans se sentir portée à accepter. Aussi, après avoir réglé les conditions nécessaires à l'organisation de la maison nouvelle, elle envoya une colonie de religieuses qui se mirent à la disposition de Mgr du Pont, pour installer un couvent de leur Congrégation. Le bon archevêque voulut bien les guider en tout, jusque dans les relations qu'elles durent avoir avec les autorités et les bienfaiteurs de leur maison. Les sœurs du Saint-Sacrement donnèrent la première hospitalité et soutinrent l'œuvre de leurs encouragements et de leurs prières.

Les épreuves ne tardèrent pas à se lever sur la fondation, sous la forme de la calomnie et de la défiance. La Mère Sainte-Euphrasie soutint l'œuvre par sa franche habileté dans la situation pénible qu'elle dut traverser, et l'épreuve ne fit que multiplier les dévouements.

Un an s'était à peine écoulé depuis la fondation, lorsqu'une violente inondation du Rhône obligea les religieuses à quitter la maison. Les classes trouvèrent un refuge chez les sœurs de l'hôpital. Quand les religieuses purent rentrer dans leur couvent, elles trouvèrent la ruine et la désolation. C'est à la Mère générale qu'elles s'adressent tout d'abord pour lui exposer leur misère et puiser dans sa charité. Quand la Mère Sainte-Euphrasie était pressée par les embarras de ses nombreuses maisons, elle recourait à la sainte Vierge et aux saints. Loin de se décourager et de restreindre ses œuvres, elle promettait à ses protecteurs célestes de prendre de nouvelles fondations, s'ils venaient à son secours dans les difficultés présentes. Plus elle était gênée, et plus elle donnait de solennité à ses prières et à ses promesses. C'est ainsi qu'en 1839, manquant d'argent pour satisfaire aux charges de sa maison, elle réunit son Conseil et avec lui fit la promesse solennelle à la sainte Vierge, de fonder une maison à Bourges, si cette bonne Mère lui envoyait les secours temporels dont elle avait besoin. Comme elle fut exaucée, elle s'empressa d'accomplir sa promesse.

Depuis son voyage de Rome, la Mère fondatrice qui, à son passage à Bourges avait été présentée à Mgr de Villèle, était sollicitée par Sa Grandeur et par un chanoine, M. Maugin, d'entreprendre une fondation dans la capitale du Berry. Elle y envoya d'abord trois religieuses pour commencer l'œuvre, puis bientôt trois autres.

Comme elle était toujours la providence temporelle de ses fondations, malgré sa pauvreté, elle fournit au monastère de Bourges quelques secours, et enfin une somme fort importante pour l'aider à acquérir un local plus en rapport avec les besoins de l'établissement. Les religieuses se créèrent dans ce couvent comme une image de la maison-mère d'Angers.

La maison du Bon-Pasteur de Lille, donnait depuis sa fondation de si beaux fruits, que les catholiques de Belgique s'en émurent : ils voulurent avoir, eux aussi, des maisons du Bon-Pasteur. M. André Descamps, curé-doyen de la paroisse Sainte-Waudru, à Mons, ayant eu l'occasion de visiter le couvent de Lille, forma le projet de fonder une maison semblable à Mons.

Il en demanda l'autorisation à l'évêque de Tournai et écrivit à la Mère Sainte-Euphrasie qui se mit en route pour la Belgique. Quand les intérêts des âmes l'appelait, la Mère fondatrice ne calculait pas les distances et ne comptait pas avec ses forces.

Chemin faisant, elle eut la consolation de visiter la maison de Lille, dont la Mère Marie des Anges Levoyer avait fait un monastère modèle. Sa venue fut une fête pour les religieuses et pour les élèves de la maison.

De Lille, la Mère Sainte-Euphrasie se rendit à Mons en compagnie de sœur Marie des Anges Levoyer, M. le Curé de Sainte-Waudru la présenta aux administrateurs des hospices qui voulaient bien céder une maison aux religieuses du Bon-Pasteur. La Mère trouva un accueil si empressé, qu'elle n'hésita pas à promettre tous ses efforts. En effet, ayant à son retour à Angers reçu une lettre de l'évêque de Tournai qui lui assurait son concours et la priait de « venir avec confiance », elle chargea sœur Marie des Anges de retourner à Mons pour prendre les dernières dispositions et mettre en ordre la maison cédée par l'administration des hospices. Elle avait bien choisi sa messagère. Sœur Marie des Anges était pleine d'humilité, mais elle avait dans la douceur de son caractère, dans son air affable, dans sa parole persuasive des attraits irrésistibles pour les personnes dévouées à Dieu. Sa maison de Lille, par sa prompte extension et le bon ordre de son organisation excitait l'admiration de tout le monde. Quelques mois auparavant elle avait reçu la visite du préfet du Nord, le baron Méchin : celui-ci avait été émerveillé de tout ce qu'il avait vu. Rien ne pouvait mieux que cette grande réputation assurer le succès de la sœur Marie des Anges.

Les religieuses envoyées par la Mère fondatrice arrivèrent en Belgique en novembre 1839. Après avoir été présentées à l'évêque de Tournai par M. l'abbé Descamps, elles reçurent l'hospitalité des Dames du Sacré-Cœur à Mons, jusqu'à ce que leur maison fût complètement prête.

La Mère, qui voyait dans cette fondation comme la prise de possession par son Institut d'un pays nouveau et très catholique, regardait ces quatre religieuses comme des missionnaires, qu'il fallait soutenir et encourager d'une façon particulière. Elle leur adresse les lettres les plus affectueuses, contenant des avis et des exhortations pour chacune : elle leur représente « les beaux exemples de vertu qu'elles doivent donner à la Belgique entière ». Elle leur peint la joie de toute la Communauté d'Angers quand elle lit en public les lettres venues de Belgique.

M. André Descamps ayant été nommé vicaire général en 1842, son frère, M. Gédéon Descamps, lui succéda comme curé de la paroisse Sainte-Waudru ; il fut le conseil et l'insigne bienfaiteur du Bon-Pasteur à Mons. A partir de cette fondation, la Belgique toujours si généreuse pour les œuvres catholiques, devint une des nations les plus bienveillantes pour les filles de la Mère Pelletier. La sublimité de leur vocation y gagnait les sympathies.

La fondation de Namur ne tarda pas à en donner la preuve évidente. Deux prêtres qui avaient entendu parler de la fondation de Mons vinrent de Namur pour étudier l'œuvre nouvelle. Le dévouement des religieuses, l'organisation de leurs œuvres leur parurent si admirables qu'ils résolurent de fonder une Maison à Namur. Ils rendirent compte de leur voyage à Mgr Dehesselle qui les encouragea et les autorisa à solliciter la charité publique pour réaliser leurs desseins. Ils avaient été attristés de la petitesse de la maison que l'on avait cédée aux religieuses de Mons ; ils voulurent établir leur couvent dans de meilleures conditions.

Ils écrivirent à la Mère fondatrice, qui accueillit leur demande et leur choisit pour Supérieure la Mère Marie de Sainte-Claire Godelier, alors assistante à Avignon. Voici la lettre par laquelle la Mère générale faisait cette nomination.

« J'ai dit à Dieu : Me voici !

« Ma bien chère fille. C'est Dieu qui vous appelle par la voix de l'obéissance. Venez à sa divine volonté : vous êtes nommée Supérieure locale d'un de nos chers monastères. Venez d'abord à Angers, ma bien-aimée fille. Que l'esprit de Dieu et l'obéissance vous guident dans toutes vos démarches. Mettez en tout la plus grande prudence. Toutes nous allons prier pour vous. Votre attachée Mère.

MARIE DE SAINTE-EUPHRASIE. »

10

Il était impossible de trouver des paroles mieux appropriées au sacrifice demandé à la pieuse Mère Sainte-Claire. La religieuse n'hésita pas : elle marcha où l'appelait la voix de Dieu, même sans connaître le nom de la ville où elle devait être envoyée.

A la fin du mois d'avril, la petite colonie des religieuses désignées se mit en route pour la Belgique. Mais comme il arrive souvent, après les premières ardeurs, le zèle des bienfaiteurs s'était refroidi, les bonnes volontés étaient tombées, et si les sœurs avaient tardé d'un mois, la fondation n'aurait pas eu lieu. A leur arrivée, elles reçurent l'hospitalité du Carmel où elles demeurèrent jusqu'au synode diocésain, après lequel Mgr Dehesselle les établit en communauté dans leur petite maison de la rue du Séminaire. La joie de se trouver en communauté fut vite troublée par la mort de l'une d'elles, sœur Marie de Saint-Barthélemy, que Dieu prit comme prémices de l'œuvre, et qui, avant de mourir, annonça à ses sœurs la venue d'un grand nombre de brebis dans leur bercail et la conversion de beaucoup d'âmes.

Mgr Dehesselle, toujours très dévoué, leur nomma un chapelain, M. le chanoine Wilmets, professeur de droit ecclésiastique au Grand Séminaire. Elles eurent dès lors le bonheur de posséder Notre-Seigneur dans leur petit oratoire. Les bénédictions du Ciel ne tardèrent pas à s'étendre sur cette maison. qui, un an après, avait déjà cinquante pénitentes. C'est qu'elle avait à sa tête une des religieuses les plus pénétrées de l'esprit de la Mère Sainte-Euphrasie, les plus simplement dévouées, qui, dans l'obéissance comme dans le commandement, gardait une douceur et une égalité d'humeur toutes surnaturelles. Dans sa nature de Vendéenne, elle portait, sous une apparence de calme très appréciée des gens du Nord, une ardeur pour le bien qui ne faisait que s'accroître dans les grandes occasions. On le vit dans le choléra qui remplit d'orphelins sa maison. Aussi dans toute la Belgique on connaissait la bonne Mère

Sainte-Claire ; bien que derrière une grille, elle avait
une grande influence, non seulement à Namur, mais dans
les villes voisines. Quand une jeune fille était refusée dans
un asile, on avait recours à la bonne Mère Sainte-Claire et
l'on était toujours exaucé. C'est par son influence que
s'établiront les maisons de Louvain et de Schaerbeck, près
de Bruxelles. Quand elle reviendra finir ses jours à Angers,
elle pleurera sa Belgique, le théâtre de son zèle, Namur, où
les vénérables chanoines, les religieux de tout ordre et les
personnes du monde l'entouraient d'un religieux respect,
mêlé d'admiration. La Mère Sainte-Claire a été le portrait
vivant des vertus de la Mère Sainte-Euphrasie, qu'elle a
toujours tant aimée : elle rappelait sa piété tendre envers
Notre-Seigneur, sa douceur pour les autres et l'oubli le
plus complet d'elle-même.

Rome cependant sollicitait en même temps que Namur,
et de nouveau, le zèle de la Mère fondatrice. La maison de
la Lauretana ainsi appelée parce que l'église était dédiée à
Notre-Dame de Lorette, avait été donnée par Léon XII, en
1818, à la Société des Dames romaines de la pieuse Union
Lauretane, pour recevoir des pénitentes. Ces jeunes filles
étaient gouvernées par de pieuses personnes du monde.
En 1840, une demande fut adressée au Souverain Pontife
Grégoire XVI, par les Dames de la pieuse Union Lauretane, pour que cet établissement fût confié au Bon-Pasteur
d'Angers. Alors Sa Sainteté daigna appeler à Rome pour la
seconde fois cette congrégation. La Mère Sainte-Euphrasie
donna comme Supérieure de cette maison une religieuse
qui avait prononcé ses vœux à Rome, sœur Marie de Saint-
Célestin. Quand la nouvelle Supérieure entra à la Lauretana,
elle trouva l'autel et le tableau de Notre-Dame de Lorette,
établis dans l'église par le vénérable Père Ange Paolo,
carme déchaussé, ainsi que des ex-voto attestant les grâces
obtenues. C'était un gage de confiance pour l'avenir.

Trois religieuses vinrent du monastère d'Angers, pour
cette fondation. La Mère fondatrice envoyait ses filles en

obédience comme des missionnaires, sans argent ; elles partaient avec leur zèle et leur confiance dans la Providence. Les premières religieuses de Namur n'avaient que quarante-quatre francs dans leur bourse, quand elles entreprirent la fondation. Les religieuses de la Lauretana commencèrent avec la même confiance dans la Providence. Malgré leur pauvreté, elles voulurent recevoir toutes les pénitentes qui se présentaient. Ce fut pour elles la source de grands chagrins. Les Dames patronnesses de Rome ne pouvaient comprendre l'existence d'un monastère sans revenus : elles arrêtaient les religieuses dans leur élan. C'était pour ces dernières une croix de tous les jours.

La maison de la Lauretana, sous la protection de la sainte Vierge, ne tarda pas à prospérer. Des bienfaiteurs illustres aimaient à la visiter et à la soutenir de leurs aumônes La princesse Doria prit sous sa spéciale protection la classe des jeunes préservées ; le prince et la princesse Bracciano montraient pour l'Institut du Bon-Pasteur un dévouement admirable. Souvent le cardinal Patrizi, qui était devenu depuis l'entrée en religion du cardinal Odescalchi, le protecteur de la congrégation du Bon-Pasteur, venait leur apporter avec ses encouragements des conseils pour les difficultés. Un jour, M. de Lamartine vint leur parler avec le plus vif intérêt du monastère de Paris. La Lauretana devint comme une station pour les pèlerins de France, surtout pour les prêtres angevins amis du Bon-Pasteur.

Mais le plus cher des pèlerins fut la Mère Sainte-Euphrasie elle-même qui revint à Rome en 1843. Son passage à la Lauretana fut l'occasion de grandes joies et la cause de grands bienfaits. Elle accorda la permission d'agrandir le couvent pour recevoir les enfants que la princesse Doria entretenait dans une maison particulière.

Le pape Grégoire XVI, approuva hautement cette idée, et il donna pour la réaliser 500 scudi. Les religieuses se mirent immédiatement à l'œuvre pour organiser leur beau monastère agrandi. Leur Mère générale leur laissa comme souvenir un ciboire en argent, qu'elles gardent encore précieusement.

La prospérité surnaturelle du Bon-Pasteur réjouissait la vieillesse de Mgr Montault. Aussi quand il ne pouvait plus, à cause de son grand âge, se rendre aussi souvent qu'il l'aurait désiré près de ses chères filles, M. l'abbé Mainguy, l'aumônier du couvent, allait, de la part de la Mère Sainte-Euphrasie, lui rendre le compte détaillé des joies et des chagrins de la Communauté. Un jour que l'aumônier venait lui faire ces commissions charitables, il trouva dans un salon le vieillard debout qui s'essayait à marcher.

— Vous direz à mes filles du Bon-Pasteur, dit le pieux octogénaire, que j'essayais mes forces exprès pour aller les voir.

En effet, huit jours après il venait à la Communauté. A cette nouvelle toutes les religieuses vinrent l'attendre à l'entrée de la clôture. Le zélé prélat ne put aller plus loin. On lui donna un fauteuil. Il fit alors une exhortation des plus touchantes :

— Je sens, dit-il en finissant, que ma course s'achève : je touche au terme de ma vie. Lorsque vous entendrez dire, mes chères filles, que le pauvre évêque d'Angers est à l'agonie, de grâce, priez pour lui le Souverain Juge, afin qu'il daigne lui faire miséricorde.

Le son de sa voix était presque éteint. Il bénit la Communauté. Puis, il retint près de lui la Mère générale pour lui demander des détails sur les différentes fondations. En entendant le récit de ce qui se faisait, il répétait :

— Cette œuvre est vraiment de Dieu : je le vois plus que jamais. Je m'estime heureux d'avoir été choisi par Dieu pour travailler à son établissement.

Cette visite fut la dernière. Quelques jours après, le bon vieillard âgé de quatre-vingt-cinq ans, était sur son lit d'agonie. La veille de sa mort, il donna sa dernière signature pour approuver le règlement des Pénitentes. Puis il dit à l'abbé Mainguy, qui s'était approché de lui :

— Lorsqu'on sonnera mon agonie, exposez le Saint-Sacrement au Bon-Pasteur, que toute la Communauté se mette en prières et obtienne pour mon âme un jugement favorable de la divine miséricorde.

Peu de temps avant de mourir; le 29 juillet 1839, il recommandait à M. Régnier, son vicaire général, sa chère maison du Bon-Pasteur, qui eut ainsi, avec sa dernière, signature, presque les dernières paroles échappées de ses lèvres.

Sa mort fut un grand deuil pour la Mère Sainte-Euphrasie. Elle fit célébrer un service dans sa chapelle et demanda des communions et des prières dans les couvents de son Ordre. Elle continua à entretenir ses sœurs dans la reconnaissance pour ce bienfaiteur insigne, qui avait été comme un second fondateur de son Institut. Elle garda précieusement le portrait qu'il lui avait envoyé en 1837 « afin, disait-il, que mes chères filles, veuillent bien se souvenir de moi dans leurs ferventes prières. »

La Mère Sainte-Euphrasie pleurait encore la mort de Mgr Montault, lorsqu'elle eut la douleur de voir tomber auprès d'elle deux religieuses sur lesquelles elle fondait les plus grandes espérances. Sœur Sainte-Euphrasie Duverger, malgré sa jeunesse, avait été nommée surveillante au noviciat. Cette sœur d'une humilité et d'un zèle peu ordinaires, d'une grande ardeur pour le salut des âmes, avait conçu un vif désir d'aider à la fondation du couvent de Rome. Elle apprenait l'italien. En recevant les derniers sacrements, elle offrit à Notre-Seigneur sa vie, pour la prospérité de cette maison en fondation.

Deux mois à peine s'étaient écoulés depuis ce deuil, que la Mère Sainte-Euphrasie perdait une autre de ses filles qui lui donnait les plus grandes espérances. La sœur Marie de Saint-Anselme, mourait en odeur de sainteté à l'âge de vingt-six ans.

La Mère fondatrice pleura beaucoup cette enfant de prédilection.

« Non, écrivait-elle à la Supérieure de Poitiers, je ne
« vois plus ce que j'écris, mes larmes arrosent ce papier. Je
« viens de recevoir le dernier soupir d'une religieuse incom-
« parable en sainteté ! Votre Saint-Anselme n'est plus ! elle
« est au sein de Dieu ! Cette douce, cette sainte fille, qui
« vous chérissait si tendrement n'est plus ! Oh ! ma fille, je
« la crois, je la sens au ciel ! Je laisse à nos sœurs de vous
« dire le reste. Mes sanglots arrêtent ma plume, mais ma
« tendresse vous parle. »

Deux jours après, elle exposait dans les termes les plus
touchants et les plus éloquents à sa Communauté la vie
religieuse de la sœur Saint-Anselme et dégageait le profit
spirituel que toutes devaient tirer de ses exemples.

« Ne sommes-nous pas portées, mes chères filles, à cher-
« cher partout notre chère sœur Marie de Saint-Anselme ?
« Non, nous ne pouvons nous habituer au vide qu'elle fait
« parmi nous. Mais contemplons-la au ciel, où elle prie pour
« la Communauté et pour chacune de nous, et son bonheur
« adoucira notre douleur.

« Marie l'a attirée près d'elle, car elle retraçait sur la
« terre l'image de ses vertus. Elle était pleine de Dieu. Quel
« jugement ! Quelle sagesse ! Que de richesses spirituelles
« étaient renfermées dans cette âme d'élite ! On l'a toujours
« comparée à saint Louis de Gonzague : C'était sa pureté, sa
« piété angélique, son abandon à Dieu.

« Notre regrettée sœur a toujours pu être citée comme
« un modèle. Au sein de sa famille, elle faisait la joie et la
« consolation de ses parents, par les heureuses dispositions
« dont elle était si richement douée. L'amour de ses frères et
« de ses sœurs l'entourait. Dure pour elle-même, indulgente
« pour les autres, elle saisissait toutes les occasions d'être
« utile ou agréable. Quand il s'agissait de soirées ou de
« visites, elle avait coutume d'y envoyer ses sœurs en leur
« objectant qu'elle était trop maussade. Puis elle ajoutait
« agréablement :

« J'achèverai vos broderies, cela m'amusera davantage. »

« Par ces petits sacrifices volontaires qui coûtent aux
« jeunes personnes elle préludait à sa chère vocation.

« Au moment d'entrer en religion, elle s'entretenait un
« jour avec son directeur, M. Régnier, de son attrait pour
« notre sainte Congrégation, et elle lui disait dans un senti-
« ment admirable d'humilité :

— « Je suis si pécheresse ! peut-être souillerais-je par
ma présence la maison du Seigneur.

« Ange de Dieu, vous deviez l'embellir !

— « Ce n'est pas à cela que je songe, reprit M. le grand
« vicaire, mais aux larmes de Madame votre mère, au besoin
« qu'elle a de vos soins.

— « Dieu me fera la grâce de vaincre les obstacles, ré-
« pliqua-t-elle.

« M. Régnier nous dit en nous la présentant :

— « C'est une sainte, c'est une âme d'or ! C'est le don de
« Dieu à votre Congrégation.

« En religion elle a été une règle vivante. On n'avait
« qu'à jeter les yeux sur notre chère sœur Marie de Saint-
« Anselme pour connaître ce que l'on devait faire. Elle était
« fort instruite : elle savait le latin, le dessin ; l'anglais lui
« était aussi familier que le français, et lorsque Madame sa
« mère lui demandait quelles étaient ses occupations au
« Bon-Pasteur,

— « Je suis à charge à la Communauté, répondait-elle avec
« sa douceur habituelle ; mais nos sœurs sont si bonnes,
« qu'elles ne me le font jamais sentir.

— « Cependant tu nous étais si utile, si nécessaire à la
« maison !

— « Ah ! c'est que votre tendresse, bonne mère, vous le
« faisait croire.

« L'humilité et l'obéissance semblaient être la vie de son
« âme ; son application à Dieu lui faisait apercevoir ses
« moindres imperfections ; toute sa conduite était d'une ré-
« gularité, d'un à-propos admirables. Elle a emporté devant
« Dieu, nous n'en doutons pas, ses vœux purs et intacts. Ce-

« n'était pas une de ces plantes qu'un vent brûlant d'orgueil
« dessèche ; c'était une fleur dont le calice toujours ouvert à
« la rosée du matin acquérait chaque jour plus de fraîcheur
« et de beauté. Comme ces vaisseaux qui arrivent des îles
« lointaines chargés de richesses, son âme était remplie de
« vertus. Sa charité pure et désintéressée lui faisait aimer
« tout le monde d'un amour égal. Elle recherchait les plus
« simples, afin de les instruire, et de les amuser ; elle se
« plaisait avec les mélancoliques, parce que, disait-elle, elles
« avaient des rapports avec ses dispositions ; les jeunes no-
« vices lui paraissaient utiles pour s'égayer. Malgré son état
« habituel de souffrance et les peines intérieures auxquelles
« Dieu la soumettait, elle conservait toujours la même séré-
« nité. Une si belle vie devait être couronnée d'une belle
« mort.

« Notre chère sœur Marie de Saint-Anselme, vit appro-
« cher sa fin non seulement avec calme, mais avec joie.
« Sa vertu a brillé d'un nouvel éclat pendant sa dernière
« maladie ; toujours gaie, toujours patiente, elle soupirait
« après l'instant où elle pourrait quitter cette terre. Etant à
« l'agonie, elle doutait pouvoir demander un soulagement
« pendant le grand silence de la nuit. Elle se reprochait
« même d'avoir montré qu'elle avait soif. Mourante, elle
« offrait encore ses souffrances pour les œuvres de la Con-
« grégation qu'elle aimait passionnément ; elle les offrait
« pour toutes nos intentions. Alors que nous lui suggérions
« de demander à Dieu sa guérison, ne sentant en elle que le
« désir du ciel, et craignant de désobéir, elle ajoutait :

— « Si vous le voulez, ma Mère, si nos sœurs le veulent ;
« mais qu'il m'en coûte !

« Puis ses lèvres mourantes murmuraient encore :

— « Il est si doux de mourir !

« Bientôt m'approchant de son lit, je lui dis :

— « Mon enfant, nous irons dans la maison du Seigneur.

— « Ah ! oui, ma Mère ! répondit-elle avec l'expression
« du bonheur, et elle expira.

« Le souvenir de cette humble religieuse vivra à jamais
« au milieu de nous.

« Selon votre désir, mes chères filles, nous avons fait
« extraire son cœur. Placé dans une urne de verre, il sera
« mis sous les cloîtres dans une niche, au-dessus de laquelle
« nous ferons inscrire ces paroles : CELUI QUI S'ABAISSE SERA
« ÉLEVÉ. En le voyant, vous vous exciterez à imiter de si
« beaux exemples. Surtout vous vous direz à vous-mêmes :
« Notre chère et tant regrettée sœur Marie de Saint-Anselme
« ne parlait pas en allant et venant par le monastère.

« Ainsi le parfum de ses vertus continuera à embaumer
« notre chère solitude, et les générations à venir apprendront
« comment les vierges fleurissent dans le jardin de l'Epoux. »

Un fait merveilleux conservé par la tradition du monastère, prouve autant la sainteté de la Mère que la perfection
religieuse de la fille. Au moment où le médecin voulant
prendre le cœur, après la mort, essayait de séparer les bras
raidis sur la poitrine, la Mère lui adressa la parole comme
aux jours de sa vie :

— Ma chère fille, vous avez toujours été obéissante, souffrez donc par obéissance ce que nous allons faire.

A cette voix, la religieuse, obéissante encore après la
mort, ouvre les bras... Ce fait conservé dans leurs annales
par les filles de la Mère Sainte-Euphrasie, passe de génération en génération et fait bénir la foi admirable de la
vénérée fondatrice à qui Dieu accorda, pour ainsi dire, puissance sur la mort.

Les deuils avaient cependant leurs consolations. Le nouvel
évêque d'Angers, Mgr Paysant, faisait sur ces entrefaites,
son entrée dans sa ville épiscopale. Comme il avait été Supérieur du Refuge de Caen, la Mère Marie de Sainte-Euphrasie
n'était pas sans appréhensions : elle craignait qu'il ne fût
opposé à l'idée du généralat. Mais elle fut vite rassurée.
Dès sa première visite au Bon-Pasteur où il fut reçu par la
Mère générale avec cette noble simplicité qui la caractéri-
sait, il témoigna le plus grand intérêt à la Communauté,

lui donna M. Régnier comme Supérieur et assura les religieuses qu'il regardait le généralat comme une institution demandée par le siècle présent. Pour montrer tout son paternel dévouement, il accepta de présider plusieurs cérémonies de prise d'habit et de profession.

C'est après lui avoir annoncé cette heureuse visite, que la Mère Sainte-Euphrasie reçut ce mot de M. de Neuville, d'une charité et d'une humilité incomparables : « Je vous remercie de m'avoir si promptement écrit comment la visite s'est passée. Votre lettre m'a bien touché ; mais si vous vouliez me témoigner votre reconnaissance d'une manière plus utile pour ma pauvre âme, ce serait d'en réserver l'expression pour les doux moments où vous êtes assise aux pieds de Marie, et où vous contemplez sa beauté. Ne me parlez plus de *mes sacrifices*, qui sont déjà du domaine des vieilles choses, et que grâce à mon peu de mémoire, et à la grâce qui me poursuit, je pourrai peut-être avoir le bonheur d'oublier entièrement. »

CHAPITRE XII

Une novice allemande. — Louis Ier, roi de Bavière. — Mlle de Müller. — A Munich : installation solennelle. — Epreuves et soutiens. — En exploration à Londres. — Novices anglaises. — Mgr de Hercé. — Fondation définitive. — A la recherche d'une maison. — Les anglaises novices du Bon-Pasteur.

A mesure que le Bon-Pasteur étendait ses bienfaits dans le monde, lui-même il s'agrandissait et recevait des postulantes plus nombreuses et venues de plus loin.

Les étrangères portaient ensuite le nom de cette Communauté dans leur pays, en faisaient connaître le but et l'organisation, si bien que peu à peu s'établit le double courant qui s'est fortifié chaque année : le courant des colonies qui partent d'Angers pour aller fonder des maisons nouvelles, et le courant des postulantes étrangères qui viennent au Bon-Pasteur y revêtir l'habit de religieuse.

C'est par une novice étrangère que Dieu prépara la première fondation d'Allemagne. Une jeune fille de Trèves, Mlle de Baligand, étant venue au noviciat d'Angers, reçut d'un oncle qui occupait un rang distingué dans la ville de Ratisbonne, des demandes de renseignements sur le Bon-Pasteur. Cet oncle fut si satisfait de tout ce qu'il apprit, qu'il alla trouver l'évêque de Ratisbonne pour lui demander d'établir une maison de cet Ordre dans sa ville épiscopale. L'évêque accueillit la demande favorablement ; mais il devait demander au roi l'autorisation d'appeler une congrégation étrangère.

Le roi de Bavière, Louis Ier, qui, depuis qu'il était sur le trône (1825), avait vu avec joie s'établir dans son royaume plus de cent Communautés, ne pouvait fermer la porte de ses États à un Ordre dont le but était si utile au bien de son peuple. Filleul de Louis XVI dont il avait la bonté, il témoigna toujours pour la France, pour Paris, pour les Français, une affection spéciale, fondée peut-être sur leur amour des arts et sur leur générosité dans le dévouement. Son zèle pour moraliser et rendre heureux son peuple, le disposait à s'entendre avec les évêques pour fonder des asiles pieux en faveur des malheureux.

Les constitutions du Bon-Pasteur lui plurent tout d'abord par la beauté de leur but, et pour le grand dévouement qu'elles supposent dans les religieuses qui y sont soumises. Il chargea le prédicateur de la cour, M. l'abbé Eberhard, de prendre des informations sur l'Ordre. Cet ecclésiastique se rendit à Strasbourg : tout ce qu'il vit dans la maison qu'y possédait le Bon-Pasteur, le satisfit pleinement. Aussi, après son rapport, le roi Louis demanda que des religieuses du Bon-Pasteur vinssent s'entretenir avec lui. La Mère Marie de Sainte-Euphrasie lui envoya la Supérieure de Nancy sœur Marie de Saint-Jean-de la Croix David, accompagnée d'une autre religieuse. Le roi les accueillit avec une extrême bonté et décida avec elles l'établissement d'une maison non pas à Ratisbonne, mais dans sa capitale, où le bien à faire serait plus considérable.

Quand la Mère Saint-Jean de la Croix revint à Angers rendre compte de sa mission à la Mère fondatrice, elle lui amena une novice bavaroise de grande distinction, Mlle de Müller. Cette jeune fille sentait un grand attrait pour la vie religieuse, mais jusque là aucun Ordre n'avait présenté à son esprit de quoi satisfaire tous ses attraits surnaturels. Au récit que lui fit son père de la mission des sœurs du Bon-Pasteur et du but de leur Institut, elle se sentit attirée vers cette congrégation et demanda l'autorisation de se rendre au noviciat d'Angers. Son père la lui accorda, mais à la condition qu'elle reviendrait à la maison que l'on projetait pour Munich : ce que voulut bien accorder la Mère générale.

Quelques mois plus tard, arrivait au Bon-Pasteur d'Angers, M. l'abbé Eberhard, envoyé par le roi de Bavière pour chercher les sœurs fondatrices de la maison de Munich. La Mère Marie de Sainte-Euphrasie envoya d'abord sœur Marie de Saint-Jean de la Croix et sœur Marie de Sainte-Hélène. Le 7 juillet 1840, elles prirent possession de leur maison, mais l'installation ne put avoir lieu que le 9 novembre. Le roi, d'accord avec l'archevêque de Munich, leur donna le petit château de Fressing, entouré d'un vaste jardin, dans le faubourg d'Haidhausen. Avec son ministre, il régla les conditions d'existence de la maison, lui assignant des contributions pécuniaires périodiques auxquelles viendrait s'ajouter la vente des ouvrages des pénitentes. Pour les premiers frais d'établissement, des collectes furent faites dans les diocèses de Munich, d'Augsbourg, de Ratisbonne, de Nassau.

L'installation fut une fête presque royale, comme les deux modestes religieuses du Bon-Pasteur n'en avaient jamais vue dans leurs maisons de France. Après une messe solennelle chantée par le vénérable archevêque dans l'église paroissiale d'Haidhausen, après un sermon de M. Eberhard devant une assistance composée de princesses de sang royal, de ministres et de ce que Munich avait de plus pieux et de plus haut placé, les deux religieuses furent conduites en procession à leur couvent par le plus brillant cortège, sous des guirlandes et au milieu des fleurs dont l'église et les rues étaient jonchées. Une troupe de musiciens ouvrait la marche et était suivie de plusieurs centaines de petites filles en blanc. Arrivées dans la plus grande salle de leur maison, elles entendirent M. le doyen d'Ockel, qui, au nom de l'archevêque, exposa dans un discours très beau ce que l'on pouvait attendre de ce grain de sénevé jeté dans la riche terre de Bavière, « à l'aurore de ce *nouveau printemps* qui s'était levé pour tout ce qui est grand et saint, sous un roi qui semblait avoir reçu la grande vocation d'indiquer aux autres pays la voie de la vraie civilisation chrétienne ».

A son tour le ministre des Finances, au nom du roi, montra pourquoi Sa Majesté avait appelé et encouragé de ses largesses les religieuses du Bon-Pasteur, dont l'œuvre remédie à l'une des maladies les plus affligeantes de notre siècle et les plus inaccessibles aux moyens humains de guérison. Puis, il remit dix mille florins que le roi donnait de sa cassette pour l'église du couvent des pénitentes. Enfin le vénérable archevêque, malgré ses quatre-vingt-trois ans, fit la bénédiction de la maison et des jardins. A partir de ce jour jusqu'à sa mort, il porta le plus grand intérêt à cette Communauté.

La Mère Marie de Sainte-Euphrasie suivait cette fondation de Munich avec un intérêt d'autant plus grand, qu'elle y voyait engagé l'avenir du Bon-Pasteur en Allemagne. Au mois de décembre, elle y envoya trois nouvelles religieuses dont l'une était Mlle de Müller, en religion sœur Marie du Sacré-Cœur, qui fut nommée assistante et dont les vertus comme la fortune contribuèrent grandement à la prospérité de la maison. Du reste l'éclat des premiers jours n'avait pas fait oublier à la Mère fondatrice que les épreuves viendraient pour ses filles, comme elles viennent toujours aux œuvres bénies de Dieu. En effet, ses filles eurent bien à souffrir. Leur maison, sorte de villa d'été, abandonnée depuis longtemps, les garantissait mal contre les froids de l'hiver. M. l'abbé Eberhard, qui était devenu leur Supérieur et qui dirigeait les nouvelles constructions, fut obligé de quitter Munich, poursuivi qu'il était par l'animosité des protestants. Elles-mêmes n'échappèrent pas à l'épreuve des calomnies. Leurs amis découragés leur conseillaient quelquefois d'abandonner Munich et de retourner en France. C'est alors que la Mère Sainte-Euphrasie venait par ses lettres débordantes de foi et de confiance, relever leur courage et soutenir leurs efforts. Le roi, de son côté, les protégeait toujours : il fit décider en leur faveur la possession d'un jardin qu'on voulait leur enlever pour la construction d'un hôpital. Un jour même il arriva à l'improviste, et de grand matin, pour examiner par lui-même tous les détails de la maison. En voyant chaque office, il ne pouvait retenir son admiration sur la beauté de la vocation du Bon-Pasteur. Plusieurs fois la reine Marie vint les visiter. Dieu surtout et la très sainte Vierge semblaient les encourager visiblement dans leurs épreuves. Elles retrouvaient à Munich les traits providentiels qui avaient accompagné la fondation d'Angers : aussi la Mère générale se réjouissait pour ses filles de les voir marcher dans les voies qu'elle avait parcourues elle-même. Un jour, c'était le curé de la Cathédrale d'Augsbourg qui leur apportait neuf mille cinq cents florins, don d'une bienfaitrice inconnue. Un autre jour, c'était une bonne paysanne qui leur donnait pour leur œuvre cinq mille florins, peut-être l'économie de toute sa vie. Le grain de sénevé arrosé par les bénédictions de la charité ne pouvait rester en terre : aussi, dès 1844, la maison de Munich comptait vingt-six religieuses, quatre-vingt-six pénitentes, soixante-dix préservées et cinquante pensionnaires.

M. l'abbé Eberhard, en venant à Angers, avait profité de son passage à Paris pour faire visite à un ami qu'il avait en Angleterre. Cet ami, qui était curé près de Londres, lui apprit que plusieurs jeunes filles de sa paroisse cherchaient une Communauté où elles pussent se dévouer au salut des âmes, et ramener à Dieu celles qui en étaient éloignées. M. Eberhard lui parla aussitôt du Bon-Pasteur d'Angers, qui devait envoyer une colonie à Munich à la requête du roi de Bavière. M. Jauch fut heureux d'apprendre l'existence de cette Communauté. Mais comment ses postulantes pourraient-elles y entrer ? Elles n'avaient pas de fortune. M. Eberhard se chargea de présenter l'affaire à la Mère générale dont le désintéressement lui était connu. M. Jauch, gagné par les paroles de son ami, témoigna le désir de chercher à établir ces religieuses en Angleterre. M. Eberhard se chargea encore de présenter à la Mère Marie de

Sainte-Euphrasie une demande de fondation pour Londres. Il n'eut pas besoin de plaider beaucoup : sa cause était gagnée d'avance près de la servante de Dieu, dont tous les efforts ne tendaient qu'à l'extension de son œuvre pour la conversion des âmes.

Londres et l'Angleterre, l'ancienne Ile des Saints, lui semblaient une terre promise : elle voyait d'avance les légions d'âmes de ce religieux pays devant leur salut au zèle de ses filles. Elle soupirait après la conversion de l'Angleterre au catholicisme : elle y travailla autant qu'elle put.

M. Eberhard n'avait pas trop présumé du désintéressement de la Mère fondatrice : elle accepta, malgré le peu de fortune, les jeunes postulantes anglaises, qu'elle regardait comme les prémices que Dieu lui envoyait de ce grand et beau pays.

Elle envoya à Londres, la Mère Marie des Anges, Supérieure de Lille, avec une autre religieuse, pour voir s'il était possible de fonder une maison en Angleterre. M. Dehée, leur Supérieur, les accompagnait. Le vénérable M. Jauch, qui n'avait pas prévu le zèle de la Mère fondatrice, fut tout surpris de voir si tôt à Londres ces religieuses ; il leur déclara qu'il n'avait pas de maison à leur offrir et qu'il fallait tout attendre de la Providence. Ces paroles n'étaient pas pour décourager les filles de la Mère Sainte-Euphrasie.

M. Dehée rentra en France au bout de quinze jours. Mais elles, par obéissance aux ordres de leur Mère, qui ne les rappelait pas, et encore plus par fidélité à l'esprit qu'elle leur avait donné, esprit de confiance dans la Providence, elles restèrent, prêtes à souffrir l'humiliation et la pauvreté. La Mère Sainte-Euphrasie leur écrivait fréquemment et leur donnait courage : il semblait qu'elle eût reçu du Ciel une claire vue du grand bien que son Institut devait faire en Angleterre. Toutes les peines de ses filles lui étaient une marque que cette fondation était selon la volonté de Dieu et qu'elle se ferait.

Peu à peu les jeunes anglaises que la Mère générale

avait acceptées firent connaître le Bon Pasteur autour d'elles. Plusieurs personnes de distinction commencèrent à s'intéresser au sort des deux religieuses. De ce nombre fut la marquise de Wellesley. Mgr Griffiths, vicaire apostolique de Londres, après avoir pris connaissance des constitutions, voulut bien permettre la fondation d'une maison, mais aux frais de la Congrégation : ses nombreuses charges ne lui permettaient pas de la prendre à ses frais. Mᵐᵉ la marquise de Wellesley promit une rente annuelle à l'établissement. La Mère Sainte-Euphrasie allait accepter la fondation, mais Mgr Paysant, évêque d'Angers, à qui elle demanda l'autorisation, jugea prudent de différer à cause des frais considérables qui devaient en résulter. La Mère fondatrice obéit aussitôt quoiqu'il en coûtât à son zèle. Elle rappela sœur Marie des Anges qui quitta Londres sans tarder. Cependant on voyait les difficultés s'aplanir et les souffrances bientôt récompensées. Londres commençait à connaître les religieuses du Bon-Pasteur, et par là même à les désirer. Mgr Griffiths souhaitait la fondation.

Sœur Marie des Anges eut du moins la consolation de présenter à sa Mère les prémices de la nation anglaise, qui devait plus tard fournir tant de religieuses dévouées au Bon-Pasteur.

Elle ramena avec elle plusieurs postulantes, dont l'arrivée fut une grande fête pour le monastère d'Angers. Leur langue elle-même était un sujet de grande joie parmi les françaises qui ne pouvaient d'abord ni les comprendre ni se faire comprendre d'elles. Les premiers dialogues qui purent s'établir réjouissaient les unes et les autres. Les jeunes étrangères savaient au moins exprimer énergiquement leur volonté d'être religieuses du Bon-Pasteur.

— Voulez-vous retourner à Londres ? leur demandait-on.

— Oh ! mourir avant, répondaient-elles : nous vouloir être religieuses.

Quelque temps après l'arrivée de ces intéressantes novices, la Mère Sainte-Euphrasie, montrait sa maison à un ecclésiastique de Nantes. Elle lui parla de l'embarras où elle était pour trouver un confesseur à ses postulantes anglaises. Cet ecclésiastique, qui connaissait le zèle admirable et la condescendance de son évêque, dont le confessionnal à la cathédrale de Nantes était souvent assiégé par les pauvres, dit à la Mère fondatrice que si elle s'adressait à Sa Grandeur, elle ne serait certainement pas refusée. Enhardie par les assurances de ce prêtre, et pressée par son amour des âmes, elle écrivit à Mgr de Hercé. Il en fallait moins pour exciter le zèle du saint évêque : il se mit aussitôt et avec bonheur à la disposition de la Mère fondatrice.

A partir de ce moment Mgr de Hercé ne cessa de porter le plus touchant intérêt au Bon-Pasteur et d'entretenir des relations pieuses avec la Mère Sainte-Euphrasie. Le bon évêque se regardait comme le directeur de la colonie anglaise du Bon-Pasteur. La droiture de ses chères novices, l'air délibéré avec lequel elles allaient à Dieu qui les appelait, le calme de leur décision, tout un ensemble de qualités naturelles et très particulières à la race anglaise, qualités rehaussées chez elles par la grâce divine, attiraient l'affection de l'apôtre.

Cependant M. Jauch, en envoyant de nouvelles postulantes réclamait toujours une fondation à Londres. Il était appuyé par la marquise de Wellesley. Un de ses confrères, un prêtre français, M. l'abbé Voyaux de Tranoux, offrait au Bon-Pasteur une maison à Saint-Léonard, sur les bords de la Tamise.

La Mère générale, malgré les oppositions de la première heure, avait toujours eu confiance dans l'avenir de cette fondation en Angleterre. « Il semble, disait-elle à ses reli- « gieuses, que les cendres des martyrs se raniment pour « nous appeler dans cette cité où, a dit une sainte âme, la « foi doit rentrer par notre œuvre. »

L'acte d'obéissance à ses supérieurs qui avaient arrêté son premier élan pour cette fondation, lui paraissait d'un bon augure : elle s'était persuadée que l'obéissance reli-

gieuse est une semence qui germe tôt ou tard pour la
gloire de Dieu, au moment voulu par sa Providence « Dieu
« est jaloux de ses œuvres, répétait-elle ; il ne veut pas que
« dans celle-ci qui est un miracle de sa miséricorde, on
« puisse croire que l'homme y est pour quelque chose. Cette
« fondation sera un fruit de prières, d'obéissance et de con-
« fiance en la bonté de Dieu. »

Cette fondation fut en effet un fruit de prières. Sœur
Marie des Anges, qui avait fait les premières démarches en
Angleterre, avait promis de réciter pendant un an l'office
de l'Immaculée-Conception pour le succès de sa mission :
les religieuses de la Maison-Mère promirent à sainte Radegonde de lui ériger un autel, si elle accordait sa protection
à la fondation de Londres.

La Mère Sainte-Euphrasie érigeait des autels et des statues sous les cloîtres, dans les salles et dans les jardins de
son couvent, comme autant d'ex-voto des grâces obtenues
pour les maisons de son Ordre. C'était une habitude de sa
piété d'intéresser tel saint en particulier au succès d'une
fondation, et de perpétuer sa reconnaissance dans la maison par un monument qui lui rappelait à elle et à ses filles
les grâces obtenues par ce saint. Aussi, en visitant le Bon-
Pasteur, on revoit en images, en statues ou en autels, l'histoire surnaturelle de son extension à travers le monde : ce
tableau rappelle une fondation d'Italie ; cette statue, une
fondation d'Amérique ; cet autel, la conservation d'une
maison d'Allemagne.

La Mère Sainte-Euphrasie aimait à vivre habituellement
dans cette pensée de la communion des saints. C'était pour
elle une des joies du cloître, de songer que son couvent
était habité par ces hôtes célestes qui, comme dans la vision
de Jacob, montaient et descendaient pour porter à Dieu
les œuvres et les prières des religieuses et rapporter à ses
filles et à elle les bénédictions du ciel.

Sainte Radegonde gagna son autel, et la sainte Vierge se
laissa toucher par les prières de la Mère fondatrice et de

sœur Marie des Anges. Mgr Paysant, sollicité par M. l'abbé Mainguy, accorda, quelques semaines plus tard, au Bon-Pasteur l'autorisation d'envoyer des religieuses à Londres et d'y fonder une maison.

Le départ pour Londres des premières religieuses fut un grand événement dans la Communauté. Elles durent changer leur habit blanc de religieuses pour en revêtir un noir. La Mère Sainte-Euphrasie, avec l'à-propos qu'elle savait mettre en toutes ses paroles les consola de cet ennui.

— Je suis noire, mais je suis belle, leur dit-elle, rappelant un mot de la sainte Ecriture appliqué à la très sainte Vierge.

Elle leur remit deux mille francs et les confia à la garde de M. l'abbé Mainguy. Celui-ci voulut bien les accompagner avec une postulante anglaise qui devait servir d'interprète. A cette époque où les chemins de fer et les bateaux à vapeur n'avaient pas multiplié et comme vulgarisé les longs voyages, un départ pour l'Angleterre semblait un départ pour un autre monde, aussi l'émotion était grande parmi les religieuses qui restaient, en voyant partir leurs sœurs. Elles leur firent des adieux solennels, comme si elles ne dussent plus les revoir jamais.

Après une traversée pénible, pendant laquelle toutes furent malades, les religieuses du Bon-Pasteur arrivèrent à Londres le 9 novembre. Londres, par un jour d'hiver, avec ses brouillards, l'aspect de ses monuments noircis de fumée, l'immense mouvement de son commerce, fit sur elles une impression profonde. Elles eurent peine d'abord à trouver un gîte convenable et en rapport avec leur pauvreté. Elles se rendirent près de M. l'abbé Voyaux, ce prêtre français qui les avait beaucoup désirées et sur lequel elles comptaient tant. Hélas ! il était mort depuis trois jours. Cette épreuve ne les découragea pas : elles prièrent devant son cercueil avec le ferme espoir que du ciel il serait leur protecteur. Du reste, l'évêque de Londres leur fit l'accueil le plus paternel. Il avait ordonné à ses secrétaires de les recevoir avec tant de prévenances qu'elles prissent sa maison pour la maison d'un père.

Dès le lendemain de leur arrivée, sœur Marie de Saint-Joseph Regaudiat, Supérieure de cette colonie anglaise, écrivait à la Mère fondatrice pour lui donner des nouvelles de leur voyage, rassurer ses inquiétudes maternelles et satisfaire la légitime curiosité de toutes leurs sœurs et de leurs amis qui priaient pour elles. Mgr de Hercé prenait un intérêt tout spécial à cette première entrée du Bon-Pasteur en Angleterre.

Les premiers mois furent durs pour les religieuses jetées en pleine ville protestante, sans connaissance de la langue du pays ; surtout quand le bon M. Mainguy, qui les soutenait de son inaltérable bonté, les eut quittées pour revenir à Angers. Après quelque temps passé à la campagne entre Hastings et Saint-Léonard, elles revinrent à Londres, chez les Bénédictines qui leur donnèrent l'hospitalité. Dieu seul connaît les ennuis et les contre-temps de toute sorte qu'elles eurent à essuyer pendant leurs courses à travers Londres pour la fondation de leur couvent. Un soir, qu'elles voulaient revenir chez les Bénédictines, on les fit monter dans un omnibus d'une direction tout opposée. On peut juger de leur frayeur, quand elles se virent, en pleine nuit, perdues dans les quartiers de Londres.

Puis, tout d'abord les personnes à qui elles parlaient de leur œuvre étaient étonnées, et ne pouvaient comprendre que l'on eût assez de zèle pour se dévouer à cette vocation.

La Mère Sainte-Euphrasie, tenue au courant des nombreuses tribulations de ses filles à Londres, et désirant malgré tout les voir se fixer sur cette terre des saints, eut recours à la sainte Vierge. Après une messe dite à l'intention de cette fondation, elle réunit sa Communauté et promit à la très sainte Vierge de réciter pendant un an le *Memorare* pour le succès du couvent de Londres. Puis elle écrivait à sœur Marie de Saint-Joseph : « Londres est notre fille ; il nous en coûtera beaucoup pour l'établir ; mais vous ne devez pas l'abandonner, fallût-il même travailler autant la nuit que le jour et faire les plus grands sacrifices d'argent. »

Elle entretenait sa Communauté des tribulations de leurs sœurs d'Angleterre. Elle lui exprimait aussi sa confiance dans la sainte Vierge pour cette maison. Le 24 mars elle lui disait dans une pieuse et charmante conversation :
« Demain, mes chères filles, nos sœurs d'Angleterre auront
« enfin une maison, où elles pourront recevoir des pénitentes
« et des enfants. Nous pouvons dire que cette fondation si
« désirée va naître ; mais elle aura besoin que nous ne l'aban-
« donnions pas : car un enfant qui naît est bien loin de mar-
« cher seul. J'ai vraiment de la joie que cet heureux événe-
« ment ait lieu dans un si beau jour. La sainte Vierge devra
« bien être appelée la fondatrice de Londres. Le bon saint
« Joseph a bien lui aussi contribué pour sa part, à cette belle
« œuvre ; mais il a voulu en laisser tout l'honneur à son
« épouse, et il la lui présentera demain comme bouquet. Je
« crois bien aussi que sainte Euphrasie s'est mise de la partie ;
« elle aura parlé de Londres au bon Dieu. Afin de nous atti-
« rer de plus en plus la protection de Marie et de Joseph,
« nous joindrons à l'intention de la procession du mois de
« mars, que nous faisons, celle de prier Notre-Dame des Sept-
« Douleurs. »

L'acte d'acquisition de leur maison fut signé par les reli-gieuses de Londres le jour de la Compassion de la sainte Vierge, et elles entrèrent en possession le premier jour du mois de Marie. Il leur sembla, comme à la Mère générale que la sainte Vierge voulait manifester sa protection spé-ciale sur leur fondation. En effet, peu à peu la maison s'organisa, elle se meubla des dons qu'envoyaient les diffé-rentes Communautés du Bon-Pasteur, le couvent de Lille en particulier. Mgr Griffiths vint bénir la chambre qui ser-vait de chapelle ; quelques mois plus tard, il revint donner la première Communion et la Confirmation aux premières pénitentes que les religieuses avaient recueillies. C'était le début d'une grande œuvre. Les religieuses écrivaient à leurs sœurs : « Nous marcherons constamment sur les traces de notre vénérée Mère Marie de Sainte-Euphrasie, qui est pour nous la colonne lumineuse destinée à éclairer et à diriger nos pas. »

Pendant que la maison de Londres se fondait, la Mère générale préparait au noviciat d'Angers de nouvelles religieuses missionnaires pour l'Angleterre. Depuis qu'elle avait reçu des postulantes de ce pays et qu'elle avait vu s'ouvrir devant elle ce nouveau champ de missions, elle avait redoublé de zèle pour former ses filles et leur communiquer son esprit d'apostolat. Le noviciat d'Angers était devenu un vrai Séminaire de missions. On y apprenait, on y parlait plusieurs langues. Les maîtresses avaient été doublées ; quelques-unes apprenaient l'anglais ; les novices anglaises apprenaient le français. La première récompense de l'application de ces dernières était de pouvoir comprendre les instructions de la Mère fondatrice. Sa parole chaude, pleine de l'amour de Dieu et de l'amour des âmes, entrait profondément dans les cœurs de ces jeunes Anglaises et leur donnait un zèle d'autant plus solide qu'il entrait dans des tempéraments plus froids. L'Anglais, toujours si plein de bon sens et d'esprit pratique, est capable des plus beaux héroïsmes, quand il est échauffé par le dévouement à une grande cause.

La Mère Marie de Sainte-Euphrasie était attentive à fonder la piété de ses filles sur l'humilité, elle leur répétait souvent : « Dieu est tellement jaloux de notre œuvre, qu'il ne « veut pas que les hommes y mettent la main. »

C'est pour cela que l'abandon des hommes et leur hostilité ne la décourageaient jamais ; souvent elle y puisait au contraire des espérances de succès, persuadée que Dieu aime à montrer par là son action dans les œuvres qui lui sont le plus à cœur. Aussi elle prêchait sans cesse l'humilité : « Mes filles, disait-elle, notre congrégation touche à « son âge d'or, parce que les premières demandent à être « les dernières. »

L'Irlande, qui devait donner tant de religieuses au Bon-Pasteur, eut sa première fondation d'une manière toute providentielle.

Depuis plus de vingt ans une pieuse et énergique catholique de Limerick, Mlle Reddon, dirigeait une maison de refuge, à la grande édification de ses compatriotes, quand elle conçut l'idée d'entrer chez les religieuses de la Merci.

L'évêque de Limerick fit opposition à ses desseins en lui montrant que son œuvre si importante serait ruinée par son départ. Mais, étant allée à Londres, elle vit à Hammersmith la maison du Bon-Pasteur. Edifiée par l'ordre et la piété qui y régnaient, elle projeta d'appeler des religieuses pour prendre la direction de sa maison. L'évêque approuva son dessein. Une demande fut faite à la Mère Sainte-Euphrasie. Celle-ci s'empressa d'envoyer une première colonie : car elle aimait l'Irlande, qui, malgré sa pauvreté, fournit des missionnaires par milliers et contribue pour sa large part à l'extension du catholicisme dans le monde. Mlle Reddon assista à l'installation des filles de la Mère Sainte-Euphrasie, à leurs premiers travaux dans cette maison, qui devait devenir très prospère ; puis elle voulut se faire religieuse du Bon-Pasteur. Mais Dieu l'appelait au couvent de la Merci. Elle y entra et mourut missionnaire en Californie, laissant une réputation de grande sainteté.

La Mère Sainte-Euphrasie envoya successivement d'Angers des sœurs nombreuses pour satisfaire aux besoins de la maison de Limerick, qui à la classe des pénitentes joignit une école industrielle, approuvée par le Gouvernement. Elle s'intéressait d'autant plus à ce couvent, qu'elle voyait son extension rapide et la grande piété qui y régnait.

Une colonie de religieuses d'Hammersmith quitta Londres, pour se rendre à Dolbesck, près de Glasgow, et y ouvrir une maison de refuge pour les pénitentes et les détenues .

Un pieux catholique, nouvellement converti, avait suscité cette fondation, pour laquelle il donna mille livres sterling, environ vingt-cinq mille francs. A peine les religieuses du Bon-Pasteur furent-elles installées aux portes de la grande ville manufacturière d'Ecosse, que de nombreuses demandes leur étaient faites pour l'admission de jeunes filles sans asile.

Ce fut un grand étonnement dans cette ville protestante de Glasgow de voir ces pieuses vierges, enfermées derrière les grilles de leur couvent, recevoir comme dans leur famille les jeunes filles abandonnées par la société, les transformer peu à peu et leur donner des habitudes d'ordre et de piété. Des habitants d'Edimbourg, de passage à Glasgow, venaient les voir et remportaient de leur visite une admiration mêlée d'étonnement. Peu à peu la réputation du couvent s'étendait, surtout parmi les vingt mille Irlandais qui travaillaient dans les manufactures : aussi de nombreuses familles venaient demander l'acceptation d'une fille ou d'une parente. Les religieuses ne pouvaient accueillir toutes les demandes, faute de ressources et d'espace, tant leur vogue était extraordinaire. La foi des Irlandais, qui subsiste toujours si vive même au milieu des désordres des grandes villes, s'était ranimée au spectacle des religieuses du Bon-Pasteur. Beaucoup leur attribuaient le don des miracles : aussi on venait leur amener des malades. Les religieuses pour ne pas les attrister, les accueillaient avec bonté ; quelquefois elles leur donnaient de l'eau bénite, des objets de piété. La foi de ces gens était si grande et leurs prières si ferventes, que plus d'une fois Dieu guérit leurs malades.

Sur la demande de l'évêque de Liverpool, la Mère Pelletier envoya de Londres quatre de ses filles, pour fonder une maison dans la grande ville commerciale. Les Pères Rédemptoristes venaient de donner une mission dans cette ville et d'y célébrer publiquement, pour la première fois, le mois de saint Joseph. Pour affermir le bien opéré par eux, ils réclamaient les religieuses du Bon-Pasteur.

La Mère Pelletier vit le monastère nouveau, un de ses Benjamins, comme l'appelait la Mère Hohler, la première supérieure, se développer comme par enchantement. La première maison, bientôt trop étroite, fut échangée successivement contre plusieurs autres, grâce à la charité de personnes généreuses. La principale bienfaitrice voulut rester cachée. Et de fait, ce n'est qu'au bout de plusieurs années que les religieuses connurent son nom, et apprirent pour qui elles priaient dans leur reconnaissance.

Ce qui touchait le plus la Mère Pelletier, c'était le bien spirituel qui s'opérait par le ministère des religieuses. La Mère Hohler lui racontait un jour, comme exemple de conversion, l'histoire d'une pénitente de trente ans, qui, amenée au couvent, était tout d'abord la terreur de ses compagnes, comme elle l'était auparavant de ses complices dans le monde. D'une taille et d'une force extraordinaires, elle était irascible, emportée. prompte au blasphème. Plusieurs fois, sa colère l'emportant, elle s'était abandonnée aux injures et à la violence contre une enfant qui travaillait avec elle. Mais, grâce à la douceur de l'atmosphère du couvent, cette nature s'était calmée. La bonté des sœurs avait adouci son caractère : le bon Dieu avait fait le reste. Et, disait la Mère Hohler à la Mère Pelletier, « nous avons une récompense suffisante de tous nos petits sacrifices. »

Waterford donna le premier établissement de Madeleines en Irlande.

Quand elle accepta la fondation de New-Ross, la Mère Pelletier disait :

— Nous avons demandé ardemment des postulantes à la très sainte Vierge ; eh bien ! je suis sûre qu'elles viendront puisque cette fondation sera faite.

CHAPITRE XIII

DANS LES MISSIONS D'AMÉRIQUE

Mgr Bourget à Angers. — Mort de Mgr Paysant. — Appel de
Mgr Flaget. — Départ. — Au Canada. — A Saint-Louis sur le
Mississipi. — A Philadelphie. - Dans l'Amérique du Sud. — Au
Chili. - Cincinnati et New-York. — A Chicago. - La jeune
Agnès. — La Serena. — L'évêque de Cincinnati à Angers —
Maison de réforme à Talca et à Cincinnati. — Baltimore.

Mgr Bourget, évêque de Montréal, étant venu à Rome
pour décider la fondation d'établissements religieux dans
son diocèse, reçut le conseil de la Sacrée Congrégation de
la Propagande de s'adresser à la Mère Pelletier et d'en obtenir une maison de refuge pour les pénitentes.

Le pieux évêque vint à Angers. Quand il visita la Communauté, il fut si touché de l'ordre admirable de la maison,
de la bonne tenue des cent vingt pénitentes qui y étaient,
qu'il accueillit avec reconnaissance la demande que lui fit
la maîtresse de ces pénitentes, de partir avec lui à la tête
d'une colonie. La sainteté du prélat, ses pieuses exhortations, ses récits sur les missions d'Amérique encore si
pauvres de missionnaires, avaient enflammé de zèle tous les
cœurs. Aux pénitentes qui s'étonnaient qu'il se fût exposé à
tant de fatigues et à tant de périls pour les plus pauvres de
ses diocésains, il disait avec une simplicité qui excitait
l'admiration :

— Eh quoi ! nos chères filles, pourrions-nous compter
deux mille lieues pour quelque chose, tandis que Notre-
Seigneur, n'a pas craint de quitter le ciel pour sauver les
pécheurs ? Oh ! non, ce que j'ai fait n'est rien !

Mgr Bourget était passé par Chartres pour mettre son

voyage sous la protection de la sainte Vierge, et il y avait vu, à son grand étonnement, des ex-voto envoyés par les Indiens, ses diocésains. Quand M. l'abbé Pie, le futur évêque de Poitiers, lui montra ces gages de la piété de ses enfants, il ne put retenir ses larmes ! Son amour pour les âmes était du reste ce qui touchait la Mère Sainte-Euphrasie. Aussi ce fut pour elle un pénible sacrifice de renoncer à la fondation projetée devant l'opposition insurmontable de Mgr Paysant pour ces œuvres d'outre-mer.

Mais elle avait vu s'entr'ouvrir pour ses filles les horizons de l'Amérique ; elle espéra désormais qu'un jour la sainte Vierge donnerait ce champ immense au zèle des religieuses du Bon-Pasteur.

Quelques mois après le voyage de Mgr Bourget, le vénérable évêque d'Angers mourait subitement pendant une tournée pastorale. La Mère Marie de Sainte-Euphrasie regretta vivement ce saint évêque qui montrait un grand zèle pour son Institut, et qui, même lorsqu'il refusait d'accorder des fondations pour des pays lointains, n'agissait que dans l'intérêt de son œuvre, dans le dessein de l'affermir avant de l'étendre.

La mort de Mgr Paysant amena à Angers Mgr de Hercé qui descendit au Bon-Pasteur. Ce furent, pendant quelques jours, de continuels entretiens sur des projets de missions. La Mère Sainte-Euphrasie eut soin de lui parler des ouvertures de l'évêque de Montréal, de son désir de fonder des maisons en Amérique, du zèle de ses sœurs pour les pays lointains. Mgr de Hercé entra d'autant plus facilement dans ces vues qu'il avait les goûts et le zèle du missionnaire. Puis il voyait, comme la Mère fondatrice, une marque providentielle de la vocation du Bon-Pasteur pour les missions dans la venue de novices de toutes langues. Pendant son séjour, il donna encore l'habit religieux à cinq Anglaises, à deux Italiennes et à trois Allemandes. La Mère Sainte-Euphrasie lui exposa ce qu'elle avait déjà fait pour se préparer aux missions, et ce qu'elle se proposait d'établir : des cours de langues étrangères plus nombreux. Mgr de Hercé, pour encourager les novices à apprendre ces langues, leur promit de se faire leur examinateur.

Pendant que sous l'inspiration du pieux évêque de Nantes la Mère générale établissait les cours de langues étrangères dans son noviciat transformé en Séminaire des Missions, Mgr Flaget, de pieuse mémoire, qui avait béni les débuts du Bon-Pasteur, lui écrivait une longue lettre pour lui exposer le bien que feraient ses filles dans les villes du Nouveau Monde. Le ciel mettait d'accord les conseillers les plus dévoués et les plus pieux de la Mère, pour la porter vers les missions d'Amérique. Comment résister à ces voix venues de points si éloignés quand elle-même trouvait son zèle si en harmonie avec ces appels des serviteurs de Dieu. Quand elle reçut la lettre de Mgr Flaget et qu'elle la reconnut au nom de Bardstown, elle la baisa par respect ; et après l'avoir laissé baiser aux religieuses qui, comme elle, avaient gardé de cet évêque le souvenir le plus édifiant, elle la déposa au pied d'une statue de la sainte Vierge pour la recevoir le lendemain par l'entremise de cette bonne Mère, si vénérée de l'évêque de Bardstown et du Bon-Pasteur.

La Mère fondatrice répondit sans tarder à Mgr Flaget : « C'est le divin Pasteur, Monseigneur, qui vous a mis au « cœur le souvenir de ses pauvres filles ; croyez bien que nous « ne négligerons rien pour entrer dans vos vues. Le Seigneur « a de loin préparé les voies à vos œuvres, en établissant un « noviciat anglais dans notre maison d'Angers. »

Quand Mgr Flaget eut transporté le siège de son évêché à Louisville, il s'empressa de mettre à exécution son projet. Il écrivit à M. Régnier dont il ignorait la nomination à l'évêché d'Angoulême, pour lui demander une colonie de religieuses du Bon-Pasteur. Mgr Régnier, envoya la demande au nouvel évêque d'Angers, Mgr Angebault, qui s'empressa d'accorder ce que demandait le saint évêque d'Amérique. Mgr Angebault dit à la Mère Euphrasie que bientôt elle aurait un noviciat en Amérique.

— Il faudra envoyer une autre colonie pour former un noviciat, car je vois déjà cette œuvre s'étendre jusqu'à l'infini.

La Mère Euphrasie, ne put contenir sa joie à la vue des
nations qui s'ouvraient enfin à son zèle. Quand elle réunit
le Chapitre qui devait nommer les premières religieuses de
la mission d'Amérique, elle laissa ainsi s'épancher ses sentiments d'apôtre : « Notre-Seigneur Jésus-Christ se trou-
« vant au milieu de ses disciples après sa résurrection leur
« dit : « Allez, enseignez toutes les nations. Saint Ignace a
« redit autrefois ces divines paroles à sa compagnie plus
« fervente, plus généreuse que la nôtre. Il n'avait que peu
« de Pères : il désigna à l'un le Portugal, à l'autre l'Espa-
« gne, puis à d'autres, la France, le nord de l'Europe, enfin
« les Indes, le Japon ; et il s'écriait ensuite : « Oh ! que
« n'ai-je davantage de serviteurs fidèles pour les immoler
« à la gloire de Dieu ! » Saint Vincent agit de même dans
« son Ordre naissant. Aujourd'hui, mes chères sœurs, la
« même invitation vous est faite, les mêmes paroles vous
« sont adressées. Ce n'est plus dans un an, dans un mois,
« dans quelques jours, c'est à l'instant même que vous allez
« apprendre les glorieux travaux qui vous sont destinés. »

Les premières religieuses qui furent nommées pour
l'Amérique, étaient de cinq nations différentes. La veille de
leur départ, la Mère Euphrasie réunit dans le chœur toute
la Communauté et fit faire la cérémonie du baisement des
pieds, telle qu'elle a lieu au Séminaire des Missions Etran-
gères. Pendant ce temps, les religieuses chantaient un cantique composé pour la circonstance. La Mère voulut baiser
la première les pieds des missionnaires et dans l'élan de sa
foi, elle répétait :

— « Qu'ils sont beaux les pieds de ceux qui vont porter
les paroles de l'Evangile ! »

Pour rallumer dans le cœur de ses filles le zèle de leur
noviciat, elle leur fit renouveler leurs vœux à la veille de
leur départ.

C'était dans toute la Communauté un enthousiasme indescriptible : chaque religieuse aurait désiré partir pour les missions, Mme d'Andigné voulut payer le trousseau des missionnaires, leur donner des couvertures et le premier calice de leur chapelle. Les personnes charitables d'Angers leur firent des offrandes pour les premières pénitentes du Nouveau-Monde. Les journaux eux-mêmes firent des relations fort éloquentes de ce départ pour l'Amérique, et attirèrent au Bon-Pasteur un certain nombre de postulantes qui avaient de l'attrait pour les missions.

Le moment de la séparation fut dur pour les missionnaires et pour la Communauté. La Mère Euphrasie sentant son cœur s'émouvoir à la vue de ses filles qui allaient la quitter peut-être pour toujours, leur dit avec une grande énergie :

— « Mes filles, au nom de l'obéissance, partez !

Aussitôt les cinq missionnaires partirent accompagnées de la Mère assistante, qui les conduisit jusqu'au Havre. Les portes du cloître se refermèrent et la Mère Euphrasie recommença avec d'autres novices son œuvre de formation à la vie religieuse et à la vie d'apôtre. Ce départ pour l'Amérique fut l'occasion d'un de ses entretiens les plus chaleureux.

« Aujourd'hui, mes chères filles, c'est l'entretien de
« l'Amérique. Nous supposons que toutes vous partez pour
« ce pays. Aussi nous ne parlerons que de cette mission.
« Une chose qui nous frappe, c'est la force de notre qua-
« trième vœu. N'est-il pas bien vrai que notre quatrième
« vœu est celui-là seul qui nous conduit en mission ? En
« effet, ce n'est pas pour pratiquer mieux la charité que
« nous allons sur des plages aussi lointaines : nous la trou-
« vons partout. La chasteté ? Elle est plus en sûreté dans
« la retraite que dans les travaux qui attendent nos sœurs
« en Amérique. C'est encore moins le vœu d'obéissance, on
« peut vous envoyer en France, en Europe. mais on ne peut
« vous forcer d'aller dans le Nouveau-Monde. C'est votre
« attrait seul qui vous y porte. Or, cet attrait où prend-il sa
« source si ce n'est dans votre quatrième vœu ? — Mais,

« ma Mère, pensent peut-être plusieurs, pourquoi aller si
« loin chercher des âmes ? N'y en a-t-il pas partout ? Oui,
« mes chères filles, il y en a partout. Mais nulle part au-
« tant qu'en Amérique. La raison en est claire. Nul pays
« n'est plus abandonné. On y fait quelquefois plus de cent
« lieues sans rencontrer un seul prêtre. — Les jeunes
« personnes que vous aurez converties et fait baptiser
« seront portées à chercher des âmes comme vous-mêmes
« vous avez été les chercher. Aussi notre vocation leur
« conviendra mieux que celles des Carmélites ou des
« Dames du Sacré-Cœur. C'est pourquoi avant quatre ans il
« y aura autant de novices à Louisville qu'ici. »

Tous les amis du Bon-Pasteur se réjouirent de cette
fondation en Amérique : elle était pour eux la manifestation éclatante des vues de Notre-Seigneur sur cette Communauté. Mgr Régnier, évêque d'Angoulême, écrivait le
16 octobre 1842, à la Mère Euphrasie : « Je suis enchanté
de la manière dont s'est terminée cette importante affaire
du Kentucky. Mes vœux suivront vos bonnes sœurs
sur les mers qu'elles vont traverser. Toute lointaine
qu'elle est, cette fondation ne m'inspire aucune inquiétude,
parce qu'elle est faite selon les règles de la prudence chrétienne et de l'obéissance religieuse... » Les prévisions de
Mgr Régnier se réalisèrent et les espérances de la Mère
Euphrasie furent dépassées par le succès des fondations
d'Amérique. Cette bonne Mère prenait réellement possession du Nouveau-Monde avec cette petite colonie de quelques religieuses, qui s'abandonnaient à la garde de Dieu,
traversaient les mers pour porter l'esprit apostolique du
Bon-Pasteur parmi ce peuple jeune plein de si belles espérances pour le christianisme.

Aussi avec quelle maternelle sollicitude elle suivait de
ses prières ses filles, qui de la paix du cloître s'élançaient
ainsi à la conquête des âmes à travers des dangers de
toutes sortes ! Elle leur demandait des lettres pour vivre
avec elles en union plus étroite. De New-York et de

Louisville, elles lui écrivirent longuement, lui racontant les émotions de ce voyage de près de deux mois, à travers les mers et à travers l'Amérique. Parties le 16 octobre sur un vaisseau à voiles, elles avaient subi toutes les rigueurs d'une traversée difficile, contrariée par des tempêtes. Sur le sol de l'Amérique, pendant leur voyage jusqu'à Louisville, elles furent accueillies successivement par les évêques de New-York, de Philadelphie, de Pittsbourg, de Cincinnati et enfin à Louisville par Mgr Flaget et Mgr Chabrat, son coadjuteur. Chacun de ces évêques en voyant cette petite phalange d'apôtres envoyée à la conquête des âmes malheureuses, ambitionna la fondation d'une maison du Bon-Pasteur pour son diocèse. C'était une semence jetée en terre, qui devait bientôt donner sa moisson.

Le Canada s'ouvrit peu après aux filles de la Mère Sainte-Euphrasie. Le départ des religieuses fut pour la Mère l'occasion de montrer sa générosité. Mgr Bourget avait promis de se charger des frais du voyage. Mais en ce moment le pieux évêque se trouvait dans la gène : il avait fait appel à l'Œuvre de la Propagation de la Foi. Malgré la grande pauvreté dans laquelle elle se trouvait alors, la Mère Pelletier, pour hâter la mission de ses filles se chargea de leurs trousseaux et leur remit de sa caisse deux mille francs. Elle était si heureuse d'envoyer dans la France d'outre-mer cette première colonie de missionnaires !

Quelques mois plus tard, la Mère réunissait sa Communauté pour lui lire le journal qui racontait les péripéties de leur voyage. Avec quelle avidité tout ce peuple de novices pressé autour de la Mère écoutait les récits des missionnaires, leurs contre-temps et leurs joies ! Aux portes du Havre, c'est la voiture du coche qui renverse les religieuses ; au Havre les religieuses Ursulines soignent les blessées et les traitent comme des sœurs. Sur mer, pendant quarante jours ce ne furent qu'alternatives d'espérances et de craintes. A New-York enfin des jours de Paradis. Elles arrivèrent pour la clôture du mois de mai, elles communièrent et célébrèrent ce beau jour chez les religieuses du Sacré-Cœur. Elles firent visite à l'évèque qui fit l'éloge de leur Communauté et leur dit qu'il projetait pour son diocèse la fondation d'un grand Bon-Pasteur. Elles traversèrent ensuite des forêts immenses, telles que n'en a jamais vu en rêve leur imagination ; elles remontent des fleuves dix fois plus larges que ceux de la France ; elles naviguent sur des lacs qu'elles prennent d'abord pour des mers ; elles arrivent enfin áu terme de leur voyage, où Dieu leur ménageait l'accueil le plus bienveillant du clergé et des fidèles. Ces récits venus d'outre-mer, lus par la Mère fondatrice au milieu de ses filles d'Angers suspendues à ses lèvres, mettaient la joie au cœur de la Mère et le saint enthousiasme de l'apostolat dans l'âme des novices.

La maison de Montréal fut très vite une copie du Bon-Pasteur d'Angers, par la régularité, l'ordre, les exercices religieux. Dès la première année, elle compta jusqu'à seize pénitentes ; des postulantes nombreuses prirent l'habit et envoyèrent à la fin de leur noviciat des lettres de soumission à la Mère Pelletier. Mgr Bourget allait lui-même faire des instructions aux novices sur l'esprit religieux : des Pères de la Compagnie de Jésus leur prêchaient des retraites ; le Père Mainguy, l'ancien aumônier d'Angers devenu jésuite, venait les visiter. Des âmes généreuses (1) remplaçaient là-bas M. de Neuville et Mme d'Andigné.

Le couvent n'était pas encore achevé lorsque, au printemps, la peste se déclara dans la ville. Les pauvres Irlandais surtout étaient décimés. Le Supérieur des religieuses du Bon-Pasteur, le vénérable M. Hudon, fit appel à la charité de ses filles. Immédiatement elles se mirent à l'œuvre, sous la direction de leur Mère. Elles reçurent dans leur nouveau couvent, des jeunes pestiférées par centaines. On les leur amenait sur des charrettes, dans un état lamentable, sans vêtements, dévorées de plaies, criant sous les

____

(1) M. Laframbroise et Mme Quesnel.

étreintes du mal. Les bonnes sœurs les revêtaient avec le linge de la Communauté, quelquefois avec leurs tabliers ; elles les veillaient, se succédaient les unes aux autres dans ces pénibles fonctions : professes, novices, postulantes, toutes rivalisaient de zèle.

Quand les sœurs ne pouvaient pas y suffire, les pénitentes elles-mêmes se faisaient infirmières. Leur zèle pour les pestiférées était admirable. Quand elles virent leur Mère Supérieure prise elle-même du mal et sur le point de mourir, elles firent des jeûnes, des mortifications de toutes sortes, pour obtenir sa guérison. Quelques-unes promirent à cet effet leur propre conversion. Ni la Supérieure ni aucune personne de la Communauté ne mourut ; ce qui fut regardé comme une faveur singulière de Dieu, car cent quatre-vingt-six pestiférées succombèrent dans le couvent.

Quand le mal eut cessé, et que les religieuses purent faire leur entrée solennelle dans leur maison, ce fut pour toutes les classes une joie comparable à celle que l'on éprouve à jouir du calme après la tempête. Mgr Bourget, qui avait été plein d'attentions pour la Supérieure pendant sa maladie, vint établir la clôture. M. Mainguy, alors jésuite en Amérique, prêcha une retraite. Il semblait aux religieuses professes qu'elles étaient aux premiers jours de la maison-mère. Leur nouveau couvent était bâti sur le modèle de celui d'Angers.

Le couvent de Louisville plus encore peut-être que la maison de Montréal offrait des consolations à la Mère fondatrice. Les sœurs étaient à peine depuis un an dans la capitale du Kentucky qu'elles écrivaient à la Mère qu'elles avaient préparé au saint Baptême douze pénitentes qui avaient reçu ce sacrement dans les sentiments de la plus grande piété.

Un soir, trois pauvres filles protestantes étaient venues frapper à la porte du couvent demandant à être admises et à se convertir. L'une, pâle et malade, était soutenue par les deux autres. Elles furent reçues au bercail du Bon-Pasteur.

Mais la malade ne laissait pas d'espoir de guérison. Sur ses instances, on l'instruisit ; et au bout de quelques jours Mgr Flaget vint achever son éducation religieuse, lui donner le saint Baptême et la sainte Communion qui fut le saint Viatique. Après avoir reçu avec grande piété l'Eucharistie, elle s'endormit dans l'action de grâce pour aller continuer éternellement au ciel son hymne de reconnaissance.

La Mère Euphrasie s'animait au récit de ces œuvres de conversion qu'elle avait toujours ambitionnées pour le Bon-Pasteur. Une autre fois ces mêmes filles lui racontaient quelques traits de charité apostolique. Un jour l'évêque du Texas, échappé à la pauvreté et à la barbarie de sa mission dont une partie était au milieu des sauvages, était arrivé à leur couvent revêtu d'une peau de chèvre. La Mère prieure, avec les manteaux qui avaient servi pour le voyage de France en Amérique, lui fit une soutane qu'il accepta avec reconnaissance. Ces traits de charité remplissaient l'âme de la Mère Pelletier d'une joie indicible.

Ce saint évêque avait dit aux religieuses de Louisville.

— L'année prochaine, je dois voyager en France, et je compte rendre visite à votre bonne Mère d'Angers, si toutefois je ne suis pas mangé par mon charitable peuple.

Il tint parole et rendit visite à la Mère Sainte-Euphrasie. La guerre vint quelque temps après troubler les religieuses dans leur fondation. Les noirs devenaient menaçants. Mais la charité est la meilleure défense près des passions populaires. Au milieu des troubles de la guerre et des menaces des révoltés, le couvent de Saint-Louis prospéra. La classe de ses pénitentes s'accrut, les conversions des protestantes se multiplièrent. — L'esprit entreprenant et industrieux de l'Américain pénétrait dans le couvent : on y brodait des ouvrages de dentelle merveilleux, on y faisait même des souliers pour la Communauté ; on y fabriquait le savon et les chandelles. Les filles de la Mère Sainte-Euphrasie suivaient ses principes : elles se conformaient à tous les usages du pays et s'accommodaient aux exigences de leur mission. Mgr Flaget les encourageait dans leur pieuse constance à reproduire autant que possible l'image de la maison-mère. Un jour, raconte la Mère Marie de Saint-André, Supérieure de la maison, les conseils de Mgr Flaget firent un miracle ; ils guérirent une sœur malade depuis longtemps.

Deux ans s'étaient à peine écoulés que Mgr Flaget donnait, au nom de la Mère Sainte-Euphrasie des lettres d'obédience à quatre religieuses de Louisville qui allaient fonder une maison à Saint-Louis, sur le Mississipi. Saint-Louis avait alors trente mille habitants, sept églises, plusieurs Communautés : c'était la ville sainte de ces régions. L'archevêque hâtait de ses vœux l'arrivée des filles de la Mère Pelletier. Mais c'était en janvier ; il y avait à craindre que les glaces ne les empêchassent d'arriver. Ces bonnes religieuses promirent des messes aux âmes du purgatoire pour le succès de leur voyage. Ce fut l'archevêque lui-même qui vint, cinq jours de suite, dire ces messes, quand leur chapelle fut prête.

Elles s'établirent dans la maison qu'avait laissée pour cette œuvre M. Cellini, vicaire général. Ce vénérable prêtre leur avait légué avec la maison deux esclaves nègres, l'homme et la femme : l'homme servait de jardinier et la femme de cuisinière. L'archevêque acheta une maison et un jardin pour agrandir le domaine ; et les quatre filles de la Mère Sainte-Euphrasie se mirent à l'œuvre sur cette terre bénie qui promettait de bonnes moissons. Dès le mois de juin, leur Mère leur envoyait des auxiliaires. Celles-ci, après avoir traversé l'Atlantique et le golfe du Mexique, remontent sept cents lieues le Mississipi pour venir évangéliser les pauvres négresses qui n'avaient place dans aucune école auparavant. Elles écrivent à la Mère générale qu'elles ont essuyé une tempête horrible, qu'elles ont vu des trombes effrayantes dans le golfe du Mexique, qu'elles ont enduré les tortures d'une chaleur tropicale sur le grand fleuve, qu'elles ont bu l'eau bourbeuse et affronté tous les ennuis d'un voyage en pays à peine civilisé, mais qu'elles sont heureuses parce qu'elles remplissent la mission chère au Bon-Pasteur. Elles pressentent que Saint-Louis sera un des fleurons de la couronne de leur Mère.

Quelques mois après la fondation de Saint-Louis, la Mère Sainte-Euphrasie envoyait une colonie de ses filles à Philadelphie en Pensylvanie. L'évêque de cette ville, Mgr François Kenrick, était frère de l'archevêque de Saint-Louis. Il avait, lui aussi, réclamé pour son diocèse une maison de religieuses angevines.

La Mère fondatrice n'avait plus assez de ressources pour suffire à tant d'œuvres. L'évêque lui fit envoyer seize cents francs par la Propagation de la Foi. Puis, comme il fallait nécessairement du temps pour organiser la nouvelle colonie angevine et la conduire en Amérique, Mgr Kenrick s'adressa à Mgr Flaget et le pria de lui céder pour quelque temps plusieurs religieuses, qui prépareraient et ouvriraient la maison. Mgr Flaget ne savait pas refuser un service.

Des religieuses de Louisville partirent donc pour Philadelphie, avec l'évêque, qui se rendait au VIIe Concile de Baltimore. Ces saintes filles, en passant par Baltimore, furent grandement édifiées de voir la réunion des Pères du Concile, composé de deux archevêques, vingt-trois évêques et une soixantaine de prêtres. Cette vue les excita encore dans leur zèle pour les missions.

Arrivées à Philadelphie, elles ouvrirent leur asile pour les pénitentes. Puis, comme leurs sœurs, elles envoient à leur Mère fondatrice, une lettre de *Communauté* pleine de détails sur les grâces de Dieu et les faveurs des hommes envers elles.

Elles parlent des traits d'une providence toute spéciale à leur égard. Elles racontent comment les habitants de Philadelphie leur témoignent une grande affection et un zèle très vif pour leur établissement.

L'Amérique du Sud devait accueillir avec non moins de zèle et d'affection les filles de la Mère Pelletier. C'est en 1855 que la fondatrice vit s'ouvrir pour ses filles, le Chili, pays très catholique où la foi des habitants devait leur donner une grande moisson. La foi, implantée fortement dans l'âme de l'Espagnol, lui conserve toujours le goût des choses saintes et des vertus religieuses ; elle le porte à admirer le cloître et à lui demander protection. Les Chiliens, vrais chrétiens de foi espagnole, devaient être attirés et gagnés par le dévouement et le zèle des filles de la Mère Sainte-Euphrasie.

A la fin de 1854 arrivait au Bon-Pasteur d'Angers un député de l'archevêque de Santiago (Chili). C'était dom Frias. Il était chargé de demander des religieuses pour son pays où les attendait un vaste couvent. Il apportait l'argent pour les frais du voyage et pour les trousseaux. La Mère Pelletier était bien émue. Elle était accablée de demandes : pour les maisons fondées les sujets suffisaient à peine. Mais comment résister à cet appel de la Providence ? C'était l'Amérique du Sud qui s'ouvrait à son zèle ; c'étaient des milliers d'âmes qui lui devraient leur salut.

Après en avoir conféré avec son Conseil, elle nomma sept religieuses pour le Chili. Il y avait toujours pour les missions grand nombre d'aspirantes. Mgr Angebault vint au parloir bénir les religieuses désignées pour cette mission. Le 3 janvier 1855, la Mère Pelletier, réunit le soir toutes les religieuses dans la grande salle de Communauté ; et là, devant l'autel de la sainte Vierge, à la lueur des cierges, pendant que toutes étaient agenouillées, les sept missionnaires prononcèrent leur serment de fidélité et d'union à la maison-mère. La Mère générale était au comble de la joie. Le Chili, répétait-elle, est la mission de mon amour !

Le soir même, les sept missionnaires quittaient le Bon-Pasteur. A Paris, dom Frias leur fournit des livres espagnols et les accompagna jusqu'au Havre, où elles s'embarquèrent sur le *Costa-Rica,* navire à voiles, qui devait les emporter jusqu'à Valparaiso. Au moment du départ, dom Frias les invita à monter sur le pont pour dire un dernier adieu à leur patrie, à la patrie de leur vénérée Mère fondatrice.

Ce n'est que le 28 mai, lundi de la Pentecôte, que la Mère Sainte-Euphrasie recevait la première lettre de ses filles. Son cœur était bien ému. Elle fit faire la lecture publique de cette lettre à la récréation de midi. Entourée de la Communauté sous les ombrages du jardin, elle savoure en silence la joie pure de voir ses filles présentes suivre avec émotion les péripéties du voyage de leurs sœurs sur l'Océan.

Dans le golfe de Gascogne une violente tempête avait secoué le *Costa-Rica.* Les sept missionnaires, au bruit des vagues, aux soubresauts du navire, aux craquements des mâts et des agrés, se croyaient en grand danger : elles priaient au pied du crucifix que dom Frias leur avait donné. La Mère supérieure se recommandait à Notre-Dame de Fourvières. Le calme revint. Un matin que par un beau soleil, l'Océan s'étendait devant elles dans toute la majesté de son immensité et dans l'infinie variété de ses vagues inondées de lumière, elles aperçurent une frégate de guerre américaine. A l'approche du *Costa-Rica,* la musique de cette frégate se mit à jouer quelques morceaux. Ce fut sur l'immensité des flots un concert d'un effet émouvant.

Le cap Horn, si souvent fatal, fut doublé par le *Costa-Rica* sans le moindre contre-temps. Pendant les belles nuits du Sud, souvent les religieuses du Bon-Pasteur, assises sur le pont, s'abandonnaient aux méditations religieuses que leur inspirait un ciel brillant d'étoiles d'une grandeur inconnue pour elles, et une mer vivante où s'agitaient et sautaient phoques, marsouins et poissons de toute sorte. Puis la pensée se reportait vers Angers, vers la Mère bien-aimée qui les avait formées aux missions : « Que « de fois, écrivent-elles, assises sur le banc, nous nous

« sommes entretenues d'une Mère chérie, de sœurs que
« nous aimons toujours ! En regardant le magnifique cou-
« cher du soleil, une immense consolation inondait nos
« cœurs. C'était de penser qu'à toutes les heures du jour
« et de la nuit notre règle et nos saintes constitutions sont
« en vigueur. » En approchant du Chili, nos missionnaires
sondent l'horizon pour découvrir la terre où doit s'exercer
leur zèle. Enfin apparaît l'île des Etats, à l'aspect sauvage
et dénudé, qui n'est habitée que par de grands oiseaux de
mer.

« Le 13 mars, jour mille fois cher, écrivent-elles encore,
« puisqu'il nous rappelle la fête d'une tendre Mère, nous
« frappons à la porte du Cœur de Jésus et du Cœur de la
« Vierge Marie ; nos vœux montent vers le ciel, nombreux,
« brûlants, et nous avons la douce confiance qu'ils ne sont
« pas rejetés. » Pendant leur traversée, elles ont édifié le
capitaine et tous les hommes de l'équipage. M. Vincent, le
second du vaisseau, leur donnait des fruits et des provisions que sa mère lui avait préparées au départ. Quand il
fallut se quitter, ce furent des adieux touchants. Et tout
l'équipage assemblé sur le pont leur envoyait encore des
adieux, que la barque qui les emportait à terre avait disparu. Des missionnaires étaient venus les chercher.

Elles furent reçues chez les Sœurs des Sacrés-Cœurs de
Jésus et de Marie, les seules religieuses de Valparaiso, qui
avaient une maison d'éducation florissante. Le lendemain,
elles reçurent la visite de Mgr de Suliopolis. « Soyez les
bienvenues dans l'Amérique du Sud, leur dit-il ; un bien
grand nombre d'enfants réclament votre secours. Votre
réputation s'est déjà répandue dans toutes les parties de
l'univers ; elle est très bonne. Tâchez de ne pas l'affaiblir.
Vous êtes nécessaires sur le sol chilien plus que partout
ailleurs, parce que les passions y règnent avec beaucoup
d'empire. Malgré les peines intérieures que vous aurez
sans doute, car votre mission est grande, vous goûterez
beaucoup de consolations, parce qu'en général ici les

femmes sont pieuses. La misère seule, occasionnée par le manque d'ordre, est cause de la mauvaise conduite. Oh ! je voudrais avoir une maison pour vous retenir à Valparaiso. Vous auriez bientôt plus de trois cents pénitentes, qui se mettraient volontairement sous votre conduite. »

Mais il fallait quitter Valparaiso pour se rendre à San-Félipe, le lieu de leur future fondation. A leur arrivée à Santiago, elles furent reçues comme à Valparaiso par des sœurs de Picpus ; puis elles s'établirent pour un mois chez les Clarisses qui les entourèrent d'attentions religieuses. comme des envoyées de Jésus-Christ. A leur entrée dans la clôture, l'abbesse, crosse en main et suivie de sa Communauté, les conduisit à la chapelle à travers des allées jonchées de fleurs. On chanta un *Te Deum* avec accompagnement de harpe et de piano. Il était touchant de voir ces quelques religieuses françaises entourées des Clarisses chiliennes : c'était la fraternité chrétienne. Elles ne pouvaient se comprendre, car elles ne parlaient pas la même langue. Un religieux servait d'interprète. Quand il fallut quitter cet asile de Sainte-Claire pour aller au nouveau Bon-Pasteur, ce furent de part et d'autre des regrets et des adieux touchants. Il semblait que le couvent des Clarisses se revêtait de deuil. Nos missionnaires, après avoir été bénies par l'archevêque, furent accompagnées par la foule jusque dans leur maison.

Huit carrosses, appartenant aux plus riches familles du pays, vinrent les chercher et les conduisirent en grande solennité à leur couvent. Toutes les cloches sonnaient. En arrivant on entonna un *Te Deum* avec accompagnement de musique. Mais quand la foule se fut dissipée, les religieuses se trouvèrent en présence de grandes ruines à réparer. Leur couvent avait été habité par des sœurs appelées Béates, dont la règle trop relâchée avait laissé tout à l'abandon. Les religieuses du Bon-Pasteur se mirent à l'œuvre avec l'entrain des filles de la Mère Sainte-Euphrasie, et très vite elles eurent rétabli l'ordre partout. Chose plus difficile, elles ramenèrent six des Béates à la sévérité de leur vie religieuse, et elles eurent la consolation de les voir persévérer sous la discipline de l'Ordre du Bon-Pasteur. On voyait s'accomplir l'aimable prophétie de la fondatrice de ces religieuses Béates. Un jour d'hiver qu'elle se promenait dans le jardin, elle dit à ses sœurs en leur montrant quelques fleurs hors de saison, écloses sur un arbre à moitié brûlé :

— Les Béates finiront comme cet arbre ; mais un grand nombre d'âmes pieuses viendront à la place et se chargeront de fleurs et de fruits.

Les pieuses missionnaires avaient souvent l'esprit tourné vers Angers, vers la Mère générale. Le long du voyage, les voiles du navire faites à Angers et portant leur marque de fabrique, leur rappelaient sans cesse des souvenirs aimés. Quand elles reçurent la première lettre de la Mère, la Supérieure faillit s'évanouir en l'ouvrant. Dès les premières lignes toutes pleuraient ; elles auraient voulu se partager les feuilles pour les conserver et les relire à leur gré. L'éloignement de la patrie nous la rend plus chère. Une mère absente devient d'autant plus nécessaire, que l'on sent plus vivement l'impossibilité de recourir à elle dans les difficultés. La bonne Mère Sainte-Euphrasie ne fut jamais plus aimée que par cette colonie chilienne de ses filles.

La première fondation s'est largement développée : Les couvents de l'Ordre ont été multipliés. La provinciale du Chili, qui aime à se dire le dernier enfant de la Mère Pelletier, est constamment occupée à faire des fondations dans les pays américains de race espagnole.

L'archevêque de Santiago, qui avait eu le premier l'idée d'appeler au Chili les religieuses du Bon-Pasteur, persuada aux Dames de la Société de Bienfaisance de Santiago qu'elles devaient préparer une fondation de ces religieuses. Ces dames obtinrent du gouvernement qu'il chargeât le ministre plénipotentiaire à Paris, l'amiral Blanco-Encalada, de toutes les démarches à faire près de la Mère générale. Celle-ci envoya une de ses assistantes à Paris pour régler de vive voix toutes les conditions. L'amiral Blanco-Encalada se montra très généreux. Il se chargea, au nom de son gouvernement, de tous les frais de voyage et de trousseau. Il permit même aux religieuses de se faire accompagner d'un aumônier pris aux Missions étrangères.

Aussitôt le retour de l'assistante, la servante de Dieu réunit sa Communauté et fit la proclamation solennelle des noms des missionnaires du Chili. Jamais, nous l'avons dit déjà, la digne fondatrice n'était plus éloquente que dans ces circonstances. Devant le généreux sacrifice de ses filles, son imagination s'exaltait pieusement, son émotion s'échauffait, sa figure même s'animait d'une beauté particulière. Alors les paroles s'échappaient ardentes de ses lèvres, allant toutes brûlantes au cœur de ses filles. Dans ces allocutions, elle aurait touché les cœurs les plus froids. Aussi en un instant toute sa Communauté n'avait plus qu'un sentiment, le sien ; chaque religieuse n'avait plus qu'un regret, celui de n'être pas élue par Dieu pour partir en mission. Tous ceux qui ont connu la Mère Pelletier ont admiré les dons oratoires que Dieu lui avait prodigués.

Le dimanche 2 novembre 1856, eut lieu le départ des nouvelles missionnaires chiliennes, sous la direction de la Mère Moreau. Après les vêpres et le salut, la Communauté accompagna les missionnaires jusqu'à la porte du couvent. La Mère pressa une dernière fois ses filles dans ses bras. Quand la porte se referma, elle ne put retenir ses larmes.

— Que c'est loin ! que c'est loin ! mes enfants ! répétait-elle.

Le 5 novembre, les missionnaires quittaient le sol de France. En s'embarquant, la Supérieure écrivait à la vénérée fondatrice : « Quel que soit le vent qui enfle ma voile, « vous serez toujours mon Ignace, et la maison-mère, ma « boussole. » A la Fête de l'Immaculée-Conception, les religieuses étaient en plein voyage. Elles ont laissé un réci

émouvant de leur passage dans la mer des Tropiques —
« A bord du *Costa-Rica* fête de l'Immaculée-Conception. »

« Nous sommes, nous l'espérons du moins, au milieu de notre course, et, pour nous reposer de nos fatigues, nous rencontrons sous nos pas une fraîche oasis, où nous nous rafraîchissons : c'est la fête de l'Immaculée-Conception. Voyez comme tout le monde se dispose à la solenniser. A peine les matelots vont-ils finir de laver le pont du navire, qui sèche aux rayons d'un soleil radieux, que l'autel est construit, orné avec un entrain admirable. Le capitaine arrive :

— Lieutenant, faites apporter tous nos pavillons blancs et bleus ; il faut aujourd'hui décorer le navire.

Et comme par enchantement, l'autel se dresse au milieu d'un joli sanctuaire de draperies aux couleurs de la sainte Vierge.

— Hissez le grand pavillon !

« Et les couleurs nationales flottent au haut du mât d'artimon.

— Mesdames, nous dit le capitaine, je n'aurais pas d'autre pavillon à arborer si l'empereur passait, mais pour la sainte Vierge, je voudrais en avoir un vingt fois plus beau.

« Tout est prêt. Le lieutenant sonne le premier coup de la messe à la cloche de l'avant, et toute la paroisse du *Costa-Rica* est en mouvement. Les passagers et les matelots, tous en grande tenue, arrivent à la messe.

« Le capitaine a voulu amener lui-même les six enfants qui sont à bord. Ils sont vêtus de blanc. Un banc d'honneur leur est préparé près de l'autel. Nous avons le bonheur de faire la sainte communion à cette messe célébrée entre le ciel et l'Océan. Après le saint Sacrifice, chaque enfant reçoit en grande cérémonie une médaille commémorative qui lui rappellera la fête de l'Immaculée-Conception à bord du *Costa-Rica*. Monsieur l'abbé adresse la parole à son auditoire. Sa chaleureuse exhortation éveille sans doute dans plus d'un cœur le souvenir d'une jeunesse chrétienne :

car nous voyons de grosses larmes sur le visage de plusieurs hommes qui ne nous paraissaient pourtant pas doués d'une grande sensibilité. Il est décidé que l'autel et la chapelle provisoire resteront ornés toute la journée. Une statue de la sainte Vierge est placée sur l'autel, où on lui a dressé un trône garni de rubans, de dentelles et de bijoux, que les dames apportent à l'envi. La fête est chômée à bord ; et par ordre du capitaine, personne ne travaille. Au moment du déjeûner, décharge de mousqueterie. A deux heures, les vêpres sont chantées le plus solennellement possible. Monsieur l'abbé officie, les passagers forment un chœur et nous l'autre. Tout l'équipage a été invité au sermon, qui est écouté avec une religieuse attention.

« Le prédicateur parle admirablement de la sainte Vierge. A la chute du jour, le pont est illuminé de verres de couleurs. La prière du soir est faite au pied de l'autel ; elle est suivie du chant des litanies et du *Magnificat*, auquel tout le monde s'unit avec un véritable enthousiasme. Deux petites embarcations enflammées sont lancées à la mer. Portées d'une vague sur l'autre, s'élevant et s'abaissant tour à tour, ces deux nacelles de feu sont un charmant spectacle au milieu des ombres de la nuit. Parties ensemble du même point, fidèles compagnes de voyage, elles se laissent emporter par le même flot. Nous les voyons disparaître un instant, puis se montrer encore jusqu'au moment où elles atteignent les limites de l'horizon, et disparaissent pour toujours à nos yeux. »

Pendant que le Chili recevait avec bonheur les religieuses d'Angers, l'Amérique du Nord les réclamait avec un zèle nouveau. En 1857, la Mère Marie de Saint-Ignace Ward arrivait de Louisville à Cincinnati pour y commencer une fondation sur la demande de Mgr Purcell et grâce à la générosité de Madame Sarah Peter, épiscopalienne convertie et baptisée plus tard à Rome par Mgr Mermillod. Le R. P. Augehold, par son zèle, aida la Mère Marie de Saint-Ignace. C'est lui qui, grâce à ses quêtes, fit construire l'église. Il était en même temps l'aumônier. Quand la Mère Saint-Ignace vint à Angers pour les élections qui avaient lieu cette année même, elle fit à la Mère Sainte-Euphrasie le récit des merveilles de charité dont ses Filles étaient les auteurs et les témoins dans cette ville d'Amérique, nouvellement ouverte à leur zèle. La maison de Cincinnati, modeste à ses débuts, devait dix ans plus tard devenir maison provinciale.

Le 3 octobre de la même année, la Mère fondatrice commençait en ces termes un entretien avec sa Communauté : « Je ne saurais différer, mes chères filles, de vous faire « part de la fondation d'un nouveau bercail du Bon-Pasteur. « La seule pensée, du grand nombre d'âmes, qu'il est appelé « à sauver, me ferait tomber en extase. Nous voilà définitive-« ment établies dans une populeuse cité. Avez-vous deviné ? « — Oui, mes chères filles, à New-York. »

La Supérieure de Philadelphie avait été, en effet, appelée à New-York, pour y prendre possession d'un couvent et y installer ses sœurs. La grande ville des Etats-Unis, où se confondent, dans un commun désir de la fortune, des émigrés de toute nation et de toute langue, offrait, aux regards attristés des catholiques, de grandes misères morales. Le luxe et la richesse semaient la corruption, et les victimes étaient nombreuses. Quelques dames catholiques s'étaient associées pour visiter les prisons et convertir les personnes de leur religion qui y étaient renfermées. Mais leurs efforts, souvent récompensés, ne portaient pas tous leurs fruits ; il fallait des maisons de refuge pour recueillir les pénitentes. Elles supplièrent Mgr Hughes, archevêque de New-York, de procurer un établissement de ce genre. Mgr Hughes représenta à ces dames la difficulté, pour ne pas dire l'impossibilité de réussir dans une pareille œuvre. Les pieuses dames insistèrent ; elles firent le récit des merveilles qu'opéraient les sœurs du Bon-Pasteur à Philadelphie et ailleurs. Il se laissa gagner. Son vicaire général écrivit à la Mère Marie de Sainte-Euphrasie. Une protectrice, Mme Sophie Ripley, écrivit de son côté pour peindre à la servante de Dieu le besoin qu'avait du Bon-Pasteur la grande ville américaine. Avant d'avoir même reçu l'autorisation d'Angers, que l'on présumait, à cause de la grande charité et du zèle de la Mère Sainte-Euphrasie pour le salut des âmes, la Supérieure de Philadelphie arrivait avec deux religieuses dans la maison achetée pour elles. Le 2 octobre 1857, M. Storrs, vicaire général, disait la première messe dans le nouveau monastère, et Mme Ripley parlait à la servante de Dieu du grand accroissement qui attendait ce monastère, placé au milieu des peuples divers, réunis à New-York pour leurs affaires. Sa prédiction s'est réalisée. La maison est devenue provincialat, et, depuis sa fondation, les professions religieuses se chiffrent par centaines, et les jeunes filles reçues dans l'établissement, par milliers.

L'année suivante, le 19 mars, fête de saint Joseph, la Mère Euphrasie annonçait à ses filles une autre fondation : celle du monastère de la Nouvelle-Orléans. La maison de Saint-Louis avait envoyé à ce poste les premières missionnaires. Ce couvent de la Nouvelle-Orléans, qui devint, lui aussi, maison provinciale, prit très promptement une grande extension.

Quelques jours plus tard, s'ouvrait encore en Amérique une nouvelle maison du Bon-Pasteur, à Chicago. La servante de Dieu avait souvent manifesté le désir de voir son œuvre s'étendre jusque chez les sauvages du Nouveau-Monde. Il y a trente ans, les sauvages n'avaient point encore été repoussés jusqu'aux montagnes Rocheuses. La ville de Chicago qui était loin alors de son importance d'aujourd'hui, pouvait passer pour les avant-postes de la civilisation sur la terre d'Amérique. La Mère Sainte-Euphrasie accéda donc très volontiers à la demande de Mgr Duggan, qui lui demandait des religieuses pour son diocèse. Elle autorisa la Supérieure de Saint-Louis à traiter avec Sa Grandeur et à lui envoyer les premières missionnaires. Mgr Duggan avait acheté un grand terrain et fait bâtir un couvent très important. A leur arrivée les sœurs trouvèrent tout préparé. Déjà même cinq pénitentes, recueillies par les sœurs de la Miséricorde, les attendaient. La première Supérieure de cette maison fut une religieuse de grand mérite, la Mère Gakson, qui devint plus tard Supérieure à Cleveland, dans l'Etat de l'Ohio.

Les filles de la Mère Pelletier, sur les bords du lac Michigan, firent l'œuvre de Dieu avec l'entrain particulier aux Américains ; douze ans plus tard, elles avaient un grand couvent en pleine prospérité. Mais, hélas ! un immense incendie, poussé par un vent terrible, détruisit une partie de Chicago et ne laissa rien du couvent du Bon-Pasteur.

Au lieu de se lamenter en plaintes stériles, voici avec quelle élévation de sentiments les filles de la Mère Pelletier apprécient leur malheur en écrivant à la maison-mère.

« Le Bon-Pasteur de Chicago a disparu en un instant, comme un petit bout de papier qu'allume la chandelle : il était fondé depuis douze ans. Peut-être pourrait-il arriver que quelques personnes, en apprenant sa totale destruction, pensent qu'il était bien inutile de se donner tant de peine à fonder une maison pour la voir disparaître au moment d'accomplir un bien réel. Pour vous, sœurs bien-aimées, consolez-vous : vos sœurs qui ont travaillé à l'œuvre de Chicago, ne sont pas découragées ; leur foi en un bien futur est plus ferme que jamais. Pendant ces douze années, nous n'étions point oisives : plus de mille enfants entrèrent dans nos classes. Le saint Baptême fut conféré à quarante-quatre esclaves de Satan, qui probablement, sans cet asile, n'auraient jamais eu de droits à l'héritage du Père céleste. Un grand nombre d'enfants firent leur première Communion et reçurent le sacrement de Confirmation. Un bon nombre de nos chères pénitentes se consacrèrent à Notre-Dame des Sept-Douleurs et finirent leurs jours dans cette douce retraite de la pénitence. N'y eût-il qu'une seule victime arrachée à l'enfer par nos sueurs et nos fatigues, nous nous estimerions grandement favorisées d'avoir été choisies, quoique bien indignes, pour être les instruments de sa conversion. »

Et les pieuses religieuses racontent une de ces conversions éclatantes qui auraient suffi à récompenser leur zèle.

Une pauvre jeune fille, nommée Agnès, avait été amenée, contre sa volonté, par sa mère au Bon-Pasteur de Chicago. Elle regrettait sa liberté. Sous l'influence des sœurs, elle se voua pour trois ans à Notre-Dame des Sept-Douleurs et prit l'habit des Consacrées, dans la croyance qu'au bout de ces trois années elle rentrerait dans le monde. Le jour arrive, elle demande ses habits séculiers pour sortir. Sa mère, qui se défiait de ses faiblesses, refusa. Agnès se révolta. Elle allait perdre le fruit de sa longue pénitence. La Supérieure du Bon-Pasteur persuada à la mère qu'il était meilleur de céder à Agnès. La mère vint et, avec une grande douceur, offrit à sa fille de lui donner enfin la liberté tant désirée. Agnès réfléchit un instant :

— Ne pensez plus à moi, dit-elle, puisque ma liberté m'est rendue, je veux passer mes jours dans ce saint asile, sans jamais plus jeter un regard sur le monde.

Agnès se rendit immédiatement à la chapelle, où elle passait devant le Saint-Sacrement, dans un recueillement extraordinaire, tous les instants libres qu'on lui accordait. Quelle prière fit-elle à Dieu ? Quelques jours après, elle demanda un prêtre pour faire une confession générale : — Car, dit-elle, je dois bientôt mourir.

A partir de cette confession, sa vie ne fut qu'une suite de délices non interrompues. Elle répétait qu'elle mourrait bientôt. Un matin, l'infirmière la trouva fort malade, et le médecin jugea le danger imminent. On l'administra. Deux jours après, elle demande quelle est la fête du lendemain. C'était Notre-Dame du Mont-Carmel.

— Oh ! c'est ce jour-là que je dois être au ciel ! aidez-moi à m'habiller, que je parte tout de suite.

Il fallut l'asseoir sur son lit, l'habiller, lui donner son

voile de consacrée, ses souliers : elle ne voulait pas s'en aller sans chaussures.

C'étaient les préparatifs d'un grand voyage. Les assistants la regardaient en silence, étonnés. Elle se hâtait, afin de n'être pas en retard pour la fête.

— Quelle heure est-il ? demanda-t-elle ?

— Telle heure.

— Bien ! Il est temps de partir.

Soutenue doucement sur son oreiller par l'infirmière, elle prononce avec piété les saints noms de Jésus, de Marie et de Joseph, puis son âme brise ses liens pour aller célébrer les fêtes éternelles.

« N'y aurait-il que cette âme de sauvée, disent les religieuses, elle valait bien la peine de fonder la maison de Chicago. »

Mais les filles de la Mère Pelletier, une fois établies dans la grande ville industrielle, eurent un bien autre rôle. Elles suivirent dans leurs œuvres spirituelles de conversion et de moralisation la marche rapide des commerçants qui les entouraient. Elles fondèrent une seconde maison pour suffire aux besoins de leur œuvre. « Toujours en avant ! » pouvaient elles dire avec les Américains. Un grand journal des Etats-Unis donna pendant l'exposition universelle de Chicago, un long article sur le couvent du Bon-Pasteur. Il croyait, à bon droit, ouvrir à ses lecteurs les portes d'une maison riche en merveilles, en leur faisant visiter le couvent des Madeleines et les classes de préservation.

L'année suivante, 1860, la Mère fondatrice préparait dans sa Communauté d'Angers, un petit groupe de religieuses destinées à la maison de la Séréna au Chili. Depuis longtemps la servante de Dieu parlait de cette fondation. Elle la présentait à ses filles comme une mission pleine d'espérances spirituelles.

Quand Mgr Juste Donosco, évêque de la Séréna, eut envoyé les fonds nécessaires au voyage, la Mère Supérieure générale s'informa des vaisseaux qui allaient dans l'Amérique du Sud. Elle apprit que de Bordeaux partait à la fin de décembre, un bateau pour Rio-Janeiro. Elle y retint six places. Les missionnaires, sous la conduite de la Mère Marie de Saint-Ambroise Hennequin, quittèrent Angers le 22 décembre ; elles s'embarquèrent sur la *Guyane*, après avoir célébré à Bordeaux la fête de Noël. Avant de s'embarquer, elles avaient reçu la bénédiction du cardinal Donnet.

Ces filles intrépides de la Mère Sainte-Euphrasie n'arrivèrent à la Séréna, que le 29 avril, après deux mois de traversée sur l'Atlantique et un mois de voyage à travers les Cordillères.

Le 24 août 1861, l'évêque de Cincinnati, Mgr Purcell, s'arrêta au monastère d'Angers à son retour de Rome, avant de retourner en Amérique. Après avoir visité la maison, il réunit les religieuses à la grille et leur adressa les discours les plus encourageants.

« Votre vocation, disait-il, est une vocation apostolique : remerciez le bon Dieu tous les jours de votre vie de vous y avoir appelées. Voyez ces grandes villes d'Amérique, la Nouvelle-Orléans, New-York ; que d'âmes sont guéries par votre action ! Et à Cincinnati ? Si vous pouviez voir la paix, la sérénité, le bonheur céleste qui règne sur le visage des pénitentes ! Des rayons semblent s'échapper de leur front. Eh bien ! c'est le Bon-Pasteur qui a fait tout cela. Maintenant Boston vous tend les bras comme les Macédoniens à saint Paul, en criant : Donnez-nous des religieuses du Bon-Pasteur ! Heureuse ville d'Angers, qui possède la maison-mère du Bon-Pasteur ! Bénie soit la religieuse qui l'a fondée !

« Oui, mes enfants, remerciez Dieu tous les jours de votre vie de vous avoir choisies pour coopérer avec Lui à l'œuvre de la Rédemption. Venez le remercier dans le sacrement de l'Eucharistie. L'Eucharistie, c'est le soleil du système de notre religion. C'est là que vous trouverez la lumière et les grâces nécessaires pour correspondre à votre belle vocation. »

Des allocutions comme celles de l'évêque de Cincinnati consolaient aisément la servante de Dieu de bien des tribulations et lui inspiraient un courage nouveau pour le travail et le dévouement : elles lui apportaient le témoignage autorisé que son Institut était bien dans la voie où Dieu le voulait, et que ses filles, dans les missions, répondaient bien à ses ambitions de zèle apostolique. Elle sortait de ces entretiens des évêques missionnaires, plus missionnaire elle-même ; puis dans ses instructions, elle faisait passer son zèle d'apostolat dans l'âme de ses filles, et celles-ci étaient toujours plus nombreuses à s'inscrire pour les missions qu'il n'y avait de places à leur donner.

Deux ans plus tard, pour bouquet de fête de Sainte-Euphrasie, la servante de Dieu offrit à sa céleste patronne trois fondations, dont deux en Amérique : c'était la fondation de Talca au Chili, demandée par le chanoine docteur don Michel-Raphaël Prado, alors curé de cette ville, et celle de Santiago demandée pour une maison de détenues par un ministre du Chili.

L'intendant de la province, don Charles Antinez, reçut les religieuses d'Angers au nom du gouvernement. En attendant que la maison fût mise en état, les religieuses visitaient souvent leurs futures pensionnaires. C'étaient des explosions de joie, des battements de mains :

— Madresita, petite Mère, quand resterez-vous ?

Il semblait à ces pauvres prisonnières que des anges du ciel leur étaient envoyés.

Quand la maison fut disposée, les filles de la Mère Sainte-Euphrasie se mirent à l'œuvre. Tout d'abord, elles songèrent aux âmes qu'il fallait réconcilier avec Dieu. Une retraite commença. Quand le prédicateur prêcha sur la mort, sur le jugement, sur l'enfer, c'étaient des pleurs et même des cris. Plusieurs fois le prédicateur fut obligé de s'arrêter.

Le jour de la communion, ce fut un spectacle touchant de voir ces femmes de tout âge, qui étaient restées des années loin des sacrements, s'approcher de la sainte Table avec les sentiments d'une piété si tendre que plusieurs pleuraient de joie. Quand l'aumônier voulut réciter les actes de l'action de grâces, il fut interrompu par les sanglots : la joie faisait éclater ces cœurs tout pleins de la grâce de Dieu.

La Mère générale avait appris à ses filles, à faire de l'ordre extérieur et de la propreté une vertu et une marque de la paix et de la pureté de conscience. Les religieuses avaient acheté des vêtements pour leurs prisonnières : elles les en revêtirent. Elles meublèrent leurs classes et leur réfectoire. Ces pauvres femmes habituées à s'asseoir sur leurs talons étaient tout étonnées et tout heureuses de voir des chaises dans leurs salles. C'était l'ordre succédant au désordre, la paix à l'agitation, la pure joie de la religion aux tristesses du péché. Aussi bon nombre de ces prisonnières, demandèrent à rester près des religieuses, une fois le temps de leur réclusion terminé. La petitesse de la maison empêchait les religieuses de satisfaire à toutes les demandes. Le gouvernement avait établi un poste de soldats à la porte de la maison, pour maintenir le bon ordre. Ce fut, dès l'arrivée des religieuses, un poste inutile. Les soldats ne servirent plus qu'à faire les commissions de la Communauté.

Trois ans après l'arrivée des filles de la Mère Sainte-Euphrasie, le gouvernement chilien, acheta le couvent de Sainte-Rose, à Santiago, et tout le personnel de la prison s'y transporta.

La fondation d'un second couvent à Cincinnati, se fit dans des conditions analogues. Mme Sarah Péter était depuis cinq ans en instance pour obtenir des autorités de la ville, que les prisonnières fussent confiées au Bon-Pasteur. L'archevêque, Mgr Purcell, l'encourageait dans ses démarches. Enfin le maire, accorda la faveur demandée par

Mme Péter. Par délicatesse, les fillés de la Mère Pelletier, changèrent le nom de la maison, et l'appelèrent *Maison de Réforme*, pour éviter l'odieux du mot de prison. La Mère Pelletier suivit avec intérèt jusqu'à sa mort le bien qui se fit dans cette maison. Deux ans après la fondation, elle apprenait de la Supérieure, sœur Saint-Stanislas Cusach, que l'archevèque se chargeait lui-même d'administrer les sacrements à ses chères détenues, donnant le Baptême et la première Communion aux unes, la Confirmation à d'autres. Un grand nombre en arrivant, n'avaient aucune notion de leurs devoirs envers Dieu et envers le prochain : elles entraient dans un monde tout nouveau par les enseignements des religieuses du Bon-Pasteur. Rien ne réjouissait autant la Mère Pelletier que d'apprendre que des âmes abandonnées étaient converties et que Dieu était moins offensé.

Au Concile de Baltimore, les évêques de l'Amérique du Nord, avaient exprimé le vœu de voir des maisons du Bon-Pasteur, dans toutes les principales villes d'Amérique. Ce fut Baltimore qui commença ces fondations peu de temps après la tenue du Concile, et au milieu même des difficultés de la guerre de 1864.

— Comme le bon Dieu aime notre Congrégation ! disait à ses filles la Mère Pelletier.

Et elle les faisait prier pour ses maisons d'Amérique que le Ciel protégeait et développait malgré les calamités de l'époque.

La Mère Pelletier avait chargé la Supérieure de Louisville de fonder la maison de Baltimore. Le 31 juillet, fête de saint Ignace, cette provinciale quittait Louisville avec quelques religieuses et allait ouvrir cette nouvelle maison de refuge. Comme toutes les œuvres catholiques d'Amérique, cette fondation prit une extension rapide, et devint un des couvents les plus florissants de l'Ordre. Du reste le Bon-Pasteur à Baltimore, comme les Séminaires et les autres Communautés, fut favorisé dans son développement par le cardinal Gibbons, le grand protecteur des ouvriers chrétiens. L'œuvre de la Mère Sainte-Euphrasie, plaisait d'autant plus au cardinal, qu'elle s'adressait plus spécialement aux pauvres ouvrières.

CHAPITRE XIV

En Algérie. — A El-Biar. — La Mère de Stransky. — A Oran et
à Constantine. — En Egypte. — Au Caire. — Les brebis noires.
— Dans l'Inde. — La Mère de Schorlemer. — A Bangalore. —
Port-Saïd et Suez. — Le choléra. — En Birmanie.

Mgr Dupuch, évêque d'Alger, étant chanoine de Bordeaux, avait eu occasion de visiter le couvent du Bon-Pasteur, alors qu'il était de passage à Angers pour se rendre en Normandie. Pendant qu'il était au parloir avec la Mère Sainte-Euphrasie, il lui demanda si elle ne connaissait pas dans le voisinage un autel érigé en l'honneur de sainte Philomène, à qui il était redevable de grâces nombreuses. Il fut bien agréablement surpris quand il apprit que la Mère partageait sa dévotion pour cette sainte et qu'elle avait ses reliques sous l'autel principal de sa chapelle. Depuis cette visite, Mgr Dupuch n'oublia point le couvent qui abritait les reliques de sa protectrice.

En 1840, il se trouva à Paris, avec M. l'abbé Suchet, dans le même hôtel où était descendue la sœur Marie-des-Anges Levoyer, Supérieure de Lille, alors de passage dans la capitale. Il lui exprima son désir d'avoir pour Alger une maison du Bon-Pasteur et lui fit la peinture du bien qu'on obtiendrait. Il s'engagea même entre lui et M. l'abbé Suchet une discussion amicale, qui réjouit beaucoup la Mère Marie-des-Anges : Mgr Dupuch voulait avoir ce couvent à Alger ; M. Suchet voulait l'avoir à Constantine où il exerçait le saint ministère.

Quand Mgr Dupuch, en 1843, eut obtenu de Mgr Angebault une fondation, la Mère Sainte-Euphrasie ne fut pas en peine de trouver des missionnaires : l'Afrique était la patrie de leur père saint Augustin. Aussi toutes les maisons de l'Ordre envoyèrent à Angers une aumône pour cette mission.

« Que de circonstances remarquables dans cette fondation ! disait la Mère fondatrice dans un entretien à la Communauté. Mgr Dupuch, évêque d'Alger. qui nous appelle, nous a dit que célébrant la messe dans notre chapelle à l'autel de sainte Philomène, la sainte lui avait dit que dans notre Congrégation il trouverait des vierges propres aux œuvres qu'il voulait établir en Afrique. Toujours ces paroles l'ont poursuivi ; et c'est bien la protection de sainte Philomène qui l'a conduit au terme, en dépit des efforts de l'enfer. Encore une autre circonstance : Mgr l'évêque d'Angers se trouve porté presque malgré lui à hâter cette fondation. Hier matin, une personne de confiance va à l'évêché chercher une réponse que nous avions demandée là Sa Grandeur.

— Dites à la bonne Mère que je n'ai pas le temps de lui écrire seulement une ligne ; mais dites-lui qu'elle s'occupe des nominations et que j'irai dans la soirée pour tout confirmer.

« Autre chose : Hier encore il nous fallait 500 francs de plus pour le voyage de nos sœurs, nous ne savions où les prendre, et voilà que nous les recevons de quelqu'un sans nous y attendre. »

« Nous savons, mes bien chères filles, disait encore la Mère fondatrice avec un accent prophétique, nous savons que vous serez bien accueillies en Algérie. Les Arabes aiment le blanc, et votre costume religieux sera pour eux un objet de respect. Vous aurez beaucoup de pénitentes, beaucoup d'âmes à sauver... Oh ! je vous en conjure. ne vous lassez point de cette mission, quelques difficultés qu'elle vous présente ; soyez sûres d'ailleurs, que l'Africain vous respectera et que le ciel vous bénira. »

La petite colonie qui fut désignée, partit pour l'Afrique

le 30 mars 1843, sous la direction d'une jeune professe allemande de grande distinction, née de Stransky, qui prit en partant le nom de sœur Marie de Sainte-Philomène. Ce départ fut aussi solennel que celui des sœurs américaines. Mgr Angebault vint au Bon-Pasteur leur donner sa bénédiction. Mᵐᵉ d'Andigné leur fit don, comme aux sœurs de Louisville, des vases sacrés de la chapelle. Mais, ce qui est plus touchant encore, parce que c'est un reflet de l'esprit d'union et de charité que la Mère fondatrice faisait régner dans les différentes parties de sa maison, en les intéressant à ses œuvres d'apostolat, toutes les classes voulurent donner aux sœurs d'Afrique une aumône prise sur leur travail.

Les religieuses, sous la conduite de la Mère Sainte-Philomène de Stransky s'établirent à El-Biar, aux portes d'Alger, sur la route du Bou-Zaréa. Comme le couvent était en dehors de la ville, exposé aux incursions des voleurs et même des bêtes féroces, Mgr Dupuch, voulut le faire abandonner par les religieuses : confiantes dans la Providence, et fortes des conseils de leur Mère fondatrice, celles-ci refusèrent et parvinrent en peu d'années à faire de leur maison embellie et agrandie, l'agréable refuge d'un bercail de plus de trois cents jeunes filles.

Quand Mgr Pavy monta sur le siège épiscopal d'Alger il combla le couvent d'El-Biar d'attentions délicates. Il lui donna comme supérieur M. l'abbé Suchet qui autrefois à Tours avait été le confesseur de la Mère Sainte-Euphrasie. Il semblait à la Mère de Stransky et à ses religieuses qu'elles étaient en communion plus intime avec leur Supérieure générale, quand elles entendaient les instructions de ce bon Père.

Tout prospérait à El-Biar. L'administration militaire elle-même le favorisait : elle lui fournissait à petit salaire des ouvriers militaires, soumis à une discipline sévère. Le général Duchesne en particulier leur procura des fourgons pour transporter des matériaux, et des soldats pour construire et organiser la maison et l'enclos.

Les jeunes filles qui entraient au Bon-Pasteur, étaient un sujet de consolation pour les religieuses ; elles assuraient que de leur vie elles n'avaient été aussi heureuses qu'à El-Biar. L'une d'elles était habituée dans le monde à se soigner de toutes manières. Elle devint bientôt un objet d'édification. Pendant le mois de mai, elle exprima à plusieurs reprises le désir de sacrifier ses beaux cheveux à la sainte Vierge ; la maîtresse la retint, lui disant d'attendre encore quelque temps ; mais dans les derniers jours, on trouva le matin, pendant le grand silence, ses longs cheveux noirs à côté d'elle.

— « Ce sacrifice nous toucha beaucoup, écrivait la Mère de Stransky. La jeune fille nous avoua qu'il lui avait coûté horriblement, mais qu'elle l'avait fait, parce que ses cheveux lui étaient un si grand sujet de vanité que quelquefois deux personnes furent occupées plusieurs fois par jour à les arranger.

« Un dimanche, raconte encore la Supérieure, on vint nous avertir qu'une jeune demoiselle, aussi jolie que modeste, nous demandait. En effet, nous trouvâmes une jeune fille charmante de dix-sept ans, très élégante et simple tout à la fois. Elle nous demanda si nous recevions des pensionnaires. Sur notre réponse affirmative elle nous dit :

— Mais vous n'en recevez pas, sans doute, sans pension.

— Non, répondîmes-nous ; nous sommes trop pauvres en ce moment.

Alors tristement et d'une voix bien douce :

— C'est que je connais une enfant qui est bien pauvre et bien à plaindre.

Je lui demande l'âge de l'enfant.

— Elle a dix-sept ans, répondit-elle en rougissant. Elle veut se convertir. Maintenant elle est seule, bien abandonnée.

— Nous lui dîmes alors que nous n'avions de place que dans la classe des pénitentes.

— Oh ! dit-elle immédiatement, elle ira bien où vous voudrez ; mais elle est très pauvre : elle ne possède que les vêtements qu'elle porte.

« Nous l'assurâmes que nous la recevrions avec une affection maternelle.

« Alors elle nous dit :

— Eh bien ! c'est moi ».

La Mère de Stransky, pénétrée de l'esprit du P. Eudes et de la Mère Pelletier, cachait sous une apparence de grande réserve une ardeur tout apostolique.

D'une piété angélique, la noble jeune fille, baronne de Stransky, avait été attirée vers ce qu'il y a de plus héroïque dans le dévouement. La mission du Bon-Pasteur qui travaille directement à la conversion des âmes et à leur sanctification était plus attrayante pour elle que celle des Ordres qui chantent les louanges de Dieu et ne se livrent qu'à la prière. Aussi les austérités de sa vocation se tournaient pour elle en délices à la pensée que par là elle travaillait au salut des âmes.

Les plus belles conquêtes de la grâce, les plus touchantes conversions seront les heureux fruits des longues années qu'elle passera à El-Biar.

La Mère de Stransky mourut en 1865. Voici en quels termes la Mère Sainte-Euphrasie parla d'elle à sa Communauté : « La Mère Sainte-Philomène était une religieuse parfaite. Dès son entrée, on l'a vue se porter à ce qu'il y a de plus rebutant et de plus humiliant. Elle a toujours marché de progrès en progrès, jusqu'à ce qu'elle atteignît le sommet de la perfection. Elle était d'une obéissance à toute épreuve ; elle était surtout d'une humilité profonde. Elle a fondé la maison d'Alger au milieu de la pauvreté et de la souffrance. Atteinte d'une maladie qu'elle avait gagnée en arrivant à cause de la chaleur et de la malpropreté d'un local où elle pouvait à peine respirer, les sœurs de la Charité la menèrent à l'Hôtel-Dieu, dans les premiers temps de son séjour en Afrique. Depuis lors, elle parlait volontiers des jours qu'elle avait passés à l'hôpital, comme du plus beau temps de sa vie. »

Quelques années après leur arrivée à El-Biar, en 1851, les religieuses d'Alger furent invitées par Mgr Pavy à étendre à Oran les bienfaits de leur œuvre. La maison d'El-Biar envoya quelques religieuses ; Angers en donna trois de son côté. Les pieuses filles, en arrivant à Oran, trouvèrent des difficultés de toutes sortes, pour entrer dans la pauvre maison que leur destinait Mgr Pavy, près le village de Miserghin à trois lieues de la ville. Reçues d'abord par les religieuses Trinitaires, elles furent abritées pendant quelque temps dans la maison de campagne du général Montauban. Enfin, leur pauvre maison leur fut accordée. Vite elles y firent porter le Saint-Sacrement.

— Alors, l'étable devint belle : Jésus y habitait et les anges l'entouraient, écrivaient-elles à la Mère générale.

Elles se mirent à l'œuvre pour se créer une clôture et se garder contre le brigandage des Arabes. Le général Montauban, le futur comte de Palikao, s'intéressa à leur œuvre qui lui semblait sublime. Il leur envoya des soldats pour construire un canal et amener l'eau dans leur enclos. Elles-mêmes et leurs premières pénitentes ramassaient des pierres et les transportaient. Mais elles étaient trop loin d'Oran pour voir augmenter rapidement le nombre de leurs enfants. Leur maison semblait être dans un désert.

Mgr Pavy sollicita une troisième fondation en faveur de Constantine. La Mère Sainte-Euphrasie qui se sentait de plus en plus attirée vers les pauvres enfants d'Afrique détacha deux religieuses d'Alger et les envoya dans cette nouvelle mission.

A leur arrivée, les religieuses occupèrent une ancienne mosquée. Elles réunirent autour d'elles une dizaine de pénitentes et des élèves de toute nationalité. Un vicaire général, leur protecteur et leur supérieur, obtint de la Mère générale un nouvel envoi de religieuses et il établit les sœurs dans une propriété qu'il fit acheter dans les environs de la ville.

La maison de Constantine compta dans la suite un grand nombre de baptêmes d'enfants ou d'adultes.

« En allant à Rome, disait un jour la Mère Pelletier dans un entretien d'Angers, comme nous gravissions une colline, nous fûmes obligées de descendre de la diligence pour alléger la voiture. Nous rencontrâmes un petit berger qui gardait son troupeau, et ce troupeau était composé de brebis blanches et de brebis noires, et je disais : O petit berger, que tu és heureux, toi qui as des brebis blanches et des brebis noires ! moi, j'ai bien des brebis blanches, mais il me manque des noires. » Ces brebis noires, après lesquelles soupirait la Mère fondatrice depuis de longues années, elles se présentèrent à son zèle, lorsque en 1845, Mgr Guasco, évêque du Caire, demanda une fondation pour sa ville épiscopale. La Mère Pelletier, mit aussitôt en œuvre toutes les ressources de son esprit si inventif pour mener à bonne fin cette entreprise. Elle intéressa la charité du public en demandant par une circulaire adressée à ses religieuses, la somme de vingt-cinq ou trente francs, aux personnes qui voudraient racheter en leur nom un petit enfant esclave ou abandonné de cette terre d'Afrique. Son appel eut un grand succès. L'ambassadeur de Turin à Paris, lui envoya ses félicitations. Bon nombre de personnes chrétiennes lui fournirent une ou plusieurs offrandes. M. le chanoine Fouré prêcha, en faveur de l'œuvre, un sermon de charité qui toucha vivement ses auditeurs. C'était le jour de la Pentecôte 1845. La Mère Sainte-Euphrasie avait reçu dans son couvent d'Angers plusieurs jeunes négresses rachetées au Caire par la charité d'un prêtre, M. Olivieri, de Gênes. La vieille Nina, la servante du prêtre, avait pris soin des petites noires et les avait accompagnées jusqu'à Angers. Les petites Ethiopiennes donnèrent des marques si touchantes de leur piété, qu'elles portaient ceux qui les voyaient à s'intéresser à l'œuvre de Mgr Guasco.

La mort d'une jeune religieuse de grande espérance, la comtesse de Schaesberg, frappée à vingt ans, au milieu des

espérances qu'elle faisait naître pour le bien de la Congrégation, n'empêcha point la Mère Pelletier de presser la fondation. Elle choisit pour Supérieure sœur Marie de Sainte-
Thérèse, baronne de Rump, et elle l'envoya au Caire à la
tête d'une petite colonie de religieuses.

Transportées de Gênes à Alexandrie aux frais du roi de
Sardaigne, les sœurs furent reçues au Caire comme à
Alexandrie par le consul sarde. Arrivées au port de Boulac,
après avoir remonté le Nil, elles se rendirent à dos d'âne à
l'église des Pères Franciscains.

A l'église des Pères, cinq places leur étaient préparées
devant l'autel. On chanta pour elles, au milieu d'un concours de chrétiens de tous rites, grecs, coptes, catholiques,
les versets du psaume XLIVe : « On amènera au roi des
vierges qui le suivront, » etc. Les Pères leur cédèrent, en
attendant que leur maison fût trouvée, une des leurs, et
elles ouvrirent immédiatement une classe fréquentée par
des Arabes, des Assyriennes, des Coptes, des négresses,
des juives. Elles excitaient vivement la curiosité. Tous les
consuls étrangers vinrent les voir. Le vice-roi, Méhémet-Ali,
leur fit visite ainsi que les principaux chefs arabes.

Les religieuses ne tardèrent pas à acheter le palais
Bogohi-Bey pour y installer leur œuvre d'apostolat. Avec
leur apparence modeste, avec leur porte discrète qui ne
dévoile rien au passant des beautés du dedans, avec leurs
cours intérieures entourées de cloîtres, embellies d'arbres
et de fontaines, les vieux palais du Caire, se prêtent très
naturellement aux besoins d'un couvent. Le recueillement
s'y établit facilement. Au désordre et à la nonchalance des
anciens habitants, les religieuses firent bientôt succéder le
bon ordre et le travail d'une Communauté.

Cependant l'œuvre des pénitentes était difficile à établir
au Caire. Les jeunes filles abandonnées et ayant besoin de
conversion y sont nombreuses, plus nombreuses même
qu'en Europe ; mais les mœurs, les religions différentes,
les préjugés font obstacle. La Mère Sainte-Euphrasie rassu-

rait ses sœurs ; elle les exhortait à se plier aux circonstances, à faire le bien qu'elles pouvaient. Sous son inspiration, elles ouvrent leurs classes aux petites filles de toutes
nations et de toutes religions, les négresses y coudoient les
blanches, les musulmanes les catholiques, la maronite la
juive. C'est également la réunion de toutes les langues.
A voir cette variété qui se traduit jusque dans les costumes,
on est touché de la puissance de la charité qui réunit des
brebis si différentes sous une même houlette.

Puis le couvent du Caire était souvent le lieu choisi pour
des abjurations d'hérétiques, pour des baptêmes d'infidèles.
Un jour, c'est une mère et ses trois enfants schismatiques
qui rentrent dans l'Eglise catholique ; un autre jour, c'est
une esclave qui est amenée par son maître pour recevoir
l'instruction religieuse. La Mère Supérieure prend bientôt
une grande autorité près des jeunes filles et près des familles
arabes qui l'approchent. Elle est à la fois Économe et Supérieure. Fidèle aux leçons de la Mère Sainte-Euphrasie, elle
accommode son zèle aux nécessités de la situation. Les élèves
sont pauvres : peu d'entre elles peuvent payer une pension
modeste ; mais à Pâques, plusieurs familles la payent en
nature. On lui apporte des agneaux, et une si grande quan-
tité d'œufs, que la cuisine en est presque remplie.

La Mère fondatrice avait écrit à M. le chevalier Vernani,
le consul sarde du Caire, pour le remercier de ses bons
offices envers le couvent. Sur l'ordre de Mgr Guasco, communiqué au consul français, ce couvent était regardé
comme propriété du roi de Sardaigne. Depuis, le roi Charles-
Albert, ses ministres, le consul, tous les fonctionnaires
sardes témoignèrent la plus grande bienveillance pour cette
maison et pour ses religieuses.

La Maison-Mère tout entière prenait une part spéciale aux
progrès de la maison du Caire. Au départ de la seconde
colonie, la Mère Sainte-Euphrasie, voulut attirer les bénédictions de la sainte Vierge sur la mission, en célébrant le
mois de Marie avec un éclat tout particulier. Chaque jour

on faisait une procession dans laquelle on portait la statue de la sainte Vierge sur un brancard, le soir méditation sur une des vertus de Marie, et salut solennel.

La sainte Vierge exauça les prières de la digne Mère générale et de ses filles, pour la mission d'Egypte. En 1851, Mgr Guasco leur achetait une maison arabe plus spacieuse et plus saine que la première. En 1869, le vice-roi, Ismaël-Pacha, leur donnera près de la gare un terrain. Mais comme chaque année les pèlerins de la Mecque viennent s'y réunir, elles le vendront et achèteront avec son prix un vaste enclos à Choubrah, près de la plus belle promenade du Caire, où elles bâtiront un couvent pour toutes leurs classes.

Le 3 décembre 1847, jour de la fête de saint François Xavier, la Mère générale et ses filles entendirent comme des cris sauvages à la porte de leur couvent : c'étaient dix jeunes négresses d'Ethiopie, que leur envoyait, cette fois sous la direction de la Supérieure de Chambéry, le Père Olivieri. Le bon missionnaire les avait achetées à Alexandrie pour les enlever à l'esclavage. Ces pauvres enfants élevées dans la frayeur des marchands d'esclaves, n'avaient rencontré jusque là que des ennemis parmi les hommes : elles étaient craintives. En voyant tous les soins qu'on leur prodiguait, elles furent vite rassurées. Quand elles reconnurent la Mère Sainte-Euphrasie comme la Supérieure, elles s'ingénièrent pour lui témoigner de toute manière leur affection.

On les réunit aux sept négresses qui étaient déjà à Angers. Mgr de Hercé, mandé par la Mère générale, vint les instruire. Il leur apprit en arabe le *Pater* et le leur commenta. Il leur lisait des contes arabes et était touché de l'intérêt qu'elles y prenaient.

— Lis-nous encore, répétaient-elles, lis-nous encore.

Les religieuses, aidées des anciennes négresses, achevèrent leur éducation religieuse.

La Mère Sainte-Euphrasie suivait avec affection leurs progrès. Un jour, on les avait vues au lever du soleil se prosterner vers lui pour l'adorer. Quand on leur eut fait comprendre que ce n'était qu'une créature du Dieu qui était dans la chapelle, elles allèrent aussitôt dans le vestibule de la chapelle coller leurs lèvres sur les murs par dévotion.

Quand Mgr de Hercé revint leur donner le saint Baptême, la chapelle était pleine d'étrangers, désireux de s'édifier à un spectacle si rare. Le pieux évêque fit un sermon touchant sur la grâce de Dieu qui était allée chercher ces pauvres enfants jusqu'au fond de l'Ethiopie. La piété de ces jeunes négresses était débordante: l'une voulait mourir pour Notre-Seigneur, puisqu'il était mort pour nous. Il semble que Dieu ait exaucé sa prière : elle mourut peu de temps après sa première communion dans son innocence baptismale.

Quelques jours après son baptême, on demandait à une autre négresse ce qu'elle pensait depuis qu'elle avait été baptisée.

— Je pense, répondit-elle, qu'à présent, mon cœur ne doit plus être qu'au bon Dieu, et que, sur la terre, je ne dois plus baiser que mon crucifix.

Plus la Mère fondatrice donnait d'âmes à Dieu, plus le Rédempteur du monde découvrait à son zèle de nouveaux horizons. Le Sauveur se servit cette fois comme intermédiaire d'un missionnaire angevin, Mgr Charbonneau, vicaire apostolique du Maïssour dans les Indes.

Au milieu de ses idolâtres, l'évêque avait compris que la voie la plus sûre pour les gagner à la religion catholique, c'était de les atteindre par la charité et de leur montrer l'Evangile de Jésus-Christ mis en œuvre sous la forme vivante du dévouement chrétien. Il songea aux filles de la Mère Sainte-Euphrasie, il demanda des sœurs missionnaires du Bon-Pasteur. La Mère, devant cette perspective des âmes à conquérir, se trouva toute disposée à accueillir la demande de l'évêque. Son Conseil fut de son avis. Mais qui choisir ? Car dès qu'elle eut annoncé la bonne nouvelle dans la Communauté, ce fut un concours d'aspirantes pour les Indes. La Mère Sainte-Euphrasie alla se prosterner devant son conseiller habituel, le Saint-Sacrement. Elle y puisa des lumières. Elle proposa à son Conseil et nomma, pour être Supérieure de la fondation de Bangalore, une religieuse allemande qui appartenait à la meilleure aristocratie de la Westphalie, M\ue Fanny de Schorlemer, en religion sœur Marie de Sainte-Thérèse.

La famille de Schorlemer est fort ancienne et s'est toujours distinguée par son attachement au catholicisme. Le frère de sœur Thérèse, le comte de Schorlemer d'Alst, a été à la Chambre des députés de Berlin un des plus brillants orateurs catholiques.

— Tous les Schorlemer ont la tête dure, disait-il ; mais ma sœur Fanny est encore pour la solidité de la volonté, le premier homme de notre famille. Quand, à vingt-six ans, elle annonça sa vocation à nos parents, elle leur donna quinze jours pour y songer et pour lui accorder leur consentement.

Tout avait été héroïque dans la vocation de la Mère Sainte-Thérèse, qui maintenant brûlait du désir d'aller se dévouer aux missions lointaines, et qui préférait le Maïssour à la maison de Mayence, près de sa famille. Elle avait renoncé au monde, à ses joies et à ses fêtes, pour entrer dans la pauvreté et les mortifications du cloître ; elle s'était donnée avec tant de générosité que très vite le Bon-Pasteur lui était devenue une maison paternelle.

— Dieu et ses anges habitent ici avec nous, disait-elle.

Elle était attachée à son couvent à un point extraordinaire. Quand il fallut sortir de ces cloîtres qu'elle ne reverrait plus, le cœur faillit lui manquer : elle baisait les murs et était tentée de s'attacher aux portes pour ne pas quitter ces lieux bénis et la Mère qui lui en avait fait goûter tous les charmes.

Le jour du départ arrivé, Mgr Charbonneau, qui était au Bon-Pasteur, emmena avec lui cinq religieuses, dont deux Irlandaises, deux Françaises et une Allemande, la Mère

Schorlemer. La Mère Sainte-Euphrasie était si émue de la séparation et si touchée du zèle des missionnaires, qu'elle voulut les accompagner jusqu'au bateau qui devait partir de Paimbœuf.

A Nantes, les religieuses furent reçues chez les sœurs de la Sagesse à l'hôpital Saint-Jacques. La Mère Sainte-Thérèse était logée dans un appartement contigu à celui de la Mère Sainte-Euphrasie. La nuit qu'elles y passèrent ne fut, pour la Mère Sainte-Thérèse, qu'un gémissement continuel. La pensée de l'adieu au Bon-Pasteur d'Angers et à la Mère vénérée qui l'avait formée à la vie religieuse, la vue de la responsabilité qui allait peser sur elle comme Supérieure de Bangalore, envahirent à tel point son esprit qu'elle ne put retenir ses larmes et ses sanglots. Le matin, après la messe, la Mère Sainte-Euphrasie tout émue par cette explosion de regrets, voulut décharger la Mère Sainte-Thérèse, lui donner une remplaçante pour la mission de Bangalore et l'envoyer dans une maison d'Allemagne où elle serait la joie de sa famille. Ce fut de la part de la Mère Pelletier une grande marque de tendresse : elle fit à sa chère fille un tableau touchant de la joie de sa famille quand on la verrait dans un couvent d'Allemagne ; puis elle opposa les croix qui l'attendaient au Maïssour, l'isolement où elle se trouverait pour porter les charges du supériorat. Mais depuis les frayeurs de la nuit, qui étaient, semble-t-il, une dernière tentative du démon pour ébranler ses généreux desseins, la Mère de Schorlemer avait assisté à la Messe et reçu la sainte Communion. Notre-Seigneur avait retrempé son âme. Elle se sentait plus affermie que jamais, et appelée par une vocation irrésistible à partir pour les Indes.

— Depuis que j'ai communié, disait-elle à la Mère Pelletier, je me sens la force de traverser les mers, le feu, les flammes, de tout affronter pour aller sauver une seule âme aux Indes. J'aurai des croix ; mais mon cœur vient de dire avec saint François Xavier : Encore plus Seigneur ! encore plus ! Je pars avec joie.

En disant ces mots, son visage avait une expression de paix angélique.

Les adieux de la Mère Sainte-Euphrasie à ses filles furent touchants. Tout le long de la route d'Angers à Paimbœuf, les voyageurs avaient admiré les rapports de cordialité de la Mère et de ses filles. Quand il fallut se séparer sur le rivage, ce furent des expansions sans fin. La Mère allait de l'une à l'autre, les embrassant, leur faisant ses recommandations ; puis elle recommençait, ayant des mots tendres pour toutes, et comblant ainsi chacune d'une affection toute spéciale. Enfin elle quitta le pont qui reliait le rivage au bateau. La Mère Sainte-Thérèse baisa la chaîne où la Mère Sainte-Euphrasie avait posé la main. Puis quand elle eut perdu de vue sa Mère, elle prit quelques galets que ses pieds avaient foulés, les emporta comme souvenir, et comme elle savait peindre, elle les enrichit de délicieuses peintures. Pour son cœur c'était plus que des diamants.

Pendant ce temps, une scène touchante se passait dans le salon du bateau qui ramenait à Angers la Mère générale et les deux religieuses ses compagnes de voyage. Elle dictait un dernier adieu à ses missionnaires du Maïssour. C'était l'épanchement éloquent des sentiments qui remplissaient son cœur.

— « Adieu, ma Sainte-Thérèse chérie ! Adieu, mes enfants bien-aimées ? Ah ! vous pleurez. De mes yeux tombe une pluie de larmes. Mes enfants, considérez l'Océan et vous aurez l'étendue de mon amour et de mes regrets. Quand le flot viendra baiser le flanc de votre bateau et s'y briser, n'est-ce pas qu'il vous rappellera le dernier embrassement de votre pauvre Mère et le brisement de son cœur ? L'orage et le soulèvement des vagues, oh ! tout cela vous peindra le trouble de son âme en vous quittant. Ah ! que vous êtes généreuses pour Dieu ! Que je vous aime, mes enfants ! »

Six mois devaient s'écouler avant que les sœurs parties pour l'Inde pussent raconter leurs épreuves dans la longue traversée de Saint-Nazaire à l'île Bourbon et aux Indes. Ce n'est que le 14 août qu'elles arrivèrent à Bangalore, après quatorze jours de voyage en charrette indienne traînée par des bœufs, à travers un pays désolé par la sécheresse et le choléra. L'eau était rare, et les abris pour la nuit plus rares encore. Aux portes de Bangalore, Mgr Charbonneau les attendait avec son clergé. Il fit sonner la cloche de l'église, chanta le *Te Deum* et les installa dans son Séminaire qu'il avait fait disposer pour les recevoir. Et là, comme à Angers, on vit la petite colonie des Dames Blanches, organiser une Communauté, des lieux de prière, des classes. Un prince indien, sa femme et sa fille, dont les ancêtres avaient reçu la foi de saint François Xavier, vinrent leur rendre visite et leur offrir des présents. Leur première classe fut mise sous le vocable de sainte Euphrasie. C'était une classe de petites indiennes pauvres, qui augmentait tous les jours. La religieuse chargée de cette classe se mit à apprendre le *malabar* pour les instruire. Un petit garçon de douze ans fut son premier professeur. A côté de cette classe en fut établie une autre, dès la première année, pour les jeunes Européennes. Dans cette classe on parlait anglais. Au bout de quelques mois on y comptait soixante élèves. Puis tout ce petit peuple se mit à broder et à coudre pour gagner sa vie : car il n'y avait tout d'abord que quelques enfants appartenant à des familles aisées.

La maison semblait s'ouvrir à de grandes espérances d'avenir. Mais il fallait des religieuses plus nombreuses. Alors on écrivait à la bonne Mère générale. On faisait la peinture de tout le bien qui s'offrait au zèle, de tous les charmes de ce pays, de son climat exceptionnel. « Il n'y avait pas même à craindre les serpents qui restaient dans les temples où on les adorait : ni les singes qui se promenaient en troupes sur les arbres, mais qui n'approchaient point des maisons. » Puis les jeunes filles protestantes elles-mêmes s'habituaient peu à peu aux *sœurs blanches* et demandaient à leurs parents la faveur de fréquenter le Bon-Pasteur.

Le renfort si ardemment sollicité fut envoyé par la Mère Sainte-Euphrasie. Trois religieuses partirent d'Angers pour les Indes. Arrivées à Pondichéry, elles se trouvèrent dans l'impossibilité de continuer leur route : l'une d'elles, exténuée par le mal de mer et la maladie, ne pouvait supporter plus de fatigues. Mgr Charbonneau, averti, leur envoya des ressources pour faire voyager en palanquin la missionnaire malade. Quand la servante de Dieu apprit ce détail de la charité du pieux évêque, elle ne put taire l'expression de sa reconnaissance. Elle était tout émue à la pensée de cette pauvre religieuse malade, rencontrant sur sa route la main compatissante d'un évêque qui, tout pauvre qu'il est, s'impose de lourds sacrifices pour la conserver à l'œuvre de sa mission.

Ce n'était là pourtant que le commencement des épreuves. Deux mois plus tard, la Mère Sainte-Euphrasie annonçait, le cœur oppressé de douleur, la mort d'une première victime de Bangalore et trois ans après, la mort de la religieuse qui était arrivée en palanquin. Le climat de l'Inde, les travaux de la mission, les privations de la pauvreté, firent promptement des vides dans la pieuse colonie. On les combla sans négliger cependant les fondations nouvelles qui sollicitaient sans cesse le zèle des filles de la Mère Pelletier.

Dès 1855, la Compagnie du canal de Suez avait fait proposer à la Mère fondatrice par l'entremise de Mgr Pascal Vinci de confier aux religieuses du Bon-Pasteur, la lingerie et l'économat de l'hôpital, de Port-Saïd. La Mère n'accepta d'abord que pour des sœurs tourières. Huit ans plus tard, la Compagnie permit aux religieuses du Bon-Pasteur d'entreprendre à Port-Saïd leur œuvre tout entière. A leurs différentes classes, les sœurs étaient tenues seulement de joindre le soin de l'hôpital fondé par la Compagnie du canal de Suez pour les pauvres matelots de diverses nations, que les fatigues ou les rigueurs du climat obligeaient à renvoyer malades des pays d'Orient.

L'établissement de Port-Saïd, si bien placé à l'entrée du canal qui relie le vieux monde de l'Inde et de la Chine à l'Europe, se développa comme par miracle. Au bout de très peu d'années, cette maison présenta une animation extra-ordinaire, elle abrita des malades des différents pays d'Asie et d'Afrique : l'Abyssinien y coudoya l'Anglais, le musulman, le catholique. Puis, à côté de l'hôpital, les filles de la Mère Pelletier fondèrent des classes pour les pénitentes, pour des orphelines, pour des élèves internes ou externes.

En 1865, l'Egypte réclama de nouveau des religieuses du Bon-Pasteur pour Suez. A l'entrée de la mer Rouge, en plein désert, le besoin d'un hôpital pour les soldats revenant des Indes, le besoin non moins pressant d'un asile pour les enfants abandonnées d'une ville en formation qui s'agrandissait chaque jour, avaient fait penser aux religieuses du Bon-Pasteur déjà acclimatées en Orient, et surtout habituées au ministère le plus pénible de l'apostolat catholique. La Mère Pelletier ne pouvait refuser. L'Orient avait toujours attiré son zèle. Mais comme son Ordre cloîtré n'avait pas été fondé pour des hôpitaux, elle n'accepta celui de Suez, comme celui de Port-Saïd, qu'à certaines conditions. Il serait desservi par des sœurs tourières, sous la surveillance des religieuses qui pourraient en tenir la lingerie et la pharmacie.

La Compagnie du canal de Suez bâtit un couvent dont les sœurs payèrent loyer, et l'œuvre commença à fonctionner.

La Mère Sainte-Euphrasie venait d'annoncer à ses filles la fondation de la maison de Suez quand elle reçut de la Supérieure du Caire, une nouvelle effrayante. Le choléra ravageait Alexandrie : depuis quelques jours il s'était déclaré au Caire.

La panique était aussi terrible que le fléau. La peur tue la conscience. L'âme du musulman constitué en dignité semble faite d'égoïsme. Le vice-roi s'était enfui ; la plupart des fonctionnaires musulmans avaient quitté leur poste. Tous les riches qui avaient pu quitter la capitale, l'avaient abandonnée pour se dérober au fléau. Seuls les consuls français étaient restés. M. de Lesseps était accouru de France au milieu des ouvriers qui creusaient le canal de Suez. M. Roustan, consul général, organise des secours. Une religieuse du Bon-Pasteur se met à la tête d'une ambulance pour recueillir les malades qui tombent dans la rue et les diriger ensuite vers l'hôpital. Elle paie son zèle de sa vie. Deux de ses sœurs meurent victimes de leur dévouement. Toutes trois étaient à la fleur de l'âge.

Le premier cri d'alarme des religieuses avait été pour la bonne Mère fondatrice d'Angers, parce qu'elles étaient sûres de trouver, avec la sympathie maternelle, l'union de prières et les meilleurs encouragements. « Quand une maison est souffrante, disait la Mère Sainte-Euphrasie à ses filles, tous les esprits s'y portent pour souffrir avec nos sœurs ou combattre avec elles. »

Quelques jours plus tard, on apprenait la mort de la Mère Saint-Jean l'Evangéliste, Supérieure du Caire : presque toute sa maison avait été atteinte du fléau. Cinq de ses enfants préservées et trois de ses sœurs avaient succombé. Elle fut, elle aussi, une victime choisie pour la beauté de son zèle apostolique. Elle n'avait que trente-cinq ans, et depuis dix ans déjà elle évangélisait les enfants du Caire qui fréquentaient sa maison. Quand on dut la porter en terre, le Consul de France ne voulut pas laisser cet honneur à des musulmans : quatre Français catholiques se présentèrent pour rendre les devoirs funèbres à cette femme modeste, dont l'obéissance et le zèle avaient fait une héroïne, et qui soutenait par sa mort l'honneur de la France et de la religion.

Malgré les vides que la mort faisait au milieu de ses filles, la Mère Sainte-Euphrasie élargissait encore chaque année le cercle de ses fondations. L'année même où le choléra avait si cruellement sévi au Caire, elle envoya une colonie de ses filles jusqu'à Rangoon, en Birmanie. Rangoon était alors une pauvre ville bâtie en grande partie de huttes, mais très fréquentée par les Birmans, qui venaient au temple de *Dagon*, le plus beau de toute la Birmanie. Ce temple, haut de trois cent vingt-cinq pieds, auquel on monte par quatre escaliers aux quatre points cardinaux, possède à son sommet un cercle de cloches d'or et d'argent, qui, au souffle du vent, rendent un son très harmonieux. Les pèlerins, arrivent dès le matin, apportant des offrandes à l'idole, des fruits, des bougies, des fleurs. On les voit prosternés, les uns sur le sol, d'autres sur les escaliers, d'autres devant la statue de l'idole.

Les filles de la servante de Dieu eurent leur première maison tout près de ce temple : aussi puisèrent-elles dans sa vue une grande pitié pour les âmes égarées par l'idolâtrie.

Pour atteindre plus facilement ces pauvres idolâtres jusque dans les campagnes, les religieuses du Bon-Pasteur fondèrent un Ordre de sœurs indigènes, recruté parmi leurs élèves. Ces sœurs se répandent dans les villages, où elles tiennent des écoles. Formées au couvent de Rangoon, elles sont animées d'une grande humilité et d'une piété profonde. Elles apprennent à leurs jeunes compatriotes, en dehors du catéchisme et des éléments de l'instruction primaire, les notions du travail à l'aiguille, l'art, tout nouveau pour les Birmans, de tenir un ménage dans l'ordre et la propreté.

Toute maison du Bon-Pasteur, contient une grande variété de classes et de personnes : des religieuses de chœur, des sœurs converses, des pénitentes, des petites préservées. Le couvent de Rangoon était encore plus varié que les autres. Les classes se composaient d'enfants appartenant à des races très différentes : Européennes, Eurasiennes, Birmanes, Malabares. En général, les petites filles, disent les religieuses, ont l'esprit ouvert, apprennent facilement les langues, ont les doigts agiles pour les travaux d'aiguille. Elles font elles-mêmes de l'apostolat dans leurs familles. Une de ces enfants voyait avec peine sa mère rester païenne et répétait cette plainte :

— Oh ! j'aime ma mère, et je ne pourrais être avec elle dans l'autre vie !... Cette pensée me déchire le cœur.

La pauvre enfant fut si fidèle à prier pour sa mère, qu'elle la fit baptiser quelque temps avant que la mort ne la lui enlevât.

Une autre jeune fille sut montrer sa reconnaissance à l'égard du Bon-Pasteur d'une manière touchante. Devenue riche par son mariage, elle offrit aux religieuses de Rangoon de payer le voyage d'une sœur missionnaire envoyée par la Mère fondatrice d'Angers.

Quand la Mère Pelletier recevait ces nouvelles des fondations lointaines, elle remerciait Dieu, dont elle reconnaissait les desseins providentiels sur son Institut.

Il n'y avait plus qu'une des cinq parties du monde qui n'eût pas de religieuses du Bon-Pasteur : l'Océanie. C'est une conquête qui tentait le zèle de la servante de Dieu. L'Australie, qui depuis cinquante ans est devenue commerçante et peuplée comme une Amérique, devait fournir de nombreuses brebis aux bercails du Bon-Pasteur.

Les villes de ce pays se fondent comme par enchantement. Les habitants y arrivent par centaines de mille ; il est telle ville, comme Melbourne, où de nos jours tous les progrès de l'industrie surpassent ce que nous voyons dans les villes les plus civilisées de l'Europe.

Le catholicisme y fait des progrès à l'envie de l'industrie. La Mère Sainte-Euphrasie n'avait garde de rejeter la demande de l'évêque de Melbourne, quand il sollicita pour sa ville épiscopale la fondation d'une maison du Bon-Pasteur. Elle annonça cette bonne nouvelle à sa Communauté dans les termes les plus émus. Elle tint ensuite un Chapitre général pour nommer celles que le bon Dieu avait choisies pour la mission de l'Océanie. En même temps, la servante de Dieu recommandait cette mission nouvelle aux maisons de son Ordre.

Le jour de leur départ, lorsque toute la Communauté était à l'Oraison du matin, la Mère fondatrice fit approcher d'elle les quatre missionnaires, leur mit sur la tête une couronne de fleurs, et les conduisit à la sainte Table, où elles communièrent auprès d'elle, pendant que les pénitentes chantaient un cantique d'actions de grâces. Puis après la messe, encore tout émue, elle fit à la Communauté réunie, au pied de l'autel de la sainte Vierge, paré de fleurs et illuminé, l'allocution suivante : « Un jour Notre-Seigneur, envoyant ses disciples en mission, leur adressa ces paroles : « Je vous envoie comme des brebis au milieu des loups. » Nous aussi, mes chères filles, nous pourrions vous adresser les mêmes paroles. Oui, nous vous envoyons comme des brebis au milieu des loups. Partout où vous irez, vous trouverez du mal. Mais soyez de dociles brebis. Comme nous vous le disions ce matin, en vous couronnant, vous ne rencontrerez peut-être pas dans ce pays lointain de ces peines qui quelquefois vous abreuvent le cœur. »

Les missionnaires s'embarquèrent à Liverpool. Leur traversée dura cent vingt-sept jours. A peine furent-elles débarquées, qu'elles achetèrent à Abbotsford une grande maison abandonnée aux oiseaux de nuit et aux animaux sauvages. Elles y mirent l'ordre, la propreté. Quand tout fut prêt, elles reçurent des pénitentes. Très vite la maison fut remplie et leurs débuts furent signalés par des grâces extraordinaires.

Une jeune fille de Melbourne vint leur demander asile, et, poussée par l'esprit de Dieu, prit l'habit religieux, malgré les supplications de sa famille. Une de leurs premières pénitentes mourut dans des sentiments de la piété la plus vive, en disant :

— Ah ! merci, merci ! Ecrivez à votre Mère générle, et dites-lui toute la gratitude de mon cœur : elle a envoyé ses chères filles dans un pays si lointain, pour aider à sauver mon âme et les âmes de tant d'autres. Je demanderai à Dieu...

Elle alla finir sa phrase au ciel.

Bientôt Abbotsford fut une vivante image du couvent d'Angers : mêmes classes nombreuses par les diverses catégories d'enfants ; mêmes dévotions à sainte Germaine, à la sainte Vierge, à saint Joseph, même pratique du chemin de la croix. L'esprit de la servante de Dieu régnait dans le couvent d'Océanie.

CHAPITRE XV

PIE IX ET LE BON-PASTEUR

Le Bon-Pasteur à Turin. — La Mère Pelletier à Gênes et à Nice. — A Imola. — Le Bon-Pasteur au palais du cardinal Mastaï. — Menaces de révolution. — Installation. — Départ du cardinal pour le conclave. — Pie IX. — Visite pontificale à Imola et à Bologne. — L'établissement des provinces dans la congrégation. — En Autriche. — A Modène. — Reggio. - Forli. -- Viterbe. — Faenza. - La Mère Pelletier et la papauté.

En 1843, la Mère fondatrice dut retourner à Rome afin de venir en aide aux maisons qu'elle avait fondées dans la Ville Eternelle, particulièrement à la maison de Sainte-Croix. A son retour, elle quitta la mer à Livourne et prit la route de terre pour se rendre à Turin. Elle devait traiter les affaires d'une fondation avec le comte Solaro de la Marguerita, ministre du roi de Sardaigne.

Après quelques jours passés à Turin, la Mère Euphrasie se rendit à Gênes, où elle installa l'assistante de la maison comme Supérieure, à la place de celle qu'elle avait appelée à la tête de la maison de Sainte-Croix à Rome. Le Bon-Pasteur de Gênes avait été établi par le marquis et la marquise Pallavicini, dans une maison dont le marbre et les riches appartements rappelaient beaucoup plus un palais qu'un couvent. On y avait organisé une clôture, une chapelle provisoire, en attendant celle que firent construire ces généreux bienfaiteurs. Pendant le séjour de la Mère à Gênes, on se montra fort empressé à la recevoir et à lui faire visite. Les religieuses pour répondre à ce bon accueil de la société gênoise, établirent un pensionnat de jeunes filles dans leur couvent : elles y reçurent des élèves venues des meilleures familles du pays.

De Gênes la Mère se rendit à Nice, pour visiter son couvent et passer quelques jours avec ses filles. « J'ai cru, écrivait un peu plus tard la Mère Euphrasie, j'ai cru que nos sœurs de Nice mourraient de joie : Dieu, le ciel, Angers, sont leurs seuls souvenirs. Aussi sont-elles bénies ; leurs classes marchent admirablement, Monseigneur leur saint prélat, bâtit et achète pour elles. »

« Nous ne pouvons vous exprimer, ajoutait la Mère, le bien immense que produit l'annonce de la fondation royale de Turin : on l'écrit à toutes les villes du Piémont ; le pieux marquis de la Marguerita l'écrit aussi à Nice : ce qui ravit le saint évêque de cette ville. Mais il n'est nul doute que cela va nous faire adresser bien des demandes. »

La fondation de Turin n'eut lieu définitivement cependant qu'à la fin de l'année 1843.

La Mère Pelletier était à Poitiers consolant ses filles dans l'épreuve, lorsque les sœurs désignées pour Turin prirent la route de l'Italie sous la conduite de leur Supérieure, la Mère de Pechmann. Le roi leur promit une rente annuelle de 3.000 francs. Le comte de la Marguerita et sa femme les comblèrent de prévenances dans le beau monastère qui avait été préparé pour les recevoir.

La Mère de Pechmann, Supérieure de Turin, était une religieuse de grandes promesses. Jeune et déjà formée à une haute vertu, elle avait une culture intellectuelle peu ordinaire. Parlant plusieurs langues, elle était capable de donner une haute idée du Bon-Pasteur dans cette ville de Turin, capitale du Piémont, alors si catholique.

Encouragée par la Mère générale, la Mère de Pechmann se mit à l'œuvre pour établir son couvent dans un des quartiers pauvres de Turin, dans le quartier même où Dom Bosco a fondé son œuvre merveilleuse, où des milliers d'enfants sont élevés, où des centaines de missionnaires et de religieux sont formés au dévouement apostolique. Plus d'une fois Dom Bosco a exercé le saint ministère dans le couvent du Bon-Pasteur, qui prit, selon les prévisions de la Mère fondatrice, une extension remarquable.

Les belles fondations de Rome, de Gênes, de Turin, avaient fait connaître et estimer le Bon-Pasteur des catholiques d'Italie. C'est cette réputation acquise par leurs œuvres, qui porta l'évêque d'Imola, le cardinal Mastaï, le futur Pie IX, à s'adresser à la Mère Euphrasie, pour obtenir, comme il le disait, « le secours de quelques sœurs du Bon-Pasteur, pour une maison de retraite que j'ai actuellement préparée en faveur des jeunes personnes. »

La Mère Pelletier répondit favorablement à la demande du cardinal, et le 17 août 1845 eut lieu le départ des trois religieuses nommées pour aller fonder la maison d'Imola.

Après un très heureux voyage, les missionnaires arrivèrent à Imola le 3 septembre. Conduites à l'évêché, elles furent présentées au cardinal Mastaï. Celui-ci en les voyant, leur dit avec ce bienveillant sourire qui rendait son accueil si aimable :

— Voilà mes filles du Bon-Pasteur : soyez les bienvenues.

Son Eminence, avec une rare bonté, s'informa de la Mère générale et des détails de leur voyage. Le cardinal comprit, en voyant le costume des religieuses, qu'elles ne pourraient habiter la maison préparée pour l'œuvre, où il n'y avait ni chapelle, ni parloirs. Le bon évêque décida que tout d'abord, elles logeraient dans son palais. Des appartements séparés furent mis à leur disposition en attendant que la chapelle du couvent fût prête et les grilles posées.

Chaque jour les sœurs assistaient à la messe du cardinal dans sa chapelle privée, elles y communiaient. C'était là aussi que toutes les semaines elles se confessaient à Son Eminence, parce qu'aucun prêtre à Imola ne parlait la langue française, et les sœurs ne savaient pas l'italien. Elles prirent des leçons de Mᵐᵉ la comtesse Argentine Guiccioli, que le cardinal fit venir au palais et qui parlait parfaitement les deux langues. Le cardinal lui-même leur servit quelquefois de professeur.

Peu de jours après l'arrivée des religieuses à Imola, le cardinal Mastaï recevait d'Angers une lettre dont la lecture répandait sur ses traits l'expression d'une grande joie. Il monte à l'étage supérieur de son palais où demeuraient les quatre religieuses. Il leur montre la lettre circulaire qui communique à tout l'Institut l'heureuse nouvelle de la réélection de la Mère Marie de Sainte-Euphrasie Pelletier, le 26 août 1845. Mais avant de la lire, il leur dit :

« — Le Chapitre général est terminé, la Mère Supérieure a été élue : voyons, si vous devinez qui a été nommée ?

Les quatre sœurs de répondre :

— Ce ne peut être que notre bonne Mère Marie de Sainte-Euphrasie.

Sur la réponse affirmative de Son Eminence, elles entonnèrent le *Te Deum* qui fut chanté avec le Cardinal. Toute la soirée se passa à répéter le nom mille fois chéri de la meilleure et de la plus aimée des Mères. A la vue de cette union des filles avec leur fondatrice, le cardinal leur dit que c'était une marque visible que l'Esprit de Dieu était au milieu d'elles. Il était aussi très touché de l'amour que la Mère Sainte-Euphrasie inspirait à ses filles pour la maison-mère. Un jour il s'aperçut qu'elles conservaient avec grand soin une petite boîte fermée de cire rouge, sur le couvercle de laquelle on lisait : « O Sion chérie, si jamais je t'oublie, que ma langue s'attache à mon palais. » Croyant qu'elle contenait des reliques, le bon cardinal pria les sœurs de l'ouvrir. Quel ne fut pas son étonnement ! Elle ne contenait que de la terre.

— Qu'en ferez-vous ? leur demanda-t-il.

— Eminence, cette terre a été prise dans le jardin de la maison-mère ; nous la mettrons à part dans le milieu du jardin de notre couvent, et nous y planterons un rosier, dont les roses auront le mérite d'avoir été nourries par la terre de notre bien chère maison-mère.

Tous ces traits attachaient de plus en plus le cardinal Mastaï à la Mère Marie de Sainte-Euphrasie. Il trouvait dans sa façon d'agir, de gouverner et de former ses religieuses la plupart des qualités que lui-même possédait : c'était l'entrain dans le service de Dieu, la générosité dans le dévouement, une sainte joie au milieu des croix, une confiance sans bornes dans la Providence, un amour éclairé de la règle et des constitutions religieuses.

Plein de foi dans la force des règles et des coutumes bien observées pour perpétuer les Communautés et les faire fleurir, il lisait avec un charme pieux le coutumier et surtout le livre des Constitutions du Bon-Pasteur. Il disait aux religieuses qu'ayant été approuvées par le Saint-Siège, elles pouvaient compter sur la solidité et le développement de leur Congrégation.

— L'Institut du Bon-Pasteur, ajoutait-il, pourra rencontrer des écueils sur la mer orageuse de ce monde, mais, enchaîné à la barque de Pierre, il sortira victorieux des assauts de l'enfer.

Et il terminait en répétant :

— Oh ! que je suis content, d'avoir des religieuses du Bon-Pasteur, à Imola !

Le cardinal Mastaï aimait à s'informer de ce que l'on faisait à Angers aux différentes heures de la journée. Un soir il demande :

— Que fait-on à la fin de la récréation ?

— Eminence, la Mère générale, entourée de ses filles, donne l'intention de la sainte Communion du lendemain ; elle les exhorte à la mutuelle dilection des unes envers les autres et leur donne sa bénédiction.

— C'est bien, dit-il ; faisons de même.

Il adresse alors des paroles d'encouragement à la petite Communauté ; il donne l'intention de la sainte Communion du jour suivant et il se retire après avoir bénit ses chères filles et leur avoir souhaité la paix du Seigneur.

A l'arrivée des religieuses du Bon-Pasteur à Imola, le

cardinal leur avait fait trouver tout ce qu'il fallait pour monter la lingerie et la roberie des futures pénitentes. Il leur donna aussi gratuitement de quoi orner leur chapelle : un beau tabernacle surmonté d'une croix d'argent, dix chandeliers dorés, un calice, un ciboire, un magnifique tableau représentant le Bon-Pasteur et la divine Bergère gardant un troupeau de brebis. Lui-même avait donné au peintre l'idée de ce tableau.

Tandis que tout était paisible et tranquille au palais du cardinal un événement bien inquiétant faillit renverser les espérances des religieuses et celles de leur vénéré fondateur. Un soir, il se présente à elles avec un visage soucieux ; des larmes roulaient dans ses yeux, il paraissait très préoccupé. Les religieuses effrayées lui demandent le sujet de son trouble.

— Mes chères filles, il faut beaucoup prier : des événements graves se sont passés cette semaine dans les Romagnes. Le bruit que vous entendez depuis quelques jours, vient de la guerre qui a été déclarée à dix-huit lieues d'Imola, à Rimini. Si la révolte continue, je crains que la ville ne tombe au pouvoir des ennemis de l'Eglise ; tous les révoltés sont résolus à m'attaquer. Pour peu que cela dure, je serai forcé de chercher un lieu de refuge dans quelque ferme aux environs d'Imola ; mais ne craignez pas, mes chères filles, pour votre sûreté : je vous enverrai au monastère des Dominicaines.

On peut juger de la consternation des religieuses quand elles surent leur fondateur en un tel péril. Elles passèrent la nuit en prières. De grand matin, elles entendirent le bruit d'une voiture de poste, gardée par douze soldats, qui entrait dans la cour de l'évêché. Plus de doute, on venait prendre le cardinal. Où devait-on le conduire ? — Les religieuses étaient dans une frayeur mortelle. Enfin, Son Eminence vient elle-même les rassurer. La voiture avait amené au palais un cardinal, qui, depuis quelque temps, habitait sa maison de campagne, près d'Imola. Les troubles, les cris de guerre l'avaient déterminé à retourner à Rome ; pour se défendre en cas d'attaque, il avait pris douze hommes armés qui escortaient sa voiture.

Cette nouvelle rassura les sœurs. Peu à peu le calme revint, grâce aux prières publiques que Son Eminence avait ordonnées au premier cri d'alarme.

Un mois et demi s'était écoulé depuis l'arrivée des religieuses quand leur maison fut prête. Le cardinal, avant qu'elles prissent congé de lui, les réunit dans sa chapelle. Là, agenouillé au pied de l'autel, il récita le *Veni Creator,* le *Sub Tuum* et autres prières ; puis il leur dit :

— Le temps que vous avez passé à l'évêché n'a pas été un temps perdu : il m'a servi à vous connaître avant de vous confier une mission, bien belle, il est vrai, mais aussi très épineuse et difficile. Maintenant je suis persuadé que vous saurez la remplir avec zèle et avec prudence. Je vous bénis, je bénis l'œuvre. Je vous souhaite toutes les bénédictions du ciel pour travailler avec courage au salut des âmes qui vous seront confiées.

Les religieuses avaient remarqué l'émotion du vénéré cardinal ; elles ne voulurent pas la prolonger. En peu de mots elles lui témoignèrent leur gratitude pour toutes les bontés dont il avait daigné les combler ; elles lui promirent de faire tous leurs efforts pour y correspondre. Le 15 octobre 1845, eut lieu la bénédiction du couvent, et le 20, l'installation de la Supérieure.

Son Eminence, voulant présider la cérémonie vint au Bon-Pasteur avec un grand nombre d'ecclésiastiques. Mᵐᵉ la comtesse Argentine Guiccioli, si dévouée aux religieuses et à l'œuvre, y vint aussi.

Après la sainte messe, le cardinal reçut la profession de foi de la Mère prieure, adressa un discours très touchant à son pieux auditoire et donna la bénédiction du Saint-Sacrement. Puis accompagné du clergé et des religieuses, il monta à la salle de Communauté, y prit une légère réfection, et parcourut toute la maison, désignant aux sœurs la destination de chaque appartement : ce qu'il fit avec une amabilité extrême. Il nomma un religieux capucin, confesseur ordinaire de la petite Communauté, se réservant les fonctions de confesseur extraordinaire. Enfin, il promit d'envoyer des pénitentes.

Dès le lendemain, trois jeunes filles, très rebelles jusque là, à toute autorité, furent amenées au Bon-Pasteur. On eut toutes les peines du monde à les conduire jusqu'à la porte du couvent. Mais dès qu'elles aperçurent les religieuses blanches les invitant doucement à entrer, elles se calmèrent et entrèrent sans résistance.

Ce que voyant leurs conducteurs dirent :

— Pourquoi avez-vous été si insubordonnées avec nous, tandis qu'ici vous paraissez des agneaux ?

— Ah ! répondit une d'elles, les religieuses blanches ont reçu pour nous une grâce que vous n'avez pas eue pour nous calmer. Nous les aimons déjà, nous ne leur ferons pas de peine.

Le fait fut raconté au cardinal Mastaï. Il en fut si consolé qu'il écrivit le même jour aux religieuses. « L'œuvre de Dieu est commencée, et j'en suis consolé, parce que je suis sûr que le Seigneur, par le moyen des religieuses *du Bon-Pasteur*, fera connaître les œuvres de ses miséricordes ; vous serez des instruments dans les mains du Seigneur, lequel vous a donné tous les dons qui sont nécessaires pour la sainte entreprise : capacité, activité, bonne volonté ; de manière que vous réussirez parfaitement bien. Rappelez-vous pourtant que vous êtes des instruments dans les mains de Dieu, et pour cela vous devez continuellement lui demander la docilité, afin que les instruments se montrent prêts à seconder les mouvements de la main divine. »

Le cardinal Mastaï, pour les religieuses du Bon-Pasteur, était non seulement le plus généreux des bienfaiteurs, mais encore le meilleur des pères. Il leur avait promis d'aller célébrer chez elles leurs fêtes principales : il tint parole. Ce fut Son Eminence qui présida le 21 novembre, fête de la

Présentation de la sainte Vierge, le renouvellement des-saints vœux, après avoir prononcé une touchante exhortation, appropriée à la circonstance. Mᵐᵉ la comtesse Guiccioli était encore présente. Après la cérémonie, au sortir de la chapelle, elle faisait remarquer au cardinal la bonne tenue des pénitentes, l'ordre, la propreté de la maison, en un mot, l'utilité et les avantages de l'œuvre qu'il avait fondée en appelant les filles de la Mère Sainte-Euphrasie à Imola.

Le 8 février, fête du saint Cœur de Marie, Son Eminence vint encore célébrer la sainte messe au Bon-Pasteur et y établir l'archiconfrérie des Enfants de Marie, dont il donna le cordon avec la médaille à plusieurs des pénitentes. Il était heureux de constater ainsi les bonnes dispositions des jeunes filles et les progrès de l'œuvre.

Peu de jours avant la Pentecôte, les religieuses offrirent en présent au cardinal, une aube que l'une d'elles avait brodée. Il en fut si touché qu'il leur adressa une lettre toute remplie des expressions de sa gratitude « plus encore, disait-il, pour les soins et les fatigues que vous endurez chaque jour pour le bien et pour le bonheur des chères pénitentes. »

A cette époque, le cardinal, grand admirateur du livre des constitutions et des règles de la Congrégation du Bon-Pasteur d'Angers, en avait résolu la traduction du français en italien. Mais appelé à Rome par la mort du pape Grégoire XVI, au mois de juin 1846, le cardinal dut renoncer à son projet. Ce fut son successeur au siège d'Imola, le cardinal Gaëtan Baluffi qui s'en chargea. Quelques années après, en 1854, la traduction fut imprimée à Imola ; elle a été d'une grande utilité pour toutes les maisons du Bon-Pasteur d'Angers établies en Italie.

La mort du Pape Grégoire XVI fut pour la Congrégation du Bon-Pasteur et pour sa vénérée fondatrice, un événement douloureux. La Mère Sainte-Euphrasie ordonna des prières dans tous ses couvents. Elle avait toujours reçu du Pape un si bienveillant accueil et tant d'encouragements que sa mort semblait une grande épreuve.

Sous l'impression de sa douleur elle écrivit à ses filles d'Imola, leur parla de sa peine d'être privée d'un pareil soutien ; comme inspirée de Dieu, elle leur dit que sa conviction était que le cardinal Mastaï serait élu pape au prochain conclave ; « c'est aussi, ajoutait-elle, l'opinion de Mᵐᵉ la comtesse d'Andigné. »

Les événements ne tardèrent pas à réaliser l'annonce prophétique de la Mère Sainte-Euphrasie.

Son Eminence, appelée au conclave, ne voulut pas partir sans aller annoncer son voyage à ses filles du Bon-Pasteur. Il serait difficile de raconter la scène touchante qui eut lieu le jour où il alla leur faire ses adieux. Malgré la promesse que le cardinal leur fit de revenir à Imola après l'élection du nouveau pape, un pressentiment contraire leur ôtait cet espoir ; elles n'étaient pas maîtresses de lui cacher leur tristesse à la pensée de perdre un si bon père, leur insigne bienfaiteur. Les pénitentes aussi pleuraient leur évêque. Son Eminence leur dit alors :

— Consolez-vous, mes chères filles et mes chères enfants ; dans un mois je serai de retour ; l'évêque d'Imola reviendra avec de belles espérances ; il sollicitera du pape élu les moyens d'avoir un grand couvent, où vous pourrez recevoir et loger cent pénitentes.

Puis il communiquait aux sœurs ses plans d'avenir pour le cher monastère. C'est alors qu'elles lui montrèrent la lettre de leur Mère. Il ne put s'empêcher de sourire :

— Je suis bien persuadé que votre Mère générale est une sainte, mais je ne puis ajouter foi à la prophétie qu'elle vient de vous écrire. Soyez tranquilles : le cardinal Mastaï reviendra.

Il les quitta au milieu des larmes de la petite Communauté.

Après deux jours de conclave, au bruit du canon du château Saint-Ange et de toutes les cloches de Rome, le cardinal Mastaï était proclamé pape. Quand la nouvelle en arriva à Angers, la Mère Sainte-Euphrasie fit sonner la cloche de son couvent pour réunir sa Communauté. Puis d'une voix tremblante d'émotion :

— Vive Pie IX ! dit-elle à ses filles.

Et elle leur apprit que le nouveau Père commun des fidèles était le cardinal qui, huit mois auparavant recevait, dans son palais, leurs chères sœurs du Bon-Pasteur d'Imola.

Aussitôt après son élection, le Saint-Père Pie IX députa un de ses gardes nobles à Imola. Celui-ci alla annoncer ce grand événement au Bon-Pasteur. On peut se faire une idée de l'émotion générale à la réception de l'ambassade pontificale. La petite Communauté s'empressa d'adresser ses hommages à son illustre fondateur.

En 1854, Pie IX était sur le point de définir le dogme de l'Immaculée-Conception de la très sainte Vierge. Une religieuse du Bon-Pasteur, une de celles qui avaient été reçues par le cardinal Mastaï dans le palais épiscopal d'Imola, et qui souvent avait taillé les plumes d'oie dont le cardinal se servait pour écrire, résolut d'envoyer à Pie IX, une plume taillée et ornée par elle, en lui demandant, comme une insigne faveur, de vouloir bien s'en servir pour signer la définition du dogme de l'Immaculée Conception. Sa Sainteté fidèle au souvenir affectueux, qu'Elle gardait du Bon-Pasteur, lui accorda cette grâce. La Mère Pelletier, dans sa piété envers la sainte Vierge, recueillit ce trait et le fit garder dans les archives de sa Communauté.

A la même époque, dès avant la proclamation du dogme, les sœurs de la nouvelle maison de Bologne élevaient une statue à la Vierge immaculée avec cette inscription : « O Marie, conçue sans péché, priez pour nous, qui avons recours à vous. » Ce couvent de Bologne était dû au zèle d'un curé de la ville, M. Pini, qui avait obtenu du cardinal évêque et des curés, ses confrères, le concours le plus généreux pour fonder une maison de pénitentes. Ce prêtre avait été encouragé par Pie IX. C'est à Imola que la Mère générale prit les religieuses chargées d'ouvrir cette maison dans un ancien couvent. Tout sourit aux fondatrices de cette maison à ses débuts. Le cardinal les comblait d'attentions ; le clergé et les fidèles s'intéressaient à leurs œuvres. Les premières pénitentes, toutes venues de leur plein gré, se laissaient de suite gagner par la grâce ; elles faisaient même une propagande active pour attirer leurs parents ou leurs amies qu'elles savaient dans la peine. En devenant bonnes et pieuses, ces pénitentes devenaient zélées comme des apôtres.

En 1857, Pie IX, visitant ses Etats, voulut s'arrêter dans deux maisons du Bon-Pasteur. Quand le Souverain Pontife entra dans le couvent d'Imola qu'il avait fondé douze ans auparavant, il parut très touché de tout ce qu'il voyait, de la chapelle, de l'organisation de la maison et surtout de l'ordre et de la piété qui y régnaient. En passant par le réfectoire, il voulut goûter au pain des Pénitentes. Il admit toute la Communauté au baisement du pied. Il resta deux heures dans son couvent du Bon-Pasteur. En se retirant il félicita les religieuses :

— Oui, mes filles, je vois que Dieu pour vous fait des prodiges ; je suis content de tout.

La visite de Sa Sainteté à la maison de Bologne ne fut pas moins touchante. Le Pape tint à la faire, malgré les occupations que réclamait son passage dans une aussi grande ville Ce fut dans la maison de Bologne qu'on lui offrit les mules, chaussures pontificales tissées de soie, d'or et d'argent et ornées de pierres précieuses que la Mère Sainte-Euphrasie avait fait broder à Angers pour le Souverain Pontife. L'entourage du Pape remarqua beaucoup l'affection de Sa Sainteté pour les couvents du Bon-Pasteur. Il l'attribua à la grande charité de cet Ordre pour le salut des âmes. Un journaliste de Bologne rendit un compte très détaillé de cette visite, et la Mère Sainte-Euphrasie mit avec piété ce récit dans les archives de sa Communauté d'Angers.

Pie IX, montra encore avec quel intérêt il avait suivi l'accroissement du Bon-Pasteur en établissant des provinces dans la congrégation et en mettant ainsi le Bon-Pasteur au rang des grands Ordres de l'Eglise qui seuls ont des provinces.

L'Institut avait des maisons dans le monde entier, en France, en Italie, en Allemagne, en Angleterre, en Amérique, en Afrique, en Asie : l'établissement des provinces devait faciliter le gouvernement des maisons et susciter plus de vocations. Aussitôt que la Mère Sainte-Euphrasie connut ce désir, elle s'empressa de s'y conformer comme à un ordre. Elle réunit ses conseillères et rédigea une supplique pour demander au Saint-Père la division de son Institut en provinces. Elle rédigea et fit approuver à Rome les statuts des provincialats. La Provinciale, les conseillères, les Supérieures de toutes les maisons, étaient toujours nommées par la Supérieure générale ; mais la Provinciale nommait les autres religieuses de sa province à leurs postes. Chaque province avait son noviciat. Tous les ans, les conseillères de province devaient instruire la Supérieure générale de l'état de la province, et la Provinciale devait visiter les maisons de sa province.

La Mère Sainte-Euphrasie, obtint qu'il n'y eût qu'une province pour la France, et que la Provinciale et ses conseillères demeurassent à la maison-mère.

Elle établit le siège de la province d'Italie, au couvent de Sainte-Croix à Rome ; de la province du Piémont, au couvent de Turin ; de la province d'Allemagne, au couvent de Munich ; de la province d'Amérique, au couvent de Louisville ; de la province d'Angleterre, au couvent de Londres ; de la province d'Afrique, au couvent d'Alger. Plus tard, Pie IX par un décret spécial érigea la maison d'Imola en provincialat.

Un an s'était à peine écoulé depuis la visite de Pie IX à Imola et à Bologne, lorsque le Souverain Pontife donna une nouvelle marque de son attachement au Bon-Pasteur.

Le 18 décembre, la Mère Sainte-Euphrasie écrivait dans une circulaire adressée à ses filles : « La protection dont le Souverain Pontife couvre notre Institut, nous pénètre d'une vive reconnaissance. Il y a peu de temps encore Sa Sainteté visita notre monastère de Sainte-Croix, et quelle visite ! Est-il bonté qui approche de celle du Père des fidèles ? Nos sœurs purent l'entourer, lui parler avec un abandon d'enfants ; elles purent lui baiser la main. Sa Sainteté daigna parcourir leurs établissements. Elle donna aux pénitentes des paroles si consolantes, si onctueuses, qu'elles se sentirent pénétrées jusqu'au plus intime de l'âme. Sa présence seule convertissait les détenues, tant il y avait de bonté empreinte sur ses traits vénérés. Rentré au Vatican, le Pape envoya aux religieuses, comme gage de sa satisfaction, deux cents petits oiseaux pour le dîner de la Communauté. »

La faveur de Pie IX amena de nouvelles demandes de fondations à la Mère Sainte-Euphrasie. Dès 1855, elle recevait de la cour d'Autriche une dépêche lui annonçant que l'empereur François-Joseph Ier et sa mère, l'archiduchesse Sophie, avaient jeté les yeux sur le Bon-Pasteur, pour lui confier une maison de refuge qu'ils voulaient établir dans leur empire. Leurs Majestés avaient chargé le ministre d'Etat d'adresser à Angers une demande régulière, de fixer la pension des détenues que l'on confierait aux religieuses, de choisir et de préparer une maison et de pourvoir à tout ce qui serait nécessaire pour le bien du nouvel établissement. De son côté, le cardinal Rauscher, archevêque de Vienne, écrivait à la Mère générale pour l'assurer de sa protection et du désir qu'avaient nombre d'âmes pieuses de voir le Bon-Pasteur s'établir à Vienne.

Rien ne pouvait être plus agréable à la servante de Dieu que ce nouvel appel à son zèle. Elle réunit son Chapitre et nomma les quatre religieuses qui devaient commencer la fondation d'Autriche. Elle les conduisit aux pieds de la très sainte Vierge, comme pour recevoir d'elle les clefs de cet empire catholique, puis elle les fit partir pour qu'elles pussent commencer l'œuvre le 8 septembre, fête de la Nativité de la sainte Vierge.

Arrivées à Vienne, et installées dans leur couvent, les filles de la servante de Dieu lui écrivent longuement pour lui dépeindre les incidents divers de leur réception. Près du cardinal, de son coadjuteur et du nonce, ainsi que près des ministres, elles reçurent l'accueil le plus bienveillant. Quand les religieuses parurent pour la première fois dans l'église de la paroisse de Neudorf, les paroissiens sortaient de la messe ; ils rentrèrent et M. le Curé donna le salut du Saint-Sacrement pour bénir l'arrivée de ces apôtres.

Pendant quelque temps, elles vinrent à la messe dans cette église, en attendant que leur chapelle fût prête.

Leur maison, à un quart d'heure du village de Neudorf, était à deux lieues de Vienne. C'était un ancien château épiscopal, qui n'avait pas été habité depuis cinquante ans. Bâti en pleine campagne, au milieu des collines boisées, il offrait un air pur et le calme : aussi promettait-il un asile à souhait pour l'œuvre que l'on inaugurait. Dix ans plus tard, la Mère Sainte-Euphrasie, pouvait compter une famille nombreuse à Neudorf : des pénitentes, des madeleines, des détenues ; en tout, plus de quatre cent cinquante personnes. Aussi érigea-t-elle cette maison en provincialat, dont dépendront les nouvelles fondations autrichiennes : de Suben dans la Haute-Autriche, de Gratz en Styrie et de Vienne.

Le Bon-Pasteur d'Angers trouvait tout naturellement bon accueil en Autriche près de l'empereur et des archiducs, dont la famille, par les ducs de Lorraine, descend de la maison d'Anjou. Les ducs d'Anjou et de Lorraine ont toujours été des princes d'une foi pure : ils étaient des premiers aux croisades. La noblesse autrichienne de son côté, entoura les religieuses d'affection et de dévouement. On vit même sortir des rangs de cette noblesse des vocations remarquables pour le nouvel Ordre. La seconde Supérieure générale du Bon-Pasteur sera une Autrichienne, la Mère de Coudenhove.

Les bonnes religieuses racontent à leur Mère d'Angers toutes les attentions délicates qu'on a pour elles. Elles reçoivent les visites de l'archiduc Maximilien, qui leur fait bâtir une grande église et se constitue leur protecteur. La jeune impératrice leur envoie des ornements d'église : elles sont visitées et secourues par beaucoup de dames de l'aristocratie viennoise.

Ce qui attire l'attention et la bienveillance sur les filles de la Mère Pelletier, c'est la beauté de leur mission et l'art admirable avec lequel elles s'en acquittent. On leur a confié une œuvre difficile entre toutes, la garde des prisonnières. Quand on leur amena les seize premières, ces pauvres filles qui ne savaient pas ce que sont des religieuses, étaient saisies de frayeur : elles les regardaient comme des êtres surnaturels et jetaient des cris désespérants. Mais les bonnes sœurs les rassurent, les conduisent au pied de l'autel pour les offrir au divin Pasteur. « Impossible, écrivent-elles, de dire l'impression profonde que cette première entrée fit sur nous : les figures pâles et décharnées de ces pauvres brebis qui portaient l'empreinte du malheur, excitaient notre plus grande pitié. Nous fûmes saisies d'horreur au bruit de leurs chaînes qui retentit nuit et jour au moindre mouvement. Et plût à Dieu que cela fût tout ! nous vîmes bientôt que les chaînes qui liaient leurs âmes, étaient bien plus fortes et plus horribles. »

Les religieuses, une fois les premières prisonnières accoutumées, en reçurent seize autres, puis encore seize autres jusqu'au chiffre de cent soixante. Ces pauvres filles, condamnées à cinq, dix et vingt ans, étaient dans l'ignorance la plus complète de la religion. Leur passé faisait craindre pour leurs angéliques gardiennes, et les Viennois attendaient avec anxiété l'issue d'une entreprise regardée comme bien hardie. On savait que, pour garder ces prisonnières, on usait auparavant de soldats, qui veillaient, le sabre nu ; on racontait même que peu auparavant il y avait eu révolte et lutte des prisonnières contre les soldats.

Fidèles à la méthode suivie et enseignée par la Mère Pelletier, les religieuses gagnaient peu à peu leurs pensionnaires. L'ordre et la propreté de la maison provoquent, chez ces pauvres filles, un sentiment tout naturel de dignité et de respect d'elles-mêmes. Les traitements doux et les délicatesses dont elles sont l'objet de la part des sœurs, éveillent des sentiments humains qui dormaient chez elles. Puis la confiance entre peu à peu dans leur âme qui s'entr'ouvre, la grâce pénètre et fait fleurir ces plantes dénudées depuis longtemps.

Quand arrive la semaine de Pâques, un prédicateur vient prêcher les grandes vérités de la religion aux âmes préparées par les religieuses. Alors, c'est un réveil de la foi de leur enfance. La crainte de l'enfer, le regret des fautes commencent à agir sur elles. Pendant les sermons souvent elles sanglotent ; la nuit elles prient. Enfin elles reçoivent leur Dieu dans leur cœur réconcilié. Après les Pâques, les détenues sont tranquilles. Elles qui étaient habituées à parler, à crier, à se disputer toute la journée ; elles gardent maintenant le silence et se tiennent à l'ouvrage toute la journée. Celles qui se rendaient à peine au commandement du soldat armé, obéissent au moindre signe d'une faible et douce religieuse. Elles-mêmes ne comprennent pas ce changement.

Le gouvernement autrichien, touché de ce beau succès, permet aux religieuses d'adoucir les rigueurs des prisonnières. Aussi plusieurs de celles-ci ne veulent plus quitter cet asile, une fois le temps de leur condamnation expiré.

Ces succès achevaient de faire connaître la servante de Dieu et son œuvre de toute l'Allemagne. Non seulement les catholiques, mais les protestants de bonne foi, ne pouvaient rester insensibles aux merveilles de charité de ce nouvel Institut. Une Allemande de haute naissance et de généreux caractère, la comtesse Hahn-Hahn se convertit au catholicisme et vint à Angers demander à la servante de Dieu de l'admettre parmi les postulantes. Mais Dieu ne l'appelait point à la vie religieuse. Elle retourna à Mayence, sa patrie. Cependant elle avait conçu de l'œuvre du Bon-Pasteur une si haute idée, qu'elle s'empressa, d'accord avec Mgr de Ketteler archevêque de Mayence, de procurer à cette ville une maison de cet Ordre. La bonne comtesse combla des attentions les plus charitables les sœurs qui furent envoyées dans le beau couvent qu'elle leur avait préparé. Son zèle trouva un autre moyen de se montrer : elle fit connaître par ses écrits le but admirable du Bon-Pasteur. Ses livres, goûtés en Allemagne des femmes de piété, amenèrent à la Mère Pelletier des personnes de grande espérance qui devinrent des meilleures de l'Institut. Aix-la-Chapelle, Trèves, puis Charlottembourg, près de Berlin, Cologne, Breslau, Ettmansdorf au diocèse de Ratisbonne, virent bientôt s'élever d'heureuses fondations, sorties de la maison de Munich.

L'archiduc d'Autriche, Maximilien d'Este qui protégeait la maison de Neudorf, était émerveillé de ce qu'il voyait dans cette maison. Un jour qu'il la visitait, les détenues se jetèrent à ses pieds pour le remercier de leur avoir procuré le Bon-Pasteur, où elles vivaient dans la paix et le bonheur. Au monastère de Suben, les religieuses de la Mère Pelletier avaient reproduit les admirables transformations opérées à Neudorf. Le pieux archiduc conseilla à son neveu François V, duc de Modène, de procurer le même bienfait aux jeunes détenues de son duché. François V fit une demande au cardinal Patrizi, protecteur de l'Ordre, qui l'approuva et la transmit à la Mère fondatrice. La servante de Dieu fut d'autant plus heureuse d'accorder la fondation demandée, qu'on témoignait par là de la bonne réputation que ses filles avaient acquise en Autriche.

La Mère Marie de Saint-Pierre de Condenhove, partit pour Modène avec quatre sœurs. Arrivées à Buonporto, où était la maison de détention, elles trouvèrent toutes choses dans un état pitoyable. Aussi, dans leurs premières lettres, elles faisaient la peinture de l'état d'abandon où étaient les prisonnières.

Elles émurent à un tel point la Mère Sainte Euphrasie qu'elle disait à sa Communauté :

— Si nous avions plus de sujets, j'offrirais au Pape Pie IX de prendre à notre charge toutes les maisons de prisonnières qui sont en Italie.

La servante de Dieu fut encore excitée, dans son zèle pour les détenues, par la lettre qu'elle recevait de l'évêque de Modène : « Je connais, écrivait ce prélat, tout le bien que vos religieuses opèrent pour la classe des femmes les plus abandonnées ; et devant Dieu, elles me soulagent du grand poids de ces âmes si nécessiteuses de secours et auxquelles il manquait jusqu'ici, dans ce diocèse, un établissement fixe et convenable. »

L'évêque voulut être lui-même le Supérieur de la maison. La duchesse de Modène, Ildegonde de Bavière, qui connaissait la famille de Coudenhove, s'intéressa très vivement à la maison que dirigeait la Mère Marie de Saint-Pierre. L'archiduc Maximilien, qui se trouvait chez son neveu François V, à l'arrivée des religieuses, vint les voir dans leur maison et il n'y a pas d'égard qu'il ne leur témoignât. Du reste, tous les membres de la famille ducale, touchés de la transformation de la maison, de l'ordre et de la piété qui s'y établissaient, des conversions qui y éclataient, rivalisèrent de générosité. Le duc François V envoya des cadeaux de tout genre ; il aida la Supérieure à exécuter son dessein de faire planter des mûriers et de la vigne dans l'enclos du couvent ; la duchesse enrichit la chapelle ; la comtesse de Chambord, sœur du duc François, ainsi que la princesse Béatrice, infante d'Espagne, payèrent des vases sacrés, des ornements et du linge pour la sacristie.

Plusieurs années après, lorsque le gouvernement italien, retira au Bon-Pasteur les détenues, l'évêque mit à la disposition des sœurs une maison située à Saint-Jacques près de la ville. Celles-ci s'y installèrent avec leurs classes de pénitentes et de préservées.

L'évêque de Reggio suivit l'exemple de l'évêque de Modène : il voulut avoir aussi dans sa ville épiscopale une maison du Bon-Pasteur. Les religieuses de Reggio,comme celles de Modène eurent la protection et les secours de la famille ducale. Des dames de la noblesse firent par testament des fondations pieuses pour l'entretien des pénitentes dans ces refuges du Bon-Pasteur.

Plusieurs fois des religieuses se rendant en Égypte et passant par Malte, avaient rencontré un bon chanoine, M. Falzon, qui, sachant le bien produit en Italie, réclamait pour son île une maison de l'Institut.

La Supérieure de la maison de Smyrne demanda à y transporter son personnel. La Mère Pelletier le lui permit. Pendant quelque temps les religieuses, occupèrent la maison du consul de France qui, pour leur faire place, était allé avec sa famille, s'établir à la campagne. Elles trouvèrent une maison à louer à Cazal, puis enfin, elles se fixèrent près de là à Casal-Balzan. Elles eurent une peine extrême à former une classe. La première pénitente leur fut amenée d'Alexandrie par sa mère. Enfin le couvent s'étendit peu à peu et finit par abriter des pénitentes, des préservées et des élèves pensionnaires.

La faveur du Souverain Pontife se faisait toujours sentir sur l'œuvre de la Mère Sainte-Euphrasie. L'évêque de Forli avait obtenu de Pie IX un ancien monastère : il le fit réparer dans l'intention d'y établir une Communauté du Bon-Pasteur. La Mère Sainte-Euphrasie ne pouvait refuser son concours à une œuvre patronnée par Pie IX. Le 29 janvier 1859, elle annonça à sa Communauté la fondation d'un couvent à Forli.

Viterbe et Faenza, suivirent peu après l'exemple de Forli. La fondation de Faenza ou Monza fut accompagnée de circonstances si merveilleuses que la Mère Pelletier et ses filles la regardèrent comme spécialement commandée par Dieu.

Une pieuse fille, Joséphine Milani, émue depuis longtemps du triste sort des jeunes filles, voulait fonder une petite œuvre de pénitentes. La sainte Vierge l'encourageait. Un jour, elle lui apparut, et, lui montrant une religieuse du Bon-Pasteur, elle lui dit :

— Voilà, ma fille, la Congrégation qui remplira vos vœux, en venant arracher à l'enfer ses conquêtes. Hâtez-vous d'ouvrir le bercail, et bientôt vous atteindrez le but de vos désirs.

La bonne Joséphine ignorait, et tout le monde ignorait autour d'elle, à quel Ordre appartenait la sœur vêtue de blanc que la sainte Vierge lui avait montrée. Sur ces entrefaites on voulut l'amener à se joindre aux dames qui, à Milan, tenaient une maison de pénitentes. Mais elle préféra attendre l'heure de Dieu. Dans sa pauvreté, elle comptait que le ciel lui-même réaliserait les promesses de la sainte Vierge. Peu de temps après, son confesseur, le Provincial des Barnabites, vint à Turin. Il entendit parler du Bon-Pasteur, de son but, de sa règle. Ce fut un avertissement de Dieu. Il se mit en relation avec la Provinciale. Quelle ne fut pas sa surprise en reconnaissant le costume religieux décrit par sa pénitente.

Joséphine Milani se met en rapport avec la Mère Pelletier. Celle-ci accepte la fondation et désigne la Provinciale de Turin pour faire les négociations nécessaires. Arrivée à Monza, la Provinciale se rend chez Mlle Milani. Quand elle a quitté son manteau noir de voyage et qu'elle paraît dans son costume blanc, Mlle Milani se jette à ses pieds en s'écriant :

— Oui, oui ! c'est bien ainsi que je vous ai vue. Il n'y a que les souliers qui diffèrent.

La Provinciale avait pour le voyage échangé les souliers jaunes de la règle contre des souliers noirs.

Le lendemain, Joséphine Milani vit la Provinciale aller à la Table sainte dans le costume complet du Bon-Pasteur, en grand manteau de cérémonie. Elle sentait avec une vive émotion que le moment de la volonté divine approchait. Elle répétait avec les larmes dans les yeux.

— Non, il ne manque plus rien. C'est bien ainsi que je l'ai vue.

Ce fut le 8 avril 1863, que les religieuses du Bon-Pasteur arrivèrent à Monza et établirent leur œuvre. Les quatre compagnes de Joséphine Milani se rendirent au noviciat de Turin, pour se former à la vie religieuse et continuer leur mission avec la force que donne le concours d'une grande Communauté. Joséphine prit le chemin d'Angers ; elle voulait contempler dans la Mère Pelletier elle-même ce zèle pour le salut des âmes, qui avait fondé tant d'asiles de pénitentes. Elle resta cinq ans près de la Mère et retourna à Monza.

La Mère Sainte-Euphrasie, reconnaissante envers le Souverain Pontife de la protection qu'il exerçait sur sa Congrégation saisissait toutes les occasions de témoigner à Pie IX son dévouement. Mgr Nardi, prélat de la Maison de Sa Sainteté, étant venu en 1865, visiter le monastère d'Angers, elle le chargea de présenter au Pape son offrande pour le denier de Saint-Pierre. Puis, après avoir réuni sa Communauté, elle exposa à ses filles l'état lamentable qui était fait à Pie IX par la Révolution italienne. Elle leur fit sentir ce qu'avait de pénible pour son cœur de catholique l'abandon où les puissances de l'Europe laissaient la papauté. Pie IX se montra vivement touché des sentiments de la Mère Pelletier ; il lui accorda par lettre signée de sa main une indulgence plénière, pour sa Communauté aux fêtes du Bon-Pasteur et de l'Immaculée-Conception.

Souvent dans ses prières et ses méditations, son esprit se reportait sur Rome, vers le représentant de Jésus-Christ, pour prendre au spectacle de ses souffrances et de son abandon, un motif de courage pour elle-même dans les tribulations qu'elle traversait.

—Quand le Souverain Pontife a des peines, disait-elle, je ne vis plus. Ce matin, à la sainte Communion, je disais : Mon Seigneur et mon Dieu, votre Vicaire sur la terre est si fatigué ! Je vous en supplie, donnez-lui du repos. — Un autre jour : Je pensais aujourd'hui devant le Saint-Sacrement : Si le Souverain Pontife est obligé de quitter Rome, nous répéterons ces paroles de l'Écriture : « Nous vous suivrons partout où vous irez ; votre peuple sera mon peuple, votre Dieu sera mon Dieu. » Là où sera le Pape, là sera l'Eglise.

La servante de Dieu sortait de ces méditations sur l'Eglise, l'âme toute rassérénée et prête à continuer sa grande œuvre malgré les contradictions des hommes et les défiances constantes de ses ennemis qui ne cessaient jamais. Elle y avait puisé la charité persuasive qui animait ses paroles, quand elle prêchait sa Communauté. C'est après cela qu'elle exhortait avec émotion ses religieuses au courage, pour supporter les mille contradictions de la vie.

CHAPITRE XVI

A ANGERS

Développement du Bon-Pasteur. — Les Consacrées. — La Mère
Pelletier et les pénitentes consacrées. — Nazareth et les jeunes
détenues. — La chapelle du Bon-Pasteur. — Un tunnel. —
Epreuves : Mort de la Mère Sainte-Chantal. — De M. de Neuville. — De Mme de Couëspel. — Attaques de journaux. — Des
religieuses en prison. — Emeutes de 1848. — Miracle de
Bourges. — En voyage. — Les Chapitres d'élections.

La maison-mère d'Angers avait suivi l'œuvre entière du
Bon-Pasteur dans son développement prodigieux. Aux yeux
des hommes ces progrès avaient leur cause dans la courageuse persévérance de la Mère Sainte-Euphrasie qui travaillait jour et nuit ; ils l'avaient plutôt dans son inébranlable confiance en la Providence et en la protection de la
sainte Vierge. « La Providence est bonne, douce, adorable,
« aux âmes qui l'ont prise pour leur unique appui, écrivait
« M. de Neuville à la Mère Marie de Sainte-Euphrasie... Je
« me disais, en voyant ces pénitentes si ferventes, si péné-
« trées de repentir, puis ce merveilleux essaim de reli-
« gieuses qui s'en vont répandant partout l'odeur de leurs
« vertus : Eh bien ! voilà le fruit du désintéressement de
« l'aimable Mère Sainte-Euphrasie et de sa confiance illi-
« mitée dans la bonté de Marie. Elle a peut-être entendu
« une voix : Où trouverons-nous du pain pour tout ce
« peuple ? Mais le Seigneur lui disait cela pour l'éprouver,
« car il savait bien ce qu'il voulait faire. Elle est demeurée
« ferme. elle a ouvert ses bras matériels aux âmes infor-
« tunées, elle a reçu un grand nombre de vierges pauvres
« comme leur divine Reine, et voilà que toutes les villes
« ouvrent leurs portes à ses généreuses filles et que

« l'étendard de Marie marche d'un bout de la France à
« l'autre. Que dire ? Que faire à un tel spectacle ? Tomber
« à genoux à terre et adorer. »

Les différentes classes du Bon-Pasteur avaient été sans
cesse en grandissant. Les pénitentes s'étaient multipliées ;
la Communauté des Madeleines avait dû élargir ses murs
comme le noviciat des religieuses ; chaque classe prenait
chaque jour des développements nouveaux.

Surtout la piété, la ferveur régnaient de plus en plus
dans les âmes et produisaient leurs fruits de repentir et de
grâces surnaturelles. Si le Bon-Pasteur apparaissait grandiose aux yeux qui le considéraient de l'extérieur, il était
aussi beau à le considérer dans sa vie intérieure. Visiblement Dieu agissait en lui et produisait par lui des merveilles de salut.

Les novices religieuses étaient la portion choisie de ce
bercail béni ; à elles revenaient les premiers soins de la
Mère fondatrice. A tout instant la Mère le montrait, car à
tout instant elle pensait à préparer des apôtres pour toutes
les fondations qu'elle ne cessait de projeter.

Après les novices, les pénitentes étaient l'objet des principales préoccupations de la Mère : toute l'œuvre n'avait
pas d'autre but que le salut des pénitentes.

La Mère Sainte-Euphrasie aimait les âmes, et cet amour
la rendait ingénieuse pour leur faire du bien. Son influence
avait quelque chose de merveilleux. Quand une enfant se
trouvait mal disposée, une parole affectueuse que Dieu seul
sait dicter à la tendresse maternelle la ramenait presque
infailliblement dans le bon chemin.

Un jour, la Mère fondatrice vient à l'improviste dans la
classe des pénitentes, et rencontre la maîtresse, la bonne
Mère Saint-Vincent, avec une jeune fille, qui, depuis longtemps rebelle à tout avertissement, à toute sollicitation,
montrait une résistance ouverte, de telle manière qu'on ne
savait plus que faire d'elle.

— Tenez, ma Mère, lui dit sœur Marie de Saint-Vincent,

voici une bien mauvaise tête : impossible de lui faire entendre raison. Que deviendra-t-elle ?

La charitable Mère s'approche de la jeune rebelle, lui fait un signe de croix sur le front et lui dit avec une douceur incomparable.

— Eh quoi ! ma pauvre enfant, moi qui vous croyais si bonne, vous allez m'affliger ainsi ? Oh ! non, n'est-ce pas ? Je suis sûre qu'à ma prochaine visite je n'aurai que des compliments à vous faire.

Touchée de tant de bonté, de tant d'intérêt maternel, la jeune fille rentra dans la classe et se remit au devoir : ce fut fini. Dès ce jour elle était changée ; on n'eut plus le moindre reproche à lui adresser, et quelques années après, elle mourait saintement.

C'est, dit l'ancienne consacrée qui le raconte, un trait entre beaucoup d'autres, tous à peu près semblables. Il montre la puissance de la Mère Sainte-Euphrasie sur les cœurs.

« Lorsqu'elle était venue nous parler, raconte la même personne, nous étions toutes transformées, électrisées pour le bien, et cette impression n'était pas passagère, mais produisait des fruits durables ; beaucoup lui doivent leur persévérance dans le bien. »

« Notre Mère, ajoute la même consacrée avait aussi une connaissance des âmes vraiment remarquable : Que de fois, telle ou telle pénitente supplia en grâce de la laisser retourner dans le monde revenant sans cesse sur ce désir ! Mais notre Mère ne voulait pas y consentir, lui persuadant avec une bonté mêlée de douceur et de fermeté que son salut était là, qu'infailliblement elle se damnerait au dehors. Elle ne se trompait jamais. Celles qui ont été fidèles à cet avertissement maternel ont ressenti toute la vérité de cette prophétie : les unes sont mortes saintement dans le bercail ; d'autres y sont encore aujourd'hui, consacrant au Seigneur tous les jours de leur vie.

« D'autres fois au contraire, notre bonne Mère, ayant

seulement jeté un de ses regards pénétrants sur une jeune fille, qui voulait s'en aller, disait à la maîtresse :

— Faites-la partir de suite, ma sœur : elle fera plus de mal que de bien parmi les autres. »

Le triomphe de l'esprit du mal fut de courte durée. Au bout de quelques jours, la jeune fille, prise de remords et touchée de la grâce, redemanda à rentrer parmi les consacrées. Elle était si malheureuse ! Elle se trouvait dans la tristesse et le regret de sa faute.

La Mère Sainte-Euphrasie, qui suivait l'action de Dieu sur elle, lui rendit son costume de consacrée. Sa seconde entrée dans les rangs des consacrées fut pour elle le début d'une vie parfaitement exemplaire. Tombée malade, elle supporta de grandes souffrances avec une patience angélique, et mourut en laissant d'elle à ses compagnes la réputation d'une âme prédestinée.

Depuis longtemps la Mère Sainte-Euphrasie, projetait des développements nouveaux pour la maison d'Angers. Elle avait aux portes de la ville, une ferme appelée Nazareth qui servait de jardin et de succursale du Bon-Basteur. Une pieuse dame qui avait voulu imiter M. de Couëspel, et se retirer à Nazareth, avait contribué à l'agrandissement de l'enclos. Elle répétait souvent que « la sainte Famille s'y plaisait beaucoup ; qu'on y ferait une grande œuvre à la gloire de Dieu ; qu'un nombre infini de petites filles lui apparaissaient dans le lointain. » La Mère fondatrice l'avait sans doute entretenue de ses grands projets pour l'installation qu'elle préparait d'une maison de détenues.

Grâce à la bienveillance du préfet d'Angers, M. Valon, Nazareth fut érigé en colonies de jeunes détenues, le 21 avril 1852, et l'on fit venir de Rennes soixante-quinze pensionnaires. La Mère Sainte-Euphrasie les envoya chercher en voitures par deux religieuses. Elle avait mis toute sa Communauté du Bon-Pasteur à l'ouvrage pour créer un mobilier à sa nouvelle tribu. Elle voulut être présente à leur arrivée et comme il était fort tard, elle fut obligée de passer la nuit à Nazareth.

Le lendemain elle rentrait dans son couvent du Bon-Pasteur encore tout émue. Elle entretint ses filles de ce qu'elle avait vu. « J'aurais voulu vous avoir toutes à Nazareth pour les recevoir, dit-elle. Elles paraissaient d'abord tristes et timides ; mais, une fois devant le feu de sarment qui pétillait dans la grande cheminée de la cuisine, nos petits oiseaux se mirent à gazouiller. Nous leur fîmes servir de la soupe bien chaude, de la viande et du vin. Alors leurs pauvres cœurs s'épanouirent : il y a si longtemps qu'elles n'avaient été à un tel festin !

« Le lendemain, nouvelle surprise : les habits sont changés contre les robes que vous avez confectionnées avec tant d'empressement et de charité. Elles se regardaient les unes les autres, ne comprenant rien à cette métamorphose. Ce fut bien autre chose quand on leur eut fait parcourir une partie des jardins.

— Nous ne sommes donc plus en prison, demanda l'une d'elles.

— Mes enfants, vous êtes au Bon-Pasteur, pour y apprendre à aimer le bon Dieu, à le servir et aussi pour vous former au travail, afin de vous rendre plus tard utiles à vos familles.

— Merci, ma sœur.

— Il ne faut pas dire comme cela, reprit une des plus grandes : *c'est ici des Mères*.

Et les paroles furent accompagnées d'un geste énergique. »

La Mère Sainte-Euphrasie aimait à répéter cette maxime chrétienne : « La grâce est un fruit de la croix. Il n'y a que ceux qui atteignent le haut de cet arbre qui peuvent le cueillir. »

La prospérité de Nazareth lui coûta bien des croix. Elle vit des défections extrêmement sensibles à son cœur. Elle fut trompée. Il fallut racheter à un grand prix des terres déjà payées. Ce furent des dettes très lourdes et très longues à acquitter.

Le gouvernement appréciant l'œuvre de la dévouée Mère fondatrice résolut d'augmenter ses enfants. En 1855, on lui confia cent autres jeunes filles qui vinrent de Clairvaux.

Il fallut créer des salles, des dortoirs, jeter les fondements d'une chapelle et d'une aumônerie. Le régime maternel n'était point exempt de la fermeté nécessaire.

Peu à peu l'ordre s'établit, la piété entra dans les âmes et elles donnèrent des consolations d'autant plus grandes qu'elles les avaient fait plus longtemps attendre.

Pendant ce temps la Mère Sainte-Euphrasie ne cessait d'orner son couvent d'Angers, des marques de sa piété par l'érection de statues et d'autels dédiés à la sainte Vierge et aux saints. Elle réalisa un projet conçu depuis longtemps. M. de Neuville lui avait dit souvent qu'il avait vu la sainte Vierge planant sur la maison du Bon-Pasteur dans une lumière éclatante comme un globe de feu. Elle voulait en souvenir de cette vision ériger solennellement un monument à la sainte Vierge. Quand elle s'ouvrit de son dessein à la Communauté, toutes les religieuses et toutes les pénitentes voulurent contribuer à l'œuvre, alors tous les doigts de marcher pour coudre plus vite, gagner quelques sous en plus du gain ordinaire et aider la *bonne Mère*. Chacune apporta son obole. La statue fut achetée, la niche construite avec goût, et dans le piédestal on renferma les noms de toutes les habitantes de la maison.

Des fenêtres de sa cellule, la Mère Pelletier voyait se détacher sur la colline qui domine à l'ouest, un immense bâtiment du xviiie siècle, bâti par les Bénédictins avec un goût parfait. C'était peut-être le plus beau monument de la ville d'Angers. Sa position est enchanteresse. Le couvent est assis sur un côteau, au-dessus d'un étang profond à l'aspect sauvage, dont les bords semblent éloignés de toute civilisation. Il domine au nord les vastes prairies de la

Maine, et bien loin par-dessus les peupliers et oseraies, il a pour horizon les vignobles de la rive gauche de la Loire. Impossible de rêver un monastère mieux situé et pour l'air et pour la vue.

Depuis longtemps la Mère Sainte-Euphrasie désirait donner aux jeunes détenues une maison à part, où elles pussent suivre une règle spéciale. Elle ne pouvait souhaiter une maison plus favorable à ses desseins. D'ailleurs ce vieux couvent de Saint-Nicolas apparaissait à l'âme pieuse de la Mère Pelletier comme une relique de la vie bénédictine dans sa plus grande ferveur : des générations de moines avaient prié dans ces murs. Elle désirait y rétablir la vie religieuse et les louanges de Dieu. Les dots de quelques religieuses plus riches que les autres, lui permirent de projeter l'acquisition. Elle recommanda ses désirs aux prières de sa Communauté. Le 30 novembre 1854, le département de Maine-et-Loire vendait l'immeuble au monastère du Bon-Pasteur.

Aussitôt entrée en possession, la Mère fondatrice mit tout un essaim de religieuses à l'œuvre pour déblayer, organiser et approprier ce couvent de Saint-Nicolas, sur lequel la Révolution et la longue négligence des hommes avaient accumulé la poussière, les ruines et les ronces. Elle dirigeait elle-même les travaux, venait souvent visiter les travailleuses ; chaque soir, elle se faisait rendre compte des progrès de la journée. Ses filles partaient dès le matin, avant le jour, et ne rentraient au Bon-Pasteur qu'à la nuit. Pendant de longs mois, la pioche et la bêche des religieuses déblayèrent les alentours du vieux couvent, mettant à découvert des sculptures, des statues, précieux souvenirs des Bénédictins. On érigea une croix sur la place où avait été l'autel de l'église. La Mère établit au-dessus des travaux une statue de saint Nicolas, dont elle voulait perpétuer le culte, après avoir restauré le couvent. La Mère fondatrice jouissait plus que personne du bel accroissement de son monastère. Le 10 février 1855, elle écrivait à la Mère Lionnet, Supérieure du couvent d'Avignon : « En vous écrivant à notre croisée, par un temps magnifique, je vois notre belle abbaye de Saint-Nicolas : que c'est donc jolie ! Nos sœurs y continuent d'immenses travaux. »

L'année 1857 fut pour la maison du Bon-Pasteur une année de nouveaux et non moins grands travaux. La servante de Dieu souffrait depuis longtemps de n'avoir qu'une chapelle construite à la hâte et sans art dans les premiers moments de la fondation. D'un autre côté, cette chapelle rappelait bien des souvenirs fortifiants. La Mère hésitait à faire tomber ces murs qui avaient entendu les premières prières de ses filles. Elle trouva un moyen de satisfaire son zèle et de respecter ses pieux souvenirs. Elle pria l'architecte de faire un plan où l'on garderait le plus de murs possible. Elle aurait préféré le style gothique, mais elle sacrifia ses goûts au respect religieux des premiers murs. Le corps de l'église, d'un style roman très grave, orné de sculptures, s'éleva bientôt très harmonieux et très vaste en même temps. Pendant la construction la Mère allait fréquemment visiter les travaux, encourager les ouvriers, leur adresser des paroles d'édification. Elle répétait à l'entrepreneur qu'il devait ne rien épargner pour rendre la maison digne de son hôte divin. Pendant que les ouvriers achevaient la voûte de l'église, on craignait quelque accident. Pour le détourner, elle fit mettre en prières devant le Saint-Sacrement trois religieuses, et elle fit prier l'Enfant Jésus par la Communauté de Nazareth. Il n'arriva aucun accident.

Le 13 novembre eut lieu la bénédiction. Mais la vénérée fondatrice voulait encore plus beau le temple du Seigneur. Le style roman supporte et quelquefois exige des peintures, pour mettre en relief toute sa beauté. Elle voulut en avoir. Un jour qu'elle était malade, M. Joubert, le Supérieur, demanda à une religieuse ce qu'il pourrait faire pour être agréable à la Mère Supérieure.

— Permettez-lui de faire peindre l'église, répondit la religieuse.

— La permission fut donnée et la servante de Dieu, toute joyeuse, l'annonça à la Communauté. Un registre fut ouvert où chacune inscrivit l'obole qu'elle voulait gagner et offrir. On vit pendant des semaines les religieuses rivaliser d'ardeur pour payer chacun des coups de pinceau à la décoration de la maison de Dieu. Tous les petits moments libres étaient employés aux travaux supplémentaires dont le prix était réservé pour payer les peintures. La Mère appelait l'église : « Le diamant de la congrégation acheté par le travail de toutes. »

Le comte de Galembert, dont la mère était liée d'amitié avec la servante de Dieu, étant venu au Bon-Pasteur, admira beaucoup la nouvelle chapelle. Comme il était peintre, il proposa de faire lui-même les fresques. Pour les peintures d'ornement il s'adjoignit un artiste dont le bon goût était connu et apprécié. L'autel fut décoré dans le même style.

L'année suivante eut lieu la consécration solennelle. La maison de Nazareth était devenue en peu d'années trop petite pour ses trois cents enfants. Une trentaine de jeunes filles furent amenées à Saint-Nicolas. Pour ces enfants, la Mère Sainte Euphrasie établit une chapelle dans l'ancien réfectoire des moines et une classe à laquelle elle donna le nom de Saint-Joseph. C'est pour aller les visiter souvent et les mettre en rapport avec la maison-mère, qu'elle rêva de relier la Communauté et Saint-Nicolas par un tunnel. C'était une œuvre difficile. Il y avait un long espace en plein rocher ; il fallait passer sous la route nationale d'Angers à Nantes, et pour cela obtenir des autorisations. La servante de Dieu avait tout autour d'elle une si grande influence qu'elle gagna pour ses intérêts le préfet, M. Vallon, et M. le maire d'Angers. Aussitôt qu'elle eut l'autorisation en main, elle mit à l'œuvre une escouade d'ouvriers et du mois de mai au mois d'août, la pioche, les mines firent sauter le rocher : c'était un travail colossal pour une Commu—

nauté. Enfin, le 26 août, la Mère Sainte-Euphrasie eut la joie de conduire toute sa Communauté à travers le tunnel, mal déblayé encore, et d'assister avec ses religieuses à la bénédiction des bâtiments de Saint-Nicolas.

Quand les jeunes détenues avaient fini leur temps de correction, il arrivait qu'à plusieurs le départ paraissait être une peine plus grande que leur séjour dans le couvent. Transformées de la grâce et des religieuses, elles s'effrayaient à la vue des dangers du monde, qui allaient s'offrir à leur faiblesse. Leur maison présente était si douce ! le régime si maternel ! Au dehors le monde est si dur et souvent si méchant ! Beaucoup resteraient volontiers à l'abri sous les ailes de la charité.

La Mère Pelletier se laissa bientôt gagner à un nouveau projet. Elle fit recueillir dans une classe spéciale, sous le patronage de la bienheureuse Germaine, les jeunes libérées qui désiraient ne pas quitter le Bon-Pasteur. Cette classe eut sa maison spéciale dans l'enclos de la Communauté. Elle se composa de libérées de Nazareth et de Saint-Nicolas, et d'autres jeunes filles confiées pour cela par leurs parents. Ainsi les catégories de jeunes filles se multipliaient autour de la Mère. Sa Communauté devenait un ensemble de tribus gagnées par son immense charité.

Mère très tendre, elle veillait à ce que rien ne manquât à chacune aussi bien pour le corps que pour l'âme. Elle se rendait souvent à la cuisine, mais elle se préoccupait aussi de donner à chaque classe sa retraite spirituelle, son prédicateur, son confesseur assidu. Elle savait combien les généreuses résolutions ont besoin pour se soutenir de la fréquentation des sacrements et de la parole de Dieu.

Le Bon-Pasteur, tel qu'avait pu l'imaginer le zèle de la servante de Dieu, avait acquis tous ses développements et formait comme une grande cité ouvrière, entourant la maison de Dieu et travaillant pour sa gloire et le salut des âmes. Nous pouvons maintenant en dessiner le plan complet : il est grandiose.

Quatre ou cinq corps de bâtiments irréguliers, séparés par des cours et des jardins spacieux, composent un ensemble imposant, qui fait songer à ces grandes villes monastiques de l'Égypte, où les religieux priaient et travaillaient sans jamais sortir de l'enceinte de leurs murailles.

Au premier plan, la chapelle. Sur les quatre côtés d'un quadrilatère, quatre bâtiments reliés par des cloîtres. Sur l'un des côtés, se détachent vers le nord deux maisons assez grandes pour abriter plusieurs centaines de personnes. Dans les jardins, une sorte de petit couvent, isolé au milieu des arbres ; ici une école de petites filles, là une ferme, plus loin une boulangerie. Les jardins et les différents bâtiments communiquent entre eux par un tunnel.

Au-dessus de ce premier groupe de bâtiments et communiquant avec lui par un autre tunnel, un couvent plus beau que les autres, tourné au soleil du midi, tout resplendissant dans sa blanche robe de tuffeau, c'est Saint-Nicolas.

A l'entrée principale du Bon-Pasteur, au-dessus du grand portail vert, connu de tant de jeunes filles qui sont venues y frapper pour demander asile, on lit en grosses lettres : Monastère général de Notre-Dame de Charité du Bon-Pasteur d'Angers. Puis au-dessus de l'inscription, une statue de Notre-Seigneur portant une brebis sur ses épaules. Ce portail s'ouvre sur un grand vestibule, dont les murs portent des versets de l'Evangile, en français, en allemand, en anglais, en italien. On pressent que l'on entre dans un Séminaire catholique, qui forme des missionnaires pour les différentes parties du monde. A l'intérieur, le spectacle le plus intéressant : le travail dans la prière.

Plus de mille personnes de divers costumes étudient, brodent, font de la couture, vaquent aux soins de la cuisine, du ménage, du jardin. On dirait la réunion de tous les métiers nécessaires à une ville bien organisée. Puis, à la tête de chaque service, des religieuses en robes blanches, qui commandent et dirigent.

Dans un bâtiment séparé, entouré de cours et de jardins,

deux cents jeunes filles de quinze à vingt ans, arrachées aux dangers du monde, vivent et travaillent sous une règle semi-religieuse. L'ordre règne dans les travaux et la paix a succédé aux troubles des jours malheureux. Les visages respirent la joie d'âmes qui, revenues à Dieu, se forment dans le travail à la vie chrétienne. Elles ont un atelier de couture pour gagner leur vie ; pendant que leurs doigts agiles pressent le travail, elles gardent un silence religieux. De temps en temps, de ce silence s'élève un cantique qui les porte à Dieu. Au milieu d'elles quelques religieuses, leurs maîtresses, vont et viennent, entretenant par leur présence beaucoup plus que par leurs commandements le bon esprit et la soumission. Ici et là, des pénitentes plus éprouvées, *les Consacrées,* doivent le bon exemple en servant de tuteurs et de guides aux plus jeunes. Cette partie de la Communauté s'appelle *Grande classe :* il y en a une dans toutes les maisons fondées par la Mère Pelletier. C'est le champ particulier réservé au zèle des religieuses du Bon-Pasteur. Aussi, que de soins pour le garder à l'abri de tout mal, pour le cultiver, pour y faire fleurir les vertus, pour y amener à maturité les fruits de sanctification !

A côté des pénitentes, mais dans une maison isolée, toute une Communauté particulière, au costume de bure sombre, comme celui des Carmélites. Ce sont les Madeleines ; leur asile rappelle la Sainte-Baume ; leur patronne est sainte Madeleine. Le travail des mains et la prière partagent leurs journées. Quand elles ont bien travaillé pour gagner le pain de chaque jour, elles vont à la chapelle offrir à Dieu, avec l'hommage de leurs adorations, le tribut de leurs mortifications pour les péchés du monde. A la tête de cette Communauté, une religieuse du Bon-Pasteur, la Mère, préside, commande ; mais son commandement est si doux, que l'obéissance semble sans effort. Le couvent des Madeleines est déjà, sur terre, la récompense et le témoignage vivant de l'efficacité du ministère des sœurs de Notre-Dame de

Charité du Bon-Pasteur. C'est comme un parterre mystique où fleurissent les plus belles vertus du Carmel.

Au centre du monastère, dans la partie la plus tranquille, se trouve le noviciat, Grand Séminaire de jeunes missionnaires se formant à la vie religieuse et amassant sous l'influence de la règle et la conduite éclairée de la Mère fondatrice, les trésors spirituels qu'elles iront répandre dans les couvents de l'Ordre et les fondations vers lesquelles soupire sans cesse le zèle de leur Mère. Ce noviciat, plusieurs fois par an, envoie des colonies dans les diverses parties du monde.

Tel est dans son ensemble l'Œuvre réalisée par la Mère Pelletier. Il y a dans tout son monastère un mouvement, une activité silencieuse, capable d'édifier le spectateur le plus indifférent. On sent que là se préparent et se mûrissent de grands desseins pour la conversion des âmes. De ce monastère, depuis qu'il a été fondé par la Mère Pelletier, sont sorties des femmes missionnaires par centaines ; les différentes fondations qu'il a créées, ont abrité des jeunes filles par milliers. Que les années viennent encore développer l'œuvre de la Mère Sainte-Euphrasie et les missionnaires seront par milliers, les maisons par centaines et les enfants par millions.

L'historien demeure confondu quand il se rappelle que ce monastère n'avait que quarante ans à peine d'existence, lorsqu'il produisait des fruits si magnifiques. Ne faut-il pas que la Mère fondatrice ait été choisie et envoyée par Dieu, pour qu'elle fût capable de fonder un tel Ordre, de lui imprimer un tel mouvement, de donner une vie si abondante à ce monastère si différent de tous les autres.

Et cependant les épreuves n'étaient pas ménagées à l'œuvre du Bon-Pasteur et à sa fondatrice. Peu à peu ses premiers soutiens lui firent défaut. Elle perdit d'abord une de ses assistantes, la Mère Marie de Chantal de la Roche, dont l'activité et la haute piété avaient grandement contribué à donner au Bon-Pasteur la prospérité spirituelle qui éclatait aux yeux. La grande fortune de cette sœur avait aussi aidé à la prospérité temporelle. Chaque année, elle donnait dix mille francs à la Communauté et fournissait le vin nécessaire. Sa mort causa une gêne d'autant plus sensible dans l'économat de la maison que cette année même était une année de disette. La sécheresse de l'été précédent avait détruit les récoltes ; les travaux manquaient. Aussi la Mère Sainte-Euphrasie, dont la main était si facilement ouverte pour faire l'aumône, fut obligée de faire un emprunt. Elle mettait cette épreuve à profit en pratiquant davantage encore la pauvreté. Rien dans ses habits, si ce n'est peut-être une pauvreté plus grande, ne pouvait distinguer la Supérieure du Bon-Pasteur. Le mobilier de sa chambre, ses livres, tout ce qui était à son usage était pauvre. Son lit était plus dur et plus modeste que celui de ses filles. Une chaise de paille lui servait de siège, encore remarquait-on que souvent pour se mortifier, elle évitait de s'appuyer au dossier. Elle était en tout l'économe du Bon Dieu, qui n'use des choses que comme d'objets ne lui appartenant pas et devant uniquement servir à la gloire de Dieu.

Une perte plus sensible encore avait été celle de M. de Neuville, le fondateur avec la Mère Pelletier de l'œuvre du Bon-Pasteur. M. le comte de Neuville s'éteignit doucement le 3 décembre 1843. A voir la modestie de sa chambre à moitié décarrelée, l'air sombre des murs presque délabrés, le petit mobilier de toute sa maison, on eût dit la mort d'un pauvre. Ce pauvre, qui depuis de longues années vivait dans les jeûnes et la mortification, qui se levait chaque nuit de minuit à une heure pour réciter l'office de l'Immaculée-Conception, avait une âme riche de dévouement, zélée pour le culte de la sainte Vierge et pour ce qu'elle aime le plus : la gloire de son divin Fils et le salut des hommes.

Aussi l'œuvre de la Mère Sainte-Euphrasie avait dès le premier moment gagné son admiration et excité son zèle ; il avait mis à sa disposition sa grande fortune. Il avait vendu le château de ses pères pour soutenir « l'œuvre du divin Pasteur ». Il avait été le fondateur de la Communauté. Ses lettres à la Mère Pelletier, qui respirent l'admiration pour cette servante de Dieu, nous peignent un homme tout détaché du monde. Il avait conservé toutes les lettres qu'il recevait de la bonne Mère ; il les relisait pour s'exciter à l'amour de Dieu et du prochain. Ce ne fut qu'à la prière de la pieuse Supérieure qu'il les brûla dans sa dernière maladie. La Mère Pelletier garda toujours du bon père de Neuville le souvenir le plus pieux. Quand elle rencontrait un homme dévoué à son œuvre, il lui semblait que c'était un second M. de Neuville, envoyé par la Providence. Pour honorer sa mémoire, et pour réaliser les vœux souvent exprimés de cet homme de Dieu, elle entreprit d'étendre sa maison et de bâtir le noviciat le plus grand de l'Europe. Les encouragements de M. de Neuville lui revenaient sans cesse en mémoire et l'excitaient.

Elle garda plus longtemps Mme d'Andigné. Cette généreuse bienfaitrice assista la Mère Pelletier dans presque toutes ses fondations. Elle mourut seulement quelques années avant la Mère fondatrice.

La mort de la Mère Marie-Thérèse de Jésus de Couëspel fut une des épreuves les plus sensibles au cœur de la Mère Pelletier. Cette religieuse mourut en 1848. La Mère de Couëspel avait été le conseil et l'appui de tous les moments difficiles. Après avoir donné sa fortune et sa personne au Bon-Pasteur, elle avait plus qu'aucune autre défendu les droits de l'Institut près de la cour de Rome. Douée d'un esprit droit, d'une grande énergie, habituée dès sa jeunesse à faire face dans le monde à des difficultés peu ordinaires, elle avait dû combattre pour l'indépendance de son couvent. La Mère Sainte-Euphrasie conçut de la mort de cette vaillante assistante un chagrin qui faillit ébranler sa santé. C'était la perte de son meilleur soutien, au moment où les dangers de toutes sortes se multipliaient autour de son œuvre. « Mon âme est brisée, écrivait-elle le 11 novembre à la Supérieure de Namur ; mes larmes coulent le jour et la nuit. Soumise à la sainte volonté de Dieu, je ressens néanmoins une navrante douleur. Je pleure une fille unique en piété, en attachement et en fidélité. Si vous pouviez comprendre tout ce qu'elle a fait pour m'aider ! Oh ! non, jamais je ne pourrai la remplacer ici-bas. »

Il y avait pourtant des épreuves plus pénibles que ces pertes pour le cœur de la Mère fondatrice ; c'était de voir son œuvre en butte aux attaques des impies et des mauvais journaux. En 1842, au mois de février, une pénitente, trompant la vigilance de sa maîtresse et se disant malade, montait au dortoir avant ses compagnes, attachait ses draps à une fenêtre et se laissait tomber dans la rue. Les sœurs tourières furent averties et la ramenèrent dans la maison. La Mère générale l'accueillit avec charité, car elle était bien repentante et demandait pardon de sa faute. Mais les mauvais journaux d'Angers s'emparèrent du fait et voulurent le tourner en accusation contre la Communauté ; ils en firent un roman et des plus mauvais. Le Bon-Pasteur était une prison avec cachot et tortures. Une enfant, pour s'y dérober, s'était jetée par-dessus les murs. Ils sommaient la justice d'intervenir pour défendre ces pauvres victimes « embastillées ». Les mensonges, les calomnies, les attaques violentes de pleuvoir sur le Bon-Pasteur. *Le Précurseur de l'Ouest,* journal de la démocratie angevine, en vint à une telle violence qu'il attaqua jusqu'au culte de sainte Philomène. La Mère fondatrice, sur les conseils de M. Régnier, Supérieur de la Communauté, fut obligée de poursuivre le journal devant la justice pour défendre l'honneur de son Institut. Son avoué démontra avec tant de netteté la complète innocence des sœurs, que l'auteur des articles fut obligé de demander un accommodement à la Mère Sainte-Euphrasie. Se dépenser jour et nuit pour le prochain, et voir faire de votre dévouement une entreprise criminelle, c'est la plus grande épreuve qui puisse être imposée à un cœur dévoué.

L'année suivante vit éclater sur le couvent de Poitiers un orage qui menaça d'ébranler toute la congrégation.

Une pénitente, qui depuis trois mois faisait désespérer de sa conversion, demanda, dans un accès de colère, qu'on lui ouvrît les portes. On voulut laisser tomber cet accès et on ne lui permit de sortir que le lendemain. Cette jeune fille, conseillée et dirigée par un ennemi de la maison, alla trouver le juge d'instruction et accusa les sœurs de l'avoir retenue de force, de l'avoir battue. Elle montrait des marques qu'elle s'était faites elle-même et dont elle attribuait la cause aux mauvais traitements des autres pénitentes. Sans attendre le jugement, deux religieuses et neuf pénitentes furent mises en état d'arrestation et conduites en prison. La Mère Pelletier, à la première nouvelle de cette épreuve, avait pris la route de Poitiers. Mais elle arriva trop tard pour arrêter l'affaire. Elle ne put que consoler ses filles, leur prêcher la soumission à la volonté de Dieu. De retour à Angers, elle leur écrivait :

« O jour de douleur ! Où êtes-vous, ma bien-aimée fille ?
« Où sont nos pauvres sœurs prisonnières ? Tout ce que je
« sais, nos pieuses affligées, c'est que vous êtes en Dieu,
« car il remplit tout par sa divine présence, même les pri-
« sons et les horribles tribunaux. Je conjure sa main divine
« de sécher vos larmes et de vous faire comprendre la dou-
« leur que j'ai de vos douleurs. Oh ! nos sœurs que vous êtes
« chères à l'Institut ! Pauvres enfants ! vous souffrez beau-
« coup et vous nous faites aussi beaucoup souffrir. Fatal
« procès ! Qu'il nous coûte de larmes ! Les autorités de
« Poitiers ont écrit à celles d'Angers ; la ville est en émoi.
« Toute la Congrégation prie et pleure. Jamais tant de tra-
« vaux et un abandon si sensible : *Fiat !* »

Après huit jours de prison, les religieuses et leurs enfants furent traduites en cour d'assises. Elles furent acquittées. Ainsi en est-il de toutes les accusations portées par l'impiété contre l'œuvre de la Mère Pelletier : à la lumière de la vraie justice, elles tombent vite : il ne reste qu'un

prétexte à déclamations et une satisfaction pour la haine
des ennemis de Jésus-Christ et de sa sainte religion.

Il semblait que le Bon-Pasteur, qui est fondé surtout pour
le soulagement des pauvres, n'eût rien à craindre des révo-
lutions populaires. La Mère Pelletier était bonne pour l'ouvrier ; elle avait même envers lui d'extrêmes délicatesses.
Dans un entretien à sa Communauté, elle recommande à
ses filles de le traiter avec grande politesse : « Soyez
promptes à vous présenter lorsque vous êtes appelées, pour
ne pas occasionner de l'impatience et faire dire des injures.
Un pauvre ouvrier se prive quelquefois de manger pour
venir voir sa fille qui est dans un de nos établissements,
si vous le faites attendre, il perdra peut être les quarante
sous qu'il gagne. Qu'est-ce qui donnera du pain le soir à
ses enfants ? Il faut être bonnes, extrêmement bonnes pour
les ouvriers. »

Cependant, un jour de 1848, que l'émeute grondait dans
Angers, une troupe de mauvaises gens vint sous les fenêtres du Bon-Pasteur crier et faire tapage. Poussés par cet
instinct brutal qui s'en prend à la vertu des maux que crée
le vice, peut-être parce que la vertu est une condamnation
du vice, ces gens hurlaient : A bas les religieuses ! C'est
toujours ainsi que les méchants récompensent ceux qui
leur font du bien.

A leurs cris se présente un homme âgé, de grande distinction, qui portait dans son air les traces d'un deuil
profond.

— Mes amis, dit-il, comment pouvez-vous venir insulter
des femmes pieuses, dont toute la vie est vouée à secourir
les misères de leurs frères ? Voyez plutôt : j'ai perdu mon
fils, et, pour alléger ma douleur et celle de ma femme, qui
ne peut plus supporter la vue du monde, la bonne Supérieure du Bon-Pasteur nous a donné asile dans les chambres extérieures de son couvent.

Le marquis de Colbert eut des paroles qui, partant du
cœur, trouvèrent le chemin des cœurs : la foule se dispersa

calmée. M. de Colbert avait perdu son fils, tué à la chasse. Mme de Colbert, dans son immense douleur, s'était réfugiée au Bon-Pasteur.

Pendant cette Révolution de 1848, plusieurs monastères devinrent la proie des haines populaires. La Mère générale eut à craindre que sa maison d'Angers ne fût livrée au pillage et à l'incendie. Mais elle trouva le salut là où elle aurait pu craindre le péril. Le nouveau préfet d'Angers, M. Bordillon, qui, depuis qu'il avait, en 1842, perdu un procès contre le Bon-Pasteur, ne cessait d'attaquer sourdement ce couvent, se tourna en sa faveur du jour où il arriva au pouvoir. A peine nommé préfet, il se rendit au Bon-Pasteur, assura la Mère de sa bienveillance ; et, pendant les jours d'effervescence populaire, il installa près du couvent un poste de cinquante gardes nationaux et de cinquante soldats.

Mais des nouvelles inquiétantes arrivaient de loin. Les mauvaises passions se tournent naturellement contre la religion et contre les couvents, qui, comme ceux du Bon-Pasteur enlèvent les âmes au mal pour les donner à Dieu.

Le 26 février, la populace de Bourg se porte en masse au Bon-Pasteur de cette ville et le saccage : les clôtures, les fenêtres sont brisées ; le mobilier, le linge, les provisions sont pillés. Les religieuses menacées sont obligées de prendre des habits laïques, de se cacher et de se disperser avec les Madeleines et les pénitentes qui ne veulent pas quitter « leurs chères Mères ».

Quand ces détails lamentables sont connus de la Mère Sainte-Euphrasie, elle assigne de nouvelles résidences à ses filles. Quelque temps après, elle veut rouvrir la maison ; mais impossible. L'animosité populaire l'oblige à la vendre, et à laisser ce cher bercail, où tant d'âmes cependant s'étaient sauvées.

A peine connaissait-on à Mâcon la destruction du monastère de Bourg, que des ouvriers, ameutés par quelques meneurs forcenés, menacèrent de se rendre au Bon-Pasteur de leur ville pour lui faire subir le même sort. En vain le propriétaire du couvent, l'aumônier et les bienfaiteurs s'adressèrent-ils à l'administration municipale pour obtenir protection : on eut peur, et l'on conseilla aux religieuses de quitter leur maison. Le maire fit ouvrir les portes ; les préservées et les pénitentes furent renvoyées : les unes à l'hospice, avec quelques-unes de leurs maîtresses ; les autres dans leurs familles.

C'était grande pitié de voir ces pauvres enfants en pleurs, qui ne voulaient pas quitter leurs anciennes Mères. Pendant longtemps les religieuses du Bon-Pasteur gardèrent l'espoir du retour. Mais à la fin, elles durent se soumettre à la dure épreuve d'abandonner le champ arrosé par leurs sueurs. Les 13 religieuses, les 48 pénitentes et les 45 préservées qui composaient la maison de Mâcon furent définitivement dispersées.

L'Italie avait aussi sa révolution. Les Jésuites et les Dames du Sacré-Cœur étaient chassés. On fit courir le bruit à Gênes que la maison-mère du Bon-Pasteur avait été pillée. On vint un soir intimer l'ordre aux religieuses du Bon-Pasteur de Gênes de partir. Ces pieuses filles rassemblèrent en hâte leurs objets les plus précieux et prirent le chemin de la France, le cœur brisé. Elles s'arrêtèrent à Antibes, chez le père de leur Supérieur. C'est là qu'elles attendirent les ordres de la Mère générale qui leur donna avis de se rendre en divers monastères. Leur maison de Gênes fut pillée le 7 mars. Tous les efforts qu'elles firent ensuite pour y rentrer, furent inutiles : d'autres en avaient pris possession. Quand elles reviendront plus tard, elles seront obligées d'aller s'installer ailleurs. Toutes les maisons d'Italie étaient menacées, comme celle de Gênes, les couvents de Rome en particulier.

Le 25 mars, c'était le couvent de Dôle qui était à son tour fermé, sous les menaces de la populace. Les religieuses, obligées de se déguiser pour fuir, furent protégées par la garde nationale. Les créanciers firent vendre le mobilier.

Ce ne fut qu'un an plus tard que le monastère put être rétabli.

La maison de Lyon, située aux Battières, échappa à la dispersion après des menaces effrayantes. Sans doute Notre-Dame de Fourvières la protégea. Le 27 février, elle était à huit heures du soir attaquée par les *Voraces*, réunion d'ouvriers qui voulaient se rendre maîtres de Lyon. L'aumônier, l'abbé Valadier, d'une bravoure admirable. parvint à les faire partir. Le lendemain, le bruit courait qu'ils devaient revenir. M. Valadier alla demander des gardes. On les lui refusa. Alors, des paysans des environs se chargèrent de garder la maison, que l'on voulait incendier. Des bruits absurdes, comme il s'en répand toujours en temps de révolution, se mirent à circuler : la maison des Battières, disait-on, donnait asile à des membres de la famille royale. M. Arago, commissaire du gouvernement, vint avec dix-huit dragons et quatre gendarmes faire des perquisitions. Après avoir cherché en vain, il s'en retourna, laissant en paix les religieuses qui gardèrent avec elles quelques-unes de leurs sœurs de Bourg.

Au même moment, la Mère générale d'Angers écrivait : « Nous sommes ici, plusieurs centaines sans ouvrage, sans dons, sans bienfaiteurs, mais une paix profonde, une union admirable. Nous avons déjà quatre cents pénitentes chassées de nos maisons ; 500,000 francs perdus, incendiés, volés ; soixante professes bannies : il nous en arrive nuit et jour. »

Cette série d'épreuves de l'année 1848, montre le courage surnaturel de la Mère Pelletier dans toute sa beauté : pour elle cette année ne fut qu'une année de douleur sans doute, mais aussi une année d'espérance : « Comme les cèdres du Liban, disait-elle, nous avons été frappées par la hache, et mises à l'épreuve, pour croître ensuite davantage et prendre une nouvelle vigueur. »

Une faveur miraculeuse accordée à l'une de ses maisons, le couvent de Bourges, était venue cependant lui apporter des consolations et ranimer sa confiance. Les religieuses de Bourges, dans un moment de gêne excessive, s'étaient recommandées à la pieuse bergère, Germaine Cousin ; elles avaient suspendu une de ses médailles, dans leur grenier. Elles la priaient ardemment chaque jour. Or, à trois reprises différentes, elles avaient constaté que le blé se multipliait dans leur grenier ; les mesures qu'on enlevait ne diminuaient pas le tas, si bien que la provision de deux mois dura plus de trois mois. Un jour qu'elles étaient à pétrir, les religieuses voient la pâte se soulever et se multiplier sous leurs doigts et produire avec huit mesures ce qu'elle donnait avec douze. Or, ce jour là, la Mère Supérieure s'était recommandée à la bienheureuse Germaine, pour qu'elle donnât elle-même ordre aux sœurs de la boulangerie de pétrir douze mesures, parce que c'était l'heure du grand silence, et qu'elle avait oublié de faire cette recommandation. Le miracle fut constaté par un examen et un procès canoniques. Son authenticité fut si bien constatée qu'il fut agréé par la Congrégation des Rites pour la cause de béatification de la bergère de Pibrac. Le culte de sainte Germaine Cousin, prit, par cette insigne faveur, un grand développement dans l'Institut et dans le couvent de la Mère Sainte-Euphrasie à Angers.

Lorsque le récit des souffrances endurées par les fondations arrivait à la maison-mère, le cœur de la Mère Pelletier, souffrait comme celui d'une mère. Quand elle ne pouvait y porter remède, elle envoyait les consolations inspirées par sa foi et son ardente charité. Quand elle pouvait donner du secours par sa présence, elle partait. Que de voyages elle a ainsi entrepris pour consoler ses filles, pour consolider ses fondations, pour visiter et soutenir ses maisons. Nous avons vu qu'elle fit plusieurs fois le voyage de Rome et de l'Italie. Elle se rendit en Angleterre. Lille, Amiens, Paris, les maisons du centre et du midi, la virent tour à tour. Nancy, Strasbourg, Munich et l'Allemagne eurent aussi sa visite. Les fatigues souvent très pénibles

du voyage, étaient compensées et au delà par l'accueil que
la Mère recevait partout ; le bien surtout que son passage
opérait la dédommageait de toutes les peines et de tous les
dangers de la route. En voyage, elle édifiait par son air
recueilli les religieuses qui l'accompagnaient. Quand elle
était libre, la bonne Mère faisait ses prières ; elle aimait
surtout à réciter son chapelet ; souvent elle prenait sur son
sommeil pour satisfaire sa piété. Sa charité prévenante et
aimable ne se démentait jamais : elle attirait facilement à
elle l'affection et les attentions de ses compagnes de route.

Dans les maisons, elle était reçue avec toutes les démons-
trations imaginables de piété filiale. Il est vrai que ses filles
avaient immédiatement la récompense de leurs démonstra-
tions d'affection : elle se donnait complètement à elles, les
écoutait en particulier, visitait chaque classe, chaque service, racontait les nouvelles intéressantes de la maison-
mère et des autres fondations. A table, elle leur distribuait
de sa main les petites douceurs qu'elle avait apportées.

Mais c'était plus encore dans les Chapitres généraux qui
réunissaient à Angers les Supérieures des couvents de
toutes les parties du monde et leurs assistantes, que la
Mère Sainte-Euphrasie se montrait vraiment dans toute sa
grandeur et toute sa puissance surnaturelle à Angers. Là
elle se laissait aller à toutes les ardeurs de son zèle, elle
adressait à ses filles des allocutions toutes brûlantes de
charité. Elle était vraiment orateur : la chaleur de sa
parole toujours imagée comme la sainte Écriture ; l'accent
pénétrant de sa voix qui exprimait son émotion ; le feu de
ses yeux toujours si limpides et si vifs, en faisaient un
prédicateur puissant. Puis l'émotion religieuse communi-
quée par elle à son auditoire s'augmentait encore et se cen-
tuplait par l'union de tous les cœurs et de toutes les volontés. Elle-même ressentait le contre-coup de l'émotion générale et la faisait passer dans ses paroles. C'est bien pendant
ces allocutions enflammées qu'elle était l'apôtre de ses filles,
qu'elle leur communiquait son esprit, qu'elle allumait dans

leur âme un feu qui ne devait plus s'éteindre. Elles sortaient de ces entretiens avec le désir de se dévouer, prêtes à partir sur un signe de sa volonté pour les postes les plus difficiles de l'Ordre. C'était de la part de la servante de Dieu des effusions de zèle ; et c'était de la part de ses filles un redoublement d'enthousiasme pour la grande œuvre de conversion qu'elles avaient entreprise.

CHAPITRE XVII

LES DERNIÈRES ANNÉES DE LA MÈRE SAINTE-EUPHRASIE

Promesse de croix et travaux. — Fondation à Lyon. — Saint-Omer, Arras, Moulins, Annonay, Cholet, Orléans, Bastia, Louvain. — Les premières atteintes de la maladie. — Belfast. — La sainte Communion et le culte de Notre-Seigneur dans la sainte Eucharistie. — La prieure de Santiago. — Les noces d'or. — Les infirmités. — L'amour de l'Eglise. — Dernières fondations. — Manchester. — Ecully. — Boston. — Philadelphie. — Namur. — Suprêmes aventures. — Dernière visite dans la Communauté. — L'Extrême-Onction. — La « grande semaine ». — Vision du Ciel. — Suprême adieu. — Regrets. — Glorification.

La sainte Vierge, que la Mère Sainte-Euphrasie avait établie la Supérieure de son couvent, lui accordait souvent la faveur de communications intimes. En 1857, au moment où elle renouvelait ses vœux, elle entendit cette bonne Mère lui dire :

— Veux-tu te gager de nouveau, ma pauvre petite esclave ?

— Oh ! oui. Mais que me donnez-vous, ma divine Mère ?

— Des travaux, des âmes, des croix.

Ces travaux, ces âmes, ces croix s'étaient étrangement multipliés. En même temps qu'elle envoyait des missionnaires dans toutes les parties du monde, elle travaillait avec une ardeur infatigable au bien de la France. Paris la vit tenter des efforts presque surhumains, à plusieurs reprises, pour établir son œuvre dans la capitale de la France. Dieu ne lui accorda pas de voir le succès couronner ses efforts. Ce n'est qu'après sa mort que ses filles s'établiront auprès de la grande ville, et reprendront la réalisation des projets de la Mère.

Elle fut plus heureuse dans les fondations qu'elle ne craignit pas d'entreprendre dans presque toutes nos provinces. Deux princes de l'Église, le cardinal de Bonald à Lyon, le cardinal de la Tour d'Auvergne à Arras, lui demandèrent des religieuses. La Mère Sainte-Euphrasie, s'empressa de répondre à leur zèle. Notre-Dame de Fourvières vit arriver bientôt des religieuses d'Angers, et la ville de Saint-Omer est encore heureuse de posséder l'œuvre de la Mère Sainte-Euphrasie. Dans cette dernière ville, les familles de Givenchy et de Colbert, Mlle Papegay s'imposèrent de généreux sacrifices pour l'établissement du Bon-Pasteur. Mgr Parisis, l'illustre successeur du cardinal de la Tour d'Auvergne, voulut étendre à sa ville épiscopale le bienfait si apprécié de Saint-Omer. Il chargea le curé de la paroisse Saint-Géry, M. de Lencquesaing, de préparer les voies à cette fondation. La Mère Pelletier confia cette œuvre à une religieuse de grand sens et de haute vertu, la Mère de la Sainte-Enfance Klein. Cette religieuse dirigea si bien sa maison, pendant vingt-quatre ans, dans le véritable esprit du Bon-Pasteur, qu'elle en fit l'un des couvents les plus florissants de l'Ordre. A sa mort (1886), la maison avait donné abri à plus de deux mille jeunes filles.

Moulins, sur la sollicitation de personnes pieuses, en particulier de Mme Dorat ; Angoulême, sur les désirs de Mgr Régnier, l'ancien Supérieur de la Mère Sainte-Euphrasie et son directeur toujours fidèlement écouté, se virent favorisées de fondations organisées par le zèle de la pieuse Supérieure.

Un vénérable prêtre, le chanoine Béchetoile, aidé de sa cousine, Mlle Dorat, obtint aussi, pour la ville d'Annonay, des filles de la Mère Sainte-Euphrasie. Il eut d'abord quelque peine à les établir dans une maison convenable ; mais, peu à peu, grâce à son inépuisable charité, il parvint à leur créer un beau et vaste monastère où, jusqu'à la fin de sa vie, il se réserva la consolation de servir d'aumônier.

Un peu plus tard, une demoiselle de Cholet, en Anjou, Mlle Chatin, voulant doter sa ville d'un *bercail* du Bon-Pasteur, avait acheté une petite maison qu'elle offrit à la Mère fondatrice. Celle-ci accepta d'autant plus volontiers, qu'elle avait reçu dans son noviciat de nombreuses jeunes filles venues de cette partie de l'Anjou qu'on appelle la Vendée militaire. Elle avait apprécié chez elles la générosité dans le dévouement et un entrain dans le zèle qui ne s'arrêtaient jamais devant le sacrifice personnel.

Tout d'abord, la maison de Cholet fut pauvre comme un Nazareth. La Mère Sainte-Euphrasie, qui avait envoyé trois religieuses pour organiser la première installation, leur avait donné maints objets pris à la maison mère, surtout des vases sacrés pour la chapelle. Elle-même se rendit à Cholet pour y établir ses filles. Quand on apprit son passage à Chemillé, petite ville à moitié chemin de Cholet, les bons habitants se portèrent en foule sur la route pour la voir et lui témoigner leur admiration pour ses œuvres. Ils étaient en habits de fête. La route, où devait passer sa voiture, avait même été balayée sur un long parcours. Quand la bonne Mère mit pied à terre, elle fut plutôt portée qu'elle ne marcha ; on lui présentait les petits enfants pour qu'elle les bénît. En un mot, on ne savait quelles marques d'admiration et de respect lui témoigner.

Deux pieuses personnes s'étaient unies à la première protectrice de la maison. Le couvent de Cholet devint très vite florissant. Il se ressentait de cette atmosphère de piété que l'on respire dans toute la contrée de la Vendée militaire. Le voisinage d'Angers rendait fréquentes les relations avec la maison-mère, les religieuses de Cholet s'efforçaient d'imiter en tout et de reproduire, autant qu'elles le pouvaient, les perfectionnements que la Mère fondatrice ajoutait toujours à son œuvre.

Mgr Dupanloup, l'illustre évêque d'Orléans, accueillit avec de grandes espérances de sanctification pour sa ville épis-copale la fondation que la Mère Sainte-Euphrasie accorda à

Orléans. « Je ressens une grande consolation, écrivait l'évêque, en voyant s'établir votre œuvre si excellente dans ma ville épiscopale. »

La Corse recevait le même bienfait quelques mois après. Un vicaire général, M. l'abbé Rige, secondé par la générosité d'une pieuse femme, avait préparé une maison. Tout le clergé de la ville reçut solennellement les religieuses de la Mère Pelletier ; les Ordres religieux établis avant elles à Bastia, les Pères Jésuites et les sœurs de Saint-Joseph leur firent l'accueil le plus fraternel. Le premier président de la Cour d'appel, de riches propriétaires se firent leurs bienfaiteurs. La Corse fut encore réellement, pour les religieuses d'Angers, la douce patrie.

Le cardinal de Malines, Mgr Engelbert Sterks, avait demandé une maison du Bon-Pasteur pour la ville de Louvain, en Belgique. La servante de Dieu envoya la Mère provinciale d'Angers pour ouvrir le couvent et y installer des religieuses.

Le R. P. Legrelle, de la Compagnie de Jésus, recteur du Collège de Louvain, avait été l'instrument de la Providence pour cette fondation, dont il resta le protecteur. Les débuts du couvent de Louvain ressemblaient à ceux du monastère d'Angers. La maison, louée pour trois ans, était toute petite, sans meubles, sans ressources. Quelquefois, les religieuses n'étaient pas assurées de la nourriture du lendemain. Peu à peu, la charité des habitants de Louvain se montra pour le Bon-Pasteur. La petite maison reçut une à une des pensionnaires. Au bout de trois ans, elle était pleine. Il fallait songer à déloger. La propriété du marquis de Herkhove, tout proche de là, semblait destinée, par la Providence, à l'œuvre du Bon-Pasteur. La Supérieure la désirait, mais elle n'osait confier ses désirs qu'à saint Joseph. Enfin, elle s'en remit au P. Legrelle, qui, tout confiant en Dieu, alla trouver le marquis de Herkhove. Ce généreux chrétien, qui n'avait jamais songé à quitter son château, accéda aux désirs de la Supérieure « tout heureux, dit-il, de céder sa pro-

priété à un couvent, surtout à un couvent du Bon-Pasteur.»
On vit bientôt les sœurs blanches installer leur cher troupeau dans leur beau domaine. Louvain, qui est fécond en tous genres de dévouements, vit ainsi près de sa florissante Université catholique s'élever un couvent nouveau ; près de la science chrétienne fleurit la charité chrétienne.

Les maladies, qui sont souvent l'épreuve des âmes ordinaires, parce qu'elles leur enlèvent l'énergie de s'appliquer au bien, étaient pour la Mère Pelletier une occasion de faire éclater sa foi et sa piété. Elle recourait tout d'abord à Dieu et à la sainte Vierge.

Au mois de mai 1867, elle fut prise d'une violente fluxion de poitrine qui la retint sur son lit pendant plusieurs jours. Sa patience devint un exemple pour la Communauté. Loin de se plaindre, elle adorait la volonté de Dieu. De sa chambre de malade, elle n'en continuait pas moins à diriger son couvent ; elle surveillait les travaux de construction commencés dans la maison, suivait du regard les allées et venues des religieuses se rendant dans leurs classes ; elle les encourageait du geste ; elle réglait l'ordre de sa Communauté comme elle faisait en bonne santé. Sa grande privation était de ne pouvoir descendre à la chapelle et suivre tous les exercices de piété. Le jour de l'Ascension et les deux jours suivants, elle voulut faire la sainte communion dès cinq heures du matin, pour être à jeun. Puis, exerçant peu à peu ses forces, elle descendit plusieurs jours de suite jusque dans la salle du noviciat pour y recevoir, au milieu de ses filles portant des cierges, Notre-Seigneur que l'on déposait sur un autel. Enfin elle put descendre jusqu'à la chapelle.

Un jour, elle se rendit pendant le dîner dans la salle de récréation. Ce fut pour toutes ses filles une agréable surprise de retrouver leur Mère au milieu d'elles, et d'entendre quelques-unes de ces paroles gracieuses qu'elle avait toujours prêtes :

— C'était un besoin pour mon cœur de venir vous voir,

mes chères filles. Le médecin ne m'a permis de dire que cinq paroles ; ainsi, je dois vous dire que je vous remercie, que je suis bien reconnaissante de toutes les prières que vous avez faites pour moi et de tous les soins que vous m'avez donnés, et que je vous aime de tout mon cœur.

Peu de jours après, la servante de Dieu se levait à quatre heures et demie, et reprenait la marche ordinaire de sa Communauté. La première au chœur, elle donnait à ses filles l'exemple de la régularité. La solide vertu ne vit point d'exemptions, mais de l'accomplissement du devoir de chaque jour.

La servante de Dieu était très ingénieuse pour plaire à ses filles, pour exciter le zèle et quelquefois pour piquer leur légitime curiosité. Le jour de la Pentecôte 1867, après midi, se trouvant au milieu de la Communauté :

— J'ai une grande nouvelle à vous annoncer. Mais auparavant, il faut que je vous adresse trois questions : Aimez-vous les âmes ?

— Oui, ma Mère !!

— Aimez-vous l'Institut ?

— Oui, ma Mère !!

— Aimez-vous les fondations ?

-- Oui, ma Mère !!

Alors la Mère Sainte-Euphrasie annonça une fondation prochaine à Belfast, en Irlande. Mgr Dorian appelait le Bon-Pasteur pour diriger une maison ouverte par les sœurs de la Miséricorde, qui étaient trop chargées d'œuvres. Cette maison, comme tous les couvents d'Irlande, donna bientôt à la servante de Dieu les plus grandes consolations. La foi des Irlandais, leur zèle pour le salut des âmes, les disposaient à accueillir avec une piété reconnaissante l'œuvre de la Mère Sainte-Euphrasie.

La servante de Dieu devenait de plus en plus expansive dans sa dévotion.

— « Mes filles, dit-elle un jour, je ne suis bien qu'à la sainte communion et au milieu de vous.

Quand elle avait Notre-Seigneur en elle, il se répandait dans tout son extérieur un air d'angélique piété qui édifiait grandement les religieuses. Ses filles regardaient comme une grâce de Dieu de pouvoir s'édifier à la voir dans son action de grâces : elle ressemblait à un séraphin sur terre, tant elle était alors recueillie. C'était le moment des colloques fortifiants avec son Dieu. Bien souvent, elle a pris dans ces entretiens avec Notre-Seigneur des décisions importantes pour ses fondations.

— Dieu m'a dit dans la sainte communion de faire ainsi, répétait-elle à ses filles.

La Mère expliquait à ses filles pourquoi elles doivent préférer à tout le culte de l'Eucharistie. Elle disait :

« Il est bon que je vous fasse ici une observation. Il ne
« faut pas que l'on préfère aller prier ordinairement devant
« une statue de la sainte Vierge plutôt que devant le Saint-
« Sacrement. Fondez plutôt votre dévotion à Marie sur
« celle de l'Eucharistie. J'en dis autant de la dévotion à
« saint Joseph et à d'autres saints. Vous devez faire atten-
« tion à la différence qu'il y a entre la figure des choses et
« la réalité et penser, comme vous le voyez sans doute par
« la foi, que le Fils de Dieu réside substantiellement et en
« réalité comme vrai Dieu et vrai homme dans le Saint-
« Sacrement de l'autel ; tandis qu'au contraire, Marie,
« Joseph et les autres saints ne sont point réellement pré-
« sents dans les statues ou images qui les représentent.
« Certes, ce n'est pas mon intention de vous détourner de
« la pieuse dévotion envers les saints ; au contraire, j'en-
« tends la rendre plus solide encore par l'amour que je vous
« prêche pour le Saint-Sacrement. Aux pieds de Jésus-
« Christ, que vous devez vous efforcer d'imiter, vous
« apprendrez la vraie manière d'honorer la sainte Vierge
« et saint Joseph. Vous n'honorerez jamais ces sublimes
« avocats autant que les a honorés et que les honore encore
« Notre-Seigneur lui-même. »

La Mère Pelletier passait de longues heures devant le

Saint-Sacrement. Avait-elle une difficulté à résoudre, une décision à prendre, elle allait à l'église, et là, dans le silence, elle s'ouvrait à Jésus-Christ de ce qui faisait l'objet de ses préoccupations. Ses filles remarquèrent que pendant ses moments d'entretien avec Notre-Seigneur, elle restait immobile et agenouillée. Aucun pli de son manteau ne se dérangeait.

Habituellement à la Fête-Dieu, la procession de la paroisse Saint-Jacques entrait dans la chapelle extérieure du couvent. Cette année là, comme si la Mère prévoyait que c'était la dernière fois qu'elle recevait la visite solennelle du Sauveur dans son couvent, il fallut que les décorations fussent plus belles que jamais, qu'elles s'étendissent jusque dans la rue. Plus de quinze jours à l'avance, on parlait de préparatifs ; à chaque récréation la Mère examinait les guirlandes de fleurs que l'on faisait pour orner la rue.

Ce fut cette année aussi, le 30 juin, le lendemain de la canonisation de sainte Germaine, qu'elle établit une procession dans sa Communauté en l'honneur de cette sainte. Un autel fut érigé dans la boulangerie ; les sœurs boulangères portèrent sur leurs épaules les reliques de la sainte, précédées de toute la Communauté qui chantait des cantiques. La servante de Dieu gardait vivant dans son Institut le souvenir des faveurs obtenues de la pieuse bergère de Pibrac.

Du reste, les faveurs du Ciel semblaient pleuvoir sur le Bon-Pasteur. Le 18 juin étaient arrivées deux religieuses chiliennes de la maison de Santiago, la Mère prieure Saint-Augustin Fernandez et sa sœur, novice encore. Un de leurs cousins, aumônier du couvent de Santiago, les accompagnait. La joie de la Mère Sainte-Euphrasie fut inexprimable. Elle se multiplia pour les combler d'attentions et de bontés de toutes sortes, comme si elle avait eu le pressentiment qu'elle recevait l'ouvrier le plus intrépide pour l'extension du Bon-Pasteur dans l'Amérique du Sud.

— Je puis bien m'écrier comme le roi prophète, disait-elle : Mon cœur ne peut plus contenir les sentiments dont il est animé.

Et j'ajoute :

— C'est à Dieu, c'est à la sainte Vierge, c'est à saint Joseph que s'adressent mes cantiques.

La servante de Dieu produisit sur la Mère Saint-Augustin une impression durable de sainteté, qui ne devait jamais s'effacer. Son âme, dont le zèle augmentait avec les années, apparut à celle qu'elle appelait le Benjamin de ses filles, comme toute pleine des saints désirs de l'apostolat. A partir de ce moment, la Mère Sainte-Euphrasie est restée, dans le souvenir de sa fille, ornée de l'auréole des saints.

La fête de saint Ignace, anniversaire de la naissance de la Mère Sainte-Euphrasie et de la fondation d'Angers, revêtit en 1867, un caractère de solennité exceptionnelle. Les Supérieures étrangères, venues nombreuses, avaient apporté à leur bonne Mère des ouvrages manuels qui lui inspiraient ces mots :

— « Je pourrais emprunter ces paroles de l'Ecriture : les filles de Tyr, les rois de Saba et des îles sont venus m'offrir des présents. »

Elle avait l'habitude en cette fête de rappeler quelques épisodes de l'origine du Bon-Pasteur. Cette année, elle fut plus touchante que jamais.

— Quand je me rappelle comment nous avons commencé, je dis que nos fondations ne doivent jamais se décourager. C'était la pauvreté la plus grande, la plus absolue. Aussi plus nos monastères rencontreront la pauvreté, la croix, l'humiliation, plus ils seront assurés de recevoir des grâces. J'aime cette sentence : La grâce est un fruit de la croix.

Un autre jour elle rapportait les paroles d'un saint missionnaire.

— Le bon Père qui vient de nous faire la retraite me disait hier : Les épreuves par lesquelles vous passez sont l'annonce de la visite de Dieu. Qui vous a fondées ?

C'est la Croix. — Qui a multiplié vos maisons ? La Croix. — Qui vous a amené tant de vocations ? La Croix.

Une fête qui a pris naissance en Anjou, sous l'épiscopat de saint Maurille, la Nativité de la sainte Vierge, appelée la fête de Notre-Dame l'Angevine, fut choisie par les religieuses du Bon-Pasteur pour fêter leur Mère.

Le 8 septembre 1867, fut célébré au Bon-Pasteur d'Angers, le cinquantième anniversaire de profession de la Mère Sainte-Euphrasie. La piété des filles fit vraiment de ce jour des noces d'or, tant elles mirent de zèle et de grâce à orner leur couvent. Après une prise d'habit et une profession, la Communauté fêta sa fondatrice. Mais celle-ci, toujours préoccupée de tirer la gloire de Dieu et la piété de tous les événements, avait fait préparer pour ce jour-là un monument à Notre-Dame de la Salette. La prieure de Santiago, le fidèle disciple de la servante de Dieu, avait payé une statue du Sacré-Cœur, comme souvenir de la profession de sa sœur. Les deux monuments furent bénits et entourés de fleurs et de lumières pendant ce jour de fête. Toutes les différentes classes passèrent les unes après les autres devant ces monuments, célébrant et fêtant, avec leur Mère céleste, celle qui veillait sur elles ici-bas.

La pieuse prieure de Santiago, fit envoyer à toutes les maisons de l'Ordre un bouquet fait avec les fleurs qui ornaient ce jour-là le siège de la servante de Dieu. C'était un souvenir des noces d'or. Puis elle dédia à la Mère Sainte-Euphrasie la traduction espagnole de la règle des Madeleines, avec ces paroles en guise de dédicace : « Combien « d'épouses vous avez offertes au divin Pasteur ! Combien « de brebis égarées vous avez ramenées au chemin de la « vie ! combien d'entre elles vous avez élevées à la perfec-« tion, en créant les monastères des sœurs de Sainte-Madeleine, en leur marquant comme la route du Ciel la belle « règle qu'aujourd'hui nous vous offrons traduite dans la « langue de sainte Thérèse. »

Cependant la servante de Dieu n'avait supporté les fatigues de ces jours de fêtes qu'à force de courage héroïque. Sa santé faiblissait. Souvent elle était obligée de garder la chambre. Mais de sa fenêtre, l'air souriant, elle présidait aux cantiques pieux que les enfants ou les religieuses chantaient autour du monument de la sainte Vierge. La maladie ne lui enleva jamais rien de son joyeux entrain. La souffrance n'était une épreuve que pour elle. Elle n'en témoignait rien aux autres. Les peines morales l'avaient accoutumée à porter sans murmurer la croix de Notre-Seigneur. Les épreuves les plus grandes pour elle étaient toujours celles qui lui venaient des dangers courus par ses fondations.

A cette époque, la guerre faite au Pape mettait en danger plusieurs couvents d'Italie. La Mère sollicitait des lettres fréquentes, pour connaître au juste les différentes péripéties de la guerre impie. Le Pape était attaqué dans son pouvoir temporel.

Cette année, malgré la gêne dans les finances de sa maison, elle fit un effort suprême pour augmenter son offrande au denier de Saint-Pierre. Elle fit remettre au Pape trois mille francs au nom de sa Communauté. Puis, pour témoigner son religieux intérêt, elle fit célébrer dans sa chapelle l'office des morts pour les zouaves pontificaux tombés au service de la papauté à l'héroïque bataille de Castelfidardo. Parmi les héros, se trouvait un parent de M. de Neuville, Bernard de Quatrebarbes, mortellement blessé à cette bataille.

Cette année 1867, la servante de Dieu eut la joie de donner l'hospitalité à de nombreux évêques étrangers, qui, en revenant des fêtes du centenaire de Saint-Pierre à Rome, s'arrêtaient à Angers pour s'entretenir avec elle des maisons du Bon-Pasteur, qu'ils avaient déjà ou qu'ils désiraient fonder dans leur diocèse.

Ce fut cette année là que l'évêque de Salford, Mgr Terner, put fonder une maison du Bon-Pasteur à Manchester en Angleterre.

Une somme de vingt mille francs, fruit d'une loterie, fut consacrée à acheter à Victoria-Park quelques ares de terre, sur lesquels les bonnes sœurs se mirent à bâtir un couvent. Les riches propriétaires qui possédaient des maisons de campagne dans les environs, furent d'abord pris de stupeur en voyant s'élever près d'eux une maison de refuge. Mais peu à peu les cœurs s'amollirent au contact de la charité ; de nombreux anglicans apportèrent leur offrande aux religieuses ; quelques-uns leur amenèrent des pénitentes. Un jour, un riche protestant leur en amenait trois et quelque temps après, cinq autres. La ville populeuse de Manchester fut toujours favorable à l'Institut de la Mère Sainte-Euphrasie. Le clergé le protégea. En 1886, ce couvent comptait cent douze pénitentes.

Le Bon-Pasteur possédait déjà un couvent à Lyon, dans l'ancien château des Battières, sur la paroisse Saint-Irénée. Mais la Mère Sainte-Euphrasie qui connaissait l'esprit religieux et la générosité admirable de cette grande ville, désirait depuis longtemps la fondation d'une seconde maison, exclusivement destinée aux pénitentes. Enfin l'on trouva dans les faubourgs à acquérir ce qui convenait à l'œuvre. C'était à Ecully. Le curé d'Ars, M. Vianney, avait été vicaire de cette paroisse. On l'avait consulté.

— Ce serait bien de faire une maison de pénitentes, répondit il, ce serait agréable au bon Dieu.

L'Ordre de la Mère Sainte-Euphrasie, modelé sur son propre caractère, entreprenant et hardi, convenait au peuple américain. Il ne se passait pas d'année que l'on ne demandât une nouvelle fondation à la servante de Dieu. En 1867, ce fut Boston qui sollicita cette faveur. Cette grande ville, où les catholiques sont nombreux et zélés pour les œuvres de charité, accueillit avec reconnaissance les religieuses du Bon-Pasteur qui vinrent de New-York. Mgr Williams fut leur fondateur. Depuis sa fondation, la maison est bénie de Dieu. La classe des pénitentes s'est élevée jusqu'à deux cents.

La servante de Dieu envoya ses filles dans toutes les directions, comme aux jours les plus florissants de l'Institut. Elle dédoubla les monastères de Philadelphie et de Namur. A Philadelphie, Mgr Wood avait fait appel aux religieuses du Bon-Pasteur pour succéder aux sœurs de la Sainte-Croix dans une école industrielle. Cette maison devint très prospère après quelques années. A Namur, Mme la baronne de Mer en de Corhais, avait acheté une maison pour recueillir quelques-unes des orphelines que le choléra avait laissées sans abri. Cette maison devint comme une annexe du couvent déjà fondé par le Bon-Pasteur.

Ainsi les dernières années de la Mère Sainte-Euphrasie semblaient très brillantes au dehors. Ses fondations se faisaient comme par enchantement. Ses filles l'entouraient de respect et d'affection. Et cependant elle se voyait accusée de faire peser sur sa Communauté une autorité tyrannique ; on cherchait à la représenter comme orgueilleuse et hypocrite ; on demandait son éloignement de sa Communauté. Dieu permettait ces douleurs, afin que la joie fût sanctifiée par l'amertume et que la gloire du ciel fût plus largement méritée.

La Mère Sainte-Euphrasie depuis cinquante ans, s'était usée au travail. Pendant les premiers mois de 1868, ses forces diminuèrent promptement. Le 13 mars, jour de sa fête, elle assista pour la dernière fois, au réfectoire, aux repas de Communauté. Comme elle ne pouvait plus marcher, on la conduisit dans une voiture de malades à toutes les stations aimées de l'enclos et des jardins, en particulier au calvaire et à la chapelle de l'Immaculée-Conception.

— Je veux aller voir la sainte Vierge à pied, dit-elle en descendant de voiture.

Puis, sa prière achevée, elle alla saluer les statues de sainte Euphrasie, sa patronne, de sainte Geneviève, patronne de Mme d'Andigné, la bienfaitrice de l'Institut, et de saint Joseph.

— Saint Joseph, dit elle, cœur royal et grand protecteur

de l'œuvre du Bon Pasteur, priez Jésus et Marie pour nous.

Le 29 mars, dimanche de la Passion, elle voulut encore se lever à cinq heures et aller recevoir à jeun la sainte Communion à la grille du chœur. Puis dans la journée elle se rendit à la salle de Communauté.

— Ne m'empêchez pas d'y aller, disait-elle : c'est ma seule récréation de me trouver au milieu de mes filles.

Elle avait toujours beaucoup tenu à la récréation en commun. Elle sentait que c'était sa dernière visite à ses filles réunies. Rentrée dans sa chambre :

— O mon Jésus, dit-elle, c'est donc la dernière fois que je vois mes filles... Que votre volonté soit faite !

Le soir même le médecin déclarait que l'état de la Mère générale était grave. Son neveu, le docteur Pelletier, mandé près de sa tante, fit les mêmes déclarations. Ce fut une consternation générale dans le monastère.

Le mercredi 1ᵉʳ avril, la servante de Dieu voulut recevoir à jeun la sainte Communion. On la lui apporta à cinq heures. Puis elle s'occupa encore de fondations, nomma les religieuses qui devaient aller à Aden, aux Indes et ailleurs.

Le vendredi, fête de la Compassion de la sainte Vierge, elle communia en viatique. Pendant la journée, elle souffrit beaucoup. On l'entendait répéter :

— Mon Dieu, que votre volonté soit faite ! Mon Dieu, je ne veux que votre sainte volonté !

Le lendemain, se sentant encore plus mal, elle demanda à être administrée. La Communauté se rendit à la porte de sa chambre. La Mère aurait voulu voir toutes ses filles.

— Venez, mes enfants, entrez toutes.

Quand le Saint-Sacrement fut dans sa cellule, elle demanda pardon à toute la Communauté, comme elle pardonnait à tous ceux qui pouvaient l'avoir offensée. Les sanglots de ses filles éclataient. Mais elle toujours :

— Je déclare mourir fille de la sainte Eglise catholique, apostolique et romaine.

Elle répondit aux prières de l'aumônier, qui, à cause de sa grande émotion, ne put lui dire que ces mots :

— Voici votre Roi qui vient à vous plein de douceur.

Puis, quand elle eut reçu l'hostie, elle demeura longtemps les yeux fermés, immobile, dans l'action de grâces. Elle recommanda de nouveau à ses filles, l'union, la fidélité à l'Institut.

— Oh ! ce cher Institut, dit-elle, aimez-le bien ! Promettez-moi que vous le soutiendrez toujours.

— Nous vous le promettons, répondirent ses filles

Elle termina par ces mots :

— Ayez bien soin de nos chères pénitentes, de nos pauvres enfants ! Quelque temps après elle pria d'écrire aux diverses fondations : et, les nommant presque toutes, elle les bénit en élevant ses mains défaillantes.

— Dites à mes chères filles que je les bénis avec tendresse, qu'aucune n'a été oubliée.

Le lendemain était la fête des Rameaux. Elle demanda son rameau, qu'elle garda longtemps à la main. Dans la journée lui arriva un télégramme du cardinal Patrizi, protecteur de l'Ordre, lui envoyant la bénédiction du Pape. Elle le fit placer sous le groupe de la sainte Famille qui était dans sa chambre et devant lequel elle avait si souvent prié. A six heures, l'évêque d'Angers vint la voir.

Les jours suivants arrivèrent les Mères prieures d'un grand nombre de couvents. A toutes elle recommandait l'attachement à l'Institut.

— Que rien ne puisse vous en détacher. A cette source vous trouverez la vie de nos œuvres. Je désire que l'on redise cela à tous nos monastères, de quelque pays qu'ils soient.

Quand il arrivait des lettres de prieures qui ne pouvaient venir, elle se les faisait lire, recommandant de ne pas les détruire.

Les prières des enfants du Bon-Pasteur étaient ardentes. Leur conduite était exemplaire : Dans toutes les classes, la pensée de la bonne Mère tenait les cœurs élevés vers Dieu. Les Madeleines avaient fait dire des messes à la Sainte-Baume.

— Oh ! pour celles-là, pour nos bonnes Madeleines, je puis dire que je suis leur fondatrice, disait la Mère. Sainte Madeleine m'est d'un grand secours. Vous savez qu'elle est ma patronne ? ajoutait-elle avec humilité.

Toute la semaine sainte fut une semaine de souffrances, qui relevaient aux yeux de ses filles la patience de la Mère Pelletier. La malade s'unissait aux prières du chœur, recommandait l'exactitude aux règles du chant. Dans la semaine de Pâques elle eut une grande joie, le cardinal Patrizi écrivait à la Mère assistante pour l'assurer de ses prières en faveur de la Mère fondatrice. « Je suis content, disait-il, que la bénédiction du Saint-Père, ait donné de la consolation à la malade, à laquelle vous aurez la bonté de dire que le Pape ne cesse, aussi bien que moi, de prier pour elle. » La pieuse malade, dont l'attachement au Pape et à l'Eglise avait animé toute la vie, tressaillit à cette nouvelle que le Pape bénissait ses derniers jours. Elle fut également très consolée des bénédictions que lui envoyèrent les archevêques de Cambrai, d'Aix, de Westminster ; les évêques d'Arras, d'Orléans, de Poitiers et de beaucoup d'autres villes.

Sa patience ne se démentait pas dans la souffrance.

— Je ne veux pas faire une seule imperfection dans cette maladie, disait-elle.

On la plaignait de ce qu'elle ne pouvait supporter que de l'eau :

— Saint François Xavier sur sa plage, répondit-elle, n'avait pas à boire de si bonne eau fraîche.

Son intelligence était toujours aussi vive et les souvenirs de l'Ecriture sainte, qui lui étaient si familiers en bonne santé, lui revenaient nombreux au milieu de ses souffrances.

— Ah ! j'ai reconnu la voix de mon fils Jacob, disait-elle à une Mère prieure qui se tenait près d'elle.

Puis elle répétait souvent ses aspirations pieuses.

— Mon Dieu, vous êtes mon tout. O mon Jésus, soyez le souffle de ma vie. O Jésus, vous êtes ma force ; je n'ai de force qu'en vous. Je tâche de serrer la volonté de Dieu sur mon cœur. Je porte sur mon corps les stigmates de Jésus-Christ. Les souffrances m'ont été offertes ; je les ai acceptées. Il m'a brisée d'un double brisement. J'ai été couverte de plaies, mais mes meurtrissures m'ont rendu la vie. Mon cœur est dans un océan de paix, je sens Dieu en moi et souffrant avec moi.

Sa maladie ne lui enlevait pas le souci de sa Communauté. Quand la cloche sonnait, elle faisait signe aux religieuses qui étaient près d'elle de se rendre aux exercices annoncés. Après une nuit où le vent avait soufflé avec violence, elle envoyait une sœur inspecter le jardin pour voir s'il y avait des dommages ou quelques arbres arrachés. Un autre jour, elle faisait mettre sous enveloppe quelques centaines de francs, pour être envoyés après sa mort à plusieurs monastères qu'elle savait être dans la gêne.

Le 20 et le 21 avril, elle put recevoir la sainte Communion. On l'entendait parler tout haut, les yeux levés, comme si elle fût seule.

— Oh ! que le ciel est beau ! Je vois Notre-Seigneur au milieu des élus. Je sens que la sainte Vierge est là, à côté de moi. Si je puis monter aussi haut que la sainte Vierge m'a montré, je trouverai le Seigneur dans la paix. J'espère que le bon Dieu me fera miséricorde, à cause de mon quatrième vœu. Mes chères filles, je couche l'Institut dans vos bras ; vous le soutiendrez.

Le 22, comme elle n'avait pu communier le matin, on lui apporta le saint Viatique après-midi. C'était la dernière fois qu'elle communiait sur la terre. Dans la soirée arrivèrent plusieurs de ses filles d'Angleterre.

— Venez, venez, mes filles bien-aimées. L'amour est plus

fort que la mort. Dieu m'a conservé la vie pour que j'aie encore la consolation de vous bénir et de vous serrer sur mon cœur.

Les dernières paroles de la servante de Dieu furent pour ses missionnaires qu'elle envoyait porter l'Evangile en Afrique, les unes à Oran, les autres à Aden.

« Un des derniers soupirs de mon cœur, faisait-elle écrire à Mgr Colbert, évêque d'Oran, vous envoie une Supérieure pour notre monastère de Miserghin. »

Après avoir dit un mot à chacune des missionnaires d'Aden, et les avoir bénies, elle voulut voir encore d'autres sœurs ; mais tout à coup se sentant mourir :

— Adieu..., adieu..., adieu... nos filles !... Adieu à l'Institut.

Ce furent ses dernières paroles avant de paraître devant le divin Maître, qu'elle avait servi pendant plus de cinquante ans, toujours confiante dans cette parole de lui : « Venez, épouse de Jésus-Christ, recevez la couronne que le Seigneur vous a préparée pour l'éternité. »

A la nouvelle de la mort de la Mère Pelletier, ce fut une explosion de regrets et de larmes dans tous les couvents de l'Ordre. Depuis Angers jusqu'aux Indes, ses filles se redirent les mérites et l'immense charité de cette femme sainte et forte qui avait fondé l'Institut du Bon-Pasteur.

Du dehors arrivent les condoléances les plus touchantes. Tous les gens du monde qui ont eu quelques relations avec elle, ne tarissent pas sur les charmes de cette grande servante de Dieu, toujours si dévouée aux petits et si gracieuse pour les plus humbles. Le préfet de Maine-et-Loire, le premier président de la Cour d'appel, le préfet de Nantes, écrivent des lettres touchantes à ses filles. Le maire d'Angers les autorise à l'enterrer dans une chapelle de leur monastère. Les religieux qui l'ont connue pleurent avec les sœurs du Bon-Pasteur « la femme, la religieuse incomparable ». Les dames du monde qui l'ont fréquentée, regardent sa mort comme une épreuve personnelle : elle n'avaient jamais rencontré tant de bonté unie à tant de sainteté. La comtesse de Quatrebarbes s'unit aux religieuses pour pleurer « la Mère incomparable qui depuis huit ans l'honorait de son affection. »

C'était le concert terrestre des regrets.

Dieu ne tarda pas à glorifier sa servante dans le lieu même où elle avait travaillé et souffert. La Mère Marie de Saint-Pierre de Coudenhove qui, la première, succéda à la Mère fondatrice, la Mère Marie de Sainte-Marine Verger qui, appelée autrefois comme par une inspiration surnaturelle de la Mère Pelletier dans la Congrégation du Bon-Pasteur, continue aujourd'hui l'œuvre de la Mère fondatrice, eurent à cœur de provoquer le jugement de l'Eglise sur la vie et les vertus de leur Mère. Avec la permission de Rome, l'évêché d'Angers instruisit le procès canonique qui doit servir à juger sur la terre de la sainteté de la Mère Sainte-Euphrasie Pelletier. Ce procès a été admis en Cour de Rome, à la date du 7 Décembre 1897, et depuis ce jour, la Congrégation du Bon-Pasteur a eu la joie de voir déclarer VÉNÉRABLE sa pieuse fondatrice. C'est le premier pas franchi, il doit conduire, nous en avons tous la confiance, aux gloires de la béatification et de la canonisation. Dieu qui a récompensé sa servante dans le ciel, veut aussi, nous pouvons le penser sans témérité, l'honorer sur la terre et la placer au nombre des saints de son Eglise parmi les plus illustres fondateurs d'Ordres.

FIN

23 Juillet 1900.

19

TABLE DES MATIÈRES

CHAPITRE VI

LA MÈRE PELLETIER SUPÉRIEURE D'ANGERS (1830-1831).

CHAPITRE VII

LES PREMIÈRES FONDATIONS

CHAPITRE VIII

ÉTABLISSEMENT DU GÉNÉRALAT (1834-1835).

CHAPITRE IX

LES PREMIERS FRUITS DU GÉNÉRALAT (1836-1837).

CHAPITRE X

A ROME (1838-1839).

CHAPITRE XI

NOUVELLES FONDATIONS. — MORT DE MGR MONTAULT

CHAPITRE XII

EN ALLEMAGNE ET EN ANGLETERRE

CHAPITRE XIII

DANS LES MISSIONS D'AMÉRIQUE

CHAPITRE XIV

EN PAYS MUSULMAN ET IDOLATRE

CHAPITRE XV

PIE IX ET LE BON-PASTEUR

CHAPITRE XVI

A ANGERS

CHAPITRE XVII

LES DERNIÈRES ANNÉES DE LA MÈRE SAINTE-EUPHRASIE

Arras. — Imprimerie SUEUR-CHARRUEY, rue des Balances, 10.